日本大衆文化論アンソロジー

日文研大衆文化研究プロジェクト 編

編集委員 伊藤慎吾、内田力、佐野明子、大塚英志

太田出版

目次

I　日本大衆文化の原理と美学

Ⅱ　運動する大衆・動員される大衆

Ⅲ　群れとしての作者　文化的主体としての〈大衆〉

IV　同時代の日本大衆文化論

V　都市空間と民俗文化

I　日本大衆文化の原理と美学

【流行と群れ】

伴を慕う心　柳田國男

初出『明治大正史 世相篇』一九三一年、朝日新聞社

流行の種々な経験

附和雷同は普通は生活の最も無害なる部分から始まっている。しかしいわゆる御附合はもうすでにかなりの不便を忍ばせ、次に、御義理となるとそこに時としては苦しいほどの曲従があるが、そういう程度の共同生活をしてでも、なお孤立の淋しさと不安とから免れたいというところに、島国の仲のよい民族の特徴も窺われるのである。趣味が日本では濃厚なる社会性を帯びているなどは、一種人類の自然史とも名づくべき部分であった。最初我々の心持が鳥などのごとく一様であった時代には、流行が同時に各人の趣味であり得たかも知れないが、現代のごとく人の気持が異なり、修養が区々《まちまち》になっている時代には、人は流行それ自身を、趣味に持つにあらずんば、とうてい各自の趣味がこのようにまで一致することを得ないはずである。そうでなければ我々は趣味という語を解しそこなっているのである。

この事実はわずかばかり以前の経過を考えてみればよくわかる。村々の生産がいまだ盛んであった当時には、人は心静かにわが境遇の趣味というものを保持していた。尠《すくな》くとも現在のように国の南の端と北の端

とが、一時に同じ流行に巻き込まれて悦ぶというような、不思議な現象は見なかったのである。それが村の生産の大部分を商人資本に引き渡すと、たちまちいっさいの好みが彼等の思わくに指定せられ、多くの農民美術がただ若干の好事家に、捜しまわられるものとなってしまうのである。野暮とか無細工とかいう語を気にする者は、かえって農民の中に多くなった。かつて趣味豊かだといわれた地方にも、都会からは田舎向きという品が入って来る。それが地方人の憤怒と反抗とを買うために、かえって都会化の奨励を容易にすることになったのである。田舎向きというのは少し流行に遅れて、少し安くまた品が悪いというだけのことでもあった。生産がもし順当な経過を取っていたならば、そう多くの廃れ物ができるはずはなかったが、事実はそうでなかったゆえに、いつでもやや鑑識力の浅薄《せんぱく》かと思う田舎を、捜しまわって処分しなければならぬことになったのは、まことに残念なるまわり合せであった。まがいという言葉が贋《にせ》という語に代って、横行闊歩し始めたのは明治からであった。洋銀というのは銀でない金属であったが、銀と名が附くために相応に売れた。新縮緬《しんちりめん》という名は絹糸織でないものを、たくさんに買わしめる宣伝名であった。大正に入ってからはそういう品の多数が、必ず文化という二字を頭に置いたのも一現象であった。買物の興味を普遍ならしめるがために、都市はあらゆる力を傾けて地方と個人との趣味を塗り潰した。その大きな武器はまた、他でも多数の人がこれを喜んでいるという風説であった。こういう点にかけては元は我々は気の毒なほど従順であった。

　流行の変遷はかくのごとくして常に都会が指導した。地方はその事実を知るに遅れがちであった結果、いわばいつでも流行の尻ぬぐいばかりをさせられて、反動の憂目までも引き受ける役にまわったのである。これが自然に発生したにしても、なお悔恨の情は免れぬのであったが、事実は昔から蔭にいて糸を操る者があり、それがまたやがて下火になることを予想してかかっていたのである。明治以前の流行は必ずしも都市に起らず、また各郷土の趣味までには干渉しようとしなかったが、それでも約六十年目の伊勢の御蔭参りなどは、その発生地においてはある種の機関《からくり》が巧まれたと伝えられる。近年のものは利欲の動機が露骨だというのみで、この技術にはたしかに伝承があった。今に公開せられるだろうが、現在はまだ秘伝のようになっている。近年の西洋小鳥の流行などは、最初きわめて目に立つ方法をもって、五度か七度法外な高値の取引をして見せるだけのことで、それから以上は世間で評判を作り、わずかな間にあり得べからざる相場ができ、かねて用意している者を儲けさせてくれる。そうして結局は最も実着な、最もおくれて流行に参加した者のみが、損をして倒れることとなるのである。小鳥が無代価になる頃には、もう一度万年青《おもと》を流行らせようと企てた者があったが、この方はあまり成功しなかった。これは四十年ほど前にこれでひどい目にあった記憶が残っていたからであろう。実際万年青の以前の流行は怖ろしいほどのものであった。それから一つ前には兎の流行があった。これも珍種が跡々から出て来るようになっていて、仲買や売込商がいちばんに利得をした。そういう風説の原《もと》を知っている者だけが、汐時を見はからってさっと退くと、人造の景気などはたちまち消え去って、残るはただ奸商《かんしょう》に対する憤慨の声ばかりであった。

　豚の田舎に入った起りなども、日本ではまたこの流行であった。緋豚《あかぶた》というのが生れたら千両に買うというと、農民はそれを楽しみにいくらでも仔を生ませた。緋豚の生れぬうちに飼料の金がなくなって、夜陰ひそかに人の山林や、または離れ島などに持って行って棄てた。それから以後にも動物の流行には、いずれも少しずつこの宣伝が用いられたが、宣伝のみでは目的は達し得なかった。必ずこれに伴のうて一方に呼応する者、自分も利益を信じて友を勧める者が、たくさんに介在することを必要としたのである。甘んじてこの流行の奴僕《ぬぼく》となりつつも、自分はこれをもって新たに得た趣味のごとく、楽しみ喜ぶ者がなかったならば、かような珍しい世相は出現するわけがなかった。無邪気で人の言うことをよく理解する幸福なる気質が我々を累《わずら》わしている。人の多数の加担するような事業に、損を与えるような原因は潜んでおるまいという推測、もしくは今一段と気軽に判断を他人に任せて、自分はこのいったんの群の快楽に、我を忘れて遊ぼうという念慮は、社会の今日までになる間に、ぜひ通って来なければならぬ必要な一過程であった。日本は国が一つになったということを、案外に新しく意識した国であったゆえに、こういう共同生活の楽しみもまた弊害も、ともに今頃になってから、念入りに味わってみなければならなかったのである。

運動と頭数

群の行動の新たなる愉快は、市《いち》と祭の日を搗《つ》き交ぜたような点にあった。以前も知らぬ人が多く家に集まれば、吉凶にかかわらず小児などは昂奮したが、それがある一つの興味ある事実、もしくはもう一段と真面目なる協同になると、自分のしたいと思うことをこれだけの多数が、ともどもに念じているという心強さは、群の大きさとその分子の複雑さとによって、比例以上に我々を嬉しくしたのであった。都市の魅惑の神秘なる力もこれにあった。故郷の見馴れた人の顔の中では、国が大きくかつ鞏固《きょうこ》になったということも、言わば単なる推理上の事実であるが、世間へ出てみれば我々はすぐに実験する。喧嘩も一種の社会生活であると言ったのは、害よりも経験の方が大きいからであった。都府の文物の国家意識を強めたのも、おそらくはある政治家たちの古く意識して計画したことであった。ところがそういう諸種の厳然《げんぜん》たる制度から独立して、国民は自身もまた進んでそういう機会を求めていた。祭礼や市の日のごとき特に必要のあるもののほかに、何かの折にはほとんど偶然のように、多人数が寄り合って一つの方向に目を集め、いわゆる面白の光景を作ろうとしたのであった。その中のことに乱雑でまた気まぐれなものは弥次馬の群であるが、これに近いものはそれ以外にもいろいろあった。西洋の人たちは早くから行列という楽しみがあった。日本にもそれは古くからあることだが、動く者はただ少しで、他の大部分は止まって見物となり、または後から順序もなく群れて跟《つ》いて行くのであった。これを隊伍に組むようになったのは、軍隊生活の影響かと思われる。学校が夙《はや》くその整理法を採用し、今では大変な人の数が、こうして街上を動くようになった。憲法発布以来のたびたびの国の悦び事には、提灯《ちょうちん》や旗の行列が普通になり、その美々しさは団体行動の愛着をさえ生ぜしめている。我々は歴史として永く伝わるような大事件を、常にこの方法をもって味わったのみならず、なおおいおいには自分たちの生活をも、できるならこういう形にして眺めてみようとした。

　春秋の遊山は運動会と改まって、非常に賑わしくまた活気のある、ことに少年たちの悦ぶものになった。酒や三味線という小人数の楽しみは家に隠れて、跳ねたり飛んだりの無邪気な遊びが多く加わった。運動という語はもとは出遊《しゅつゆう》という意味にも使われていたから、これもそういうところから普及した名称かも知れぬ。とにかく最初は誰も彼も、この日ばかり出て競技に携わるようであったのが、晴という感じが強くなって、ほどなくその道の修行が盛んになり、選手というものを用意するに至った。外国の多くの競技法には、不思議なほど日本人は早く上達した。それで自然にこの団結が二つに分れて、わずかの人数のその手腕を人に示そうとする者と、じっと見物してただ感歎の声を放つ者とになったことは、これまた他の多くの社会運動と似ているのであった。文部省がしきりに調査をしている農村娯楽というものの中にも、我々の目前において、この変化を遂げたものが多かった。歌や踊りはもとは衆人の共にするところで、かりに今年は加わらぬも十年前に加わった人、もしくは五年後には加わるべき人のみの群であったのが、優秀な者が現れて大きな喝采を博すると、それが惜しくて他の多数は見物の地位に退いてしまう。そうしてそれが職業になるならぬは別として、とにかくに特殊の技芸団は成り立ち、今までの団体は改めて選手を応援しまた支持する会と化するのである。各地の学校に絶えず起っている選手制度の存廃論というのは、つまり団結がただ百分の一の天才を養成する機関と変じても、なおこれを体育奨励の方法と言えるかどうかという問題に帰するのであった。ゴルフやスキーや今日の登山術のような、金と時間の多分にある者しか楽しめない体育に比べると、こちらはたしかに何人も参加している。ただその参加が自分たちの力瘤を代表してもらうだけの関係では、何としても見物大衆をもって、運動の団体とはいうことができぬのであった。

弥次馬心理

　これとほぼ同一種類の問題は競馬にもあった。馬を国民が愛育しなければならぬ必要は、陸軍が最も深くこれを感じている。競馬は軍隊には用もない騎乗法であるが、こうでもしてみたらば、国民の馬事思想は盛んになろうかという想像で、日本でたった一種の公開賭博を設立した。多くの取締りを設けてその弊害を防ぎ、またその場所の数をも制限したのであるが、もともと狭い手段だから、産馬組合の代りは勤まらない。馬でも育てて職業にしようという者は、そういう処に往っている時間が乏しく、多くの鑑識家のここを修行場としている。人は、何の意味かは知らぬが、穴という言葉ばかりを問題にしている。悪い馬が下手な騎手に乗られて、たまたま勝つことにばかり大きな興味を抱いている。そうして地方の競馬場を作ってもらって、大いに繁昌しようという念願だけは、今でも燃えるように強烈になっているのである。しかもそういう多くの土地には、たいていは馬などは飼っていないのであった。

　単に群衆の興味を、一つの点に集注させるためには、実際はこれほどの必要はないのであった。馬の賭は英国の紳士などの古い悪癖であって、日本はただよかろうと思って真似ただけであるが、競馬ということだけなら昔からあった。三月三日の雞合《とりあわ》せに対して、五月五日の馬競べは神事であった。角力《すもう》や射的《まとい》ももとは同じと思われるが、単に自分の仲間の最優秀なものを選出してその技能を比べさせ、その結果によって、神の恵みのいずれに厚いかを卜知《ぼくち》した方法であった。馬は最初にはただ裸馬を走らせた例もある。それよりも各人の御術《ぎょじゅつ》が加わると効果が複雑になるので、京の賀茂などでは神人《じにん》がこれに乗って走った。賭はなくても見物は一年の幸福をこれにかけていた。闘牛・闘犬などのやや惨酷《ざんこく》な競技でも、制して止めないような地方には久しい慣習があったので、面白いということの起りには、観衆の熱烈なる贔屓《ひいき》というものがあったのである。負ければただ屠《ほふ》られてしまうような哀れな選手でも、場に臨むまでは主人のごとくかしずかれていた。牛馬は草食の獣であることを知りながら、これに卵を飲ませたり蝮蛇《まむし》の肉を食わせたりして、勇め励ましつつ牽《ひ》いて来た飼主も多かったのである。勝った場合の大いなる感謝は、幾度か涙の場面をすらも演じさせている。名誉という言葉はこういう時のために、かねて作ってあったように適切な語であった。力士名士が、一村を代表すれば村のほまれ、府県を代表すれば府県のほまれだということは、この沿革から来ている。学校の選手は実際に学校の声名を代表していた。ましてやそれが一国の中から選《え》り出されて、負けまいと思って外国にまでも出て行く時には突如その地位が一個の若々しい英雄となるのは、当然過ぎるほどの結果であった。

　贔屓をもっている人の生活は張合いがあった。第一に今まで名も知らなかった同志者が、前からも後からも顕われて来る。そうして見ているうちその数が群になる。担いでいる人からは、純真なる感謝を受けるのみならず、恋や婚姻とはちがって嫉みの累《わずら》いがなく、むしろ仲間の中からも礼を言われる。ゆえにもし他に何もなければ捜してさえ贔屓にすべきものを求めている。役者その他の芸人はこれを命としていた。後援会というものは大きな政治家までが、少しは手を廻してもその成立を念じていた。人が何かの機会に結合してみようという心持は、しばしば目的よりも先に発生していたのである。会や組合の無際限に出現し、一つ纏《まと》まったらまた二つに割れようとする傾向なども、要するにもと孤独の淋しさからであった。郷党を栄えしめもしくは貧苦を脱出するという類の切迫した必要が、多数の力でなければ成功せぬということを、ちょうどこういう団結心の盛んになった際に、我々が感じ得たことは大いなる好都合であった。ただ一つの気がかりはこれも数あまたの催しの一つ、できてはまた割れる尋常の結合のごとく、高をくくってかかる者の少なくないことである。会のできやすいことも日本は世界無類だが、それが潰れたり、命のないものになったりすることも、また離婚や不幸なる婚姻の比ではないのである。現在はむしろ多くの無意味なる団結を抑制して、個人をいったんは自由なものにすること、それが有用なる組合を成立させ、また予定どおりの事業をなし遂げさせる手段と言ってもよいのである。単なる団結心だけならば、我々は決してそれに不得手なる国民ではなかった。

〔抄録〕

解題『明治大正史 世相篇』

柳田國男（やなぎたくにお、一八七五〜一九六二）は、近代日本に於ける民俗学の創始者とされる。しかしその出発点は新体詩という、短歌と西欧のロマン主義的な詩の混合した領域に於いてである。様式化された短歌を、近代的自我を謳歌する表現へとつくり換えることを目論んだ田山花袋、島崎藤村、国木田独歩らと文学活動を始め、明治日本のラファエル前派とでもいうべきグループをつくる。しかしそれぞれが「社会」にその表現の対象を求める中で、柳田は農政学の根底にある社会政策論に目覚める一方、エミール・ゾラの実験小説論の影響を受けつつ、盟友・花袋が自然主義的観察の対象を「私」を中心とするミニマムな世界に向けたのに対して、第二の自然、即ち歴史や習慣を記述の対象として発見した。

柳田民俗学はこのような習慣という民衆の歴史の観察記録と、日本に於ける近代化の弊害を是正していく経世済民的側面が一体となって形成され、それ故、社会運動としての側面を色濃く持つ。それは特に柳田が、大正デモクラシー下に於いて普通選挙実現の論陣を張ることで鮮明となり、昭和初頭に体系化された民俗学は「公民の民俗学」とでもいうべき主権者教育運動としてある。

しかし、その著作には同時に初期のロマン主義詩人であった残滓があり、まつろわぬ民の末裔が今も山中に生存するという山人論や、「先祖」という非日常的時間と現在の連続性の強調、南方に「日本人」の起源を夢想するといった主張は、学問より文学に近い側面を持つ。神々の末裔を扱う妖怪研究を含め、柳田民俗学はロマン主義民俗学と公民の民俗学に二極化しており、常にロマン主義に揺り戻されつつ、「社会」へと向かおうとする動態としてその学問はある。

『明治大正史 世相篇』は朝日新聞社の論説委員として普通選挙実現への健筆を振るった直後の書である。当初は新聞記事のみで近代史を描こうとしたが断念したとされ、代わって人々の目など五感に映る習慣の推移の中に近代大衆文化史を描き出そうとした試みである。そこには文化の作者としての固有名は一切排除されている点で特徴的だ。従って描かれるのは、失われていく習慣への哀惜ではなく、新しい流行や思考とその背後に潜む「民俗」という古習との関係であって、それを自ら言語化し得ることが、社会の担い手、即ち「選挙民」の言わば「教養」であるべきだと柳田は考えていた。だから柳田は「民俗」を時には社会を停滞させる要素として描きだすことを躊躇わない。

それ故、実現した普通選挙で人々が選挙民という「個人」ではなく、村社会の地縁などに従属し、有力者や大勢に身を委ねる「選挙群」として投票行動をしたことへの絶望の吐露が、後半にいくにつれて厳しくなっていく。その結果、本書は「我々は公民として病み且つ貧しいのであった」と憤りに満ちた一文で終わることになる。柳田の考える民衆像はしばしば「常民」という集団的存在として論じられるが、彼はその学問を大衆を等しく「主権者」たらしめようとする、「個人」の確立のための手段として考えてきた。そこを誤読してはならない。

〔大塚英志〕

【雑種文化論】

日本文化の雑種性　加藤周一

初出「思想」一九五五年六月号（所収『雑種文化　日本の小さな希望』一九五六年、講談社）

1

私は西洋見物の途中で日本文化のことを考え、日本人は西洋のことを研究するよりも日本のことを研究し、その研究から仕事をすすめていった方が学問芸術の上で生産的になるだろうと考えた。また日本に昔あった文化、現在日本のいたるところに転っている問題は、西洋の文化や問題よりもつまらないものではなく、却っておもしろい点がある、その点に注意しその点を発展させてゆかなかったのは、それにはそれ相応の理由があるとしても、少くとも私自身の場合には怠慢であったと考えた。私はこれからその怠慢をとりもどす仕事をはじめるつもりだ。昔の日本、また今の日本のどこがどうおもしろいかという具体的な内容は、その仕事の途中で少しずつはっきりしてくるはずである。ここで抽象的な原則論をふりまわしてみてもはじまらない。

しかし西洋見物から日本へかえってきたときに私の考えは原則の上でも少し変った。綿密にいえば、原則は変らなかったが、日本文化の問題という一般的な面で西洋見物の途中で考えていたことと、かえってから考えたこととの間に、いくらか内容のずれが生じた。そのずれは、日本人は日本人の立場にたたなければならぬという原則、つまり日本の西洋化を目標にして仕事をしても日本の問題は決して片づくまいという私の考えの原則をたてた上で、それでは日本人の立場とは何かというその内容に係っている。西洋見物の途中で私はその内容を西洋の影響のない日本的なものという風に考えた。そう考えたのは西洋の影響が技術的な面を除けば精神の上でも文化の上でもいたって表面的な浅ぱくなものにとどまっていると考えたからである。私は身のまわりに西洋の街を眺めていた。それは東京の西洋式の街とは似ても似つかぬものである。日本でそれに似たものを想出すとすれば、そこにだけはながい歴史を負った文化が形となってあらわれている京都の古い軒並を想出すほかはない。街とはかぎらぬ、セザンヌのまねと本物のセザンヌとを比較することは、誰にもばかばかしくてできない相談だろう。西洋見物の途中で日本の絵のことを想出すとすれば、北斎にさかのぼり、光琳にさかのぼるほかはない。日本の風土と古い歴史とに根ざしたものの考え方や感受性、また風俗習慣芸術の全体に対し自覚的にそれをとりあげようとする心の動きがおのずからおこる。もしそういう動きを国民主義というとすれば、私は西洋見物の途中で日本人の立場を考えたときに、その内容は、国民主義的であった。そしてそういう私の考えは、英仏両国に暮している間、英仏両国民の自国の文化に対する極端に国民主義的な態度によって、大いに刺戟されたのである。例はいくらでも報告されているから、ここにはあげないが、要するに英国的な特色は学問芸術から服装や生活様式の末端にまで及んでいるということ、英国の文化は日本でのように医学は外国式で美術はまた別の外国式だが生活様式は日本流だというような混雑したものでないということ、従って何事も軽薄でなくながい歴史を負っていておちついたものだということである。英国を仏国にとりかえても、およそ同じようなことがいえる。英仏両国に軽薄な現象がないわけではなく、そういうことはむろん程度の問題だが、少くとも日本と比較する場合に、両国の文化が純粋に伝統的なものによって培われているということは、両国を旅行したことのあるほとんどすべての旅行者の注意することであろう。英仏にもそれぞれちがった形でちがった領域に外国の文化に対する強い好奇心がある。しかしそれは多くの場合に自国の文化にとって欠くことのできない原理を外国にもとめるということではなく、外国との接触によって本来の原理の展開を豊かにするということにすぎない。原理に関しては、英語の文化も、フランス語の文化も、純粋種であり、英語またはフランス語以外の何ものからも影響されていないようにみえる。そして多くの英仏人はそのことを多少とも自覚している。そこから一種の文化的国民主義が発達する。いくらか心理学に趣味をもっている旅行者は当然そういうことに気がつくであろう。従って日本人もまた彼らのように文化問題について国民主義的でなければならぬという結論が出やすい。事実そういう結論は昔から何度も出たし、現に私も西洋見物の間そういう結論に傾いていた。しかしそれはまちがっている——ということが私の場合には、誇張していえば、日本へかえる船の甲板から日本の岸をはじめてみたその瞬間にはっきりしたのである。

日本の第一印象とでもいうべきものはこうであった。海に迫る山と水際の松林、松林のかげにみえる漁村の白壁、墨絵の山水がよく伝えているあの古く美しい日本、これは西ヨーロッパとは全くちがう世界であるということが一つ、しかし他方では玄海灘から船が関門海峡に入ると右舷にあらわれる北九州の工場地帯、林立する煙突の煙と熔鉱炉の火、活動的で勤勉な国民がつくりあげたいわゆる「近代的」な日本、これは東南アジアとは全くちがう世界であるということがもう一つ。神戸に上陸したときの印象も全く同じものである。神戸はマルセーユともちがうが、シンガポールともちがっていた。外見からいえばシンガポールの方が神戸よりもマルセーユにちかいが、それはシンガポールが植民地だからであって、シンガポールの西洋式の街はマレー人が自分たちの必要のために自分たちの手でつくったものではない。そういう植民地にとっての問題は、原則としては、はっきりしている。植民地か独立か、外国からの輸入品か国産品か。もしそういうところで文化が問題になるとすれば純粋に国民主義的な方向でしか問題になりえないだろう。ところが神戸では話がそう簡単にゆかない。港の桟橋も、起重機も、街の西洋式建物も、風俗も、すべて日本人が自分たちの必要をみたすためにみずからの手でつくったものである。シンガポールの西洋式文物は西洋人のために万事マルセーユと同じ寸法でできているが、神戸では日本人の寸法にあわせてある。西洋文明がそういう仕方でアジアに根をおろしているところは、おそらく日本以外にはないだろうと思われる。マレーとちがうし、インドとも中国ともちがう。そのちがいは、外国から日本へかえってきたとき、西ヨーロッパと日本とのちがいよりもはるかに強く私の心をうごかした。西ヨーロッパで暮していたときには西ヨーロッパと日本とを比較し、日本的なものの内容を伝統的な古い日本を中心として考える傾きがあった。ところが日本へかえってきてみて、日本的なものは他のアジアの諸国とのちがい、つまり日本の西洋化が深いところへ入っているという事実そのものにもとめなければならないと考えるようになった。ということは伝統的な日本から西洋化した日本へ注意が移ってきたということでは決してない。そうではなくて日本の文化の特徴は、その二つの要素が深いところで絡んでいて、どちらも抜き難いということそのこと自体にあるのではないかと考えはじめたということである。つまり英仏の文化を純粋種の文化の典型であるとすれば、日本の文化は雑種の文化の典型ではないかということだ。私はこの場合雑種ということばによい意味もわるい意味もあたえない。純粋種に対しても同じことである。よいとかわるいとかいう立場にたてば、純粋種にもわるい点があり、雑種にもおもしろい点があり、逆もまた同じということになるだろう。しかしそういう問題に入るまえに、雑種とは根本が雑種だという意味で、枝葉の話ではないということをはっきりさせておく必要がある。枝葉についてならば英仏の文化も外国の影響をうけていないどころではない。インドや中国の場合にはなおさらであって、日本の文化を特に区別して雑種の典型だという理由はない。（インドや中国のことはもう少し調べないと断定的なことはいえないが、私の今までに知るかぎりでは日本の場合と著しくちがうように思われる。）

簡単な例を一つとろう。西洋種の文化がいかに深く日本の根を養っているかという証拠は、その西洋種をぬきとろうとする日本主義者が一人の例外もなく極端な精神主義者であることによくあらわれている。日本精神や純日本風の文学芸術を説く人はあるが、同じ人が純日本風の電車や選挙を説くことはない。そんなことは不可能だからであり、日本風といわれるものは常に精神的なものばかりである。現に日本の伝統的文化をたたえるその当人が自分の文章を毛筆ではなくてペンでかき、和とじではなくて西洋風の本にこしらえ、その本の売れゆきについては、英国で典型的に発達し日本では「ゆがめられた」といわれるかの資本主義機構の作用を感じている。書斎では和服かもしれぬが外へ出るときは洋服である。つまり日本人の日常生活にはもはやとりかえしのつかない形で西洋種の文化が入っているということになる。政治、教育、その他の制度や組織の大部分も、西洋の型をとってつくられたものだ。くどいようだが、経済の下部構造が「前近代的要素」をひきずりながらもとにかく独占資本主義の段階に達している今日、精神と文学芸術だけが純日本風に発展する可能性があると考えるのは、よほどの精神主義者でなければむずかしいだろう。日本主義者はかならず精神主義者となり、日常生活や下部構造がどうあろうと、精神はそういうものから独立に文化を生みだすと考える他はない。ところが念の入ったことに、そう考えた上で行う議論の材料、つまり立論に欠くことのできない概念そのものが、多くは西洋伝来の、和風からは遠いものである。自由とか人間性とか、分析とか綜合とか、そういう概念を使わずに人を説得する議論をくみたてることは、議論の題目によっては不可能であろう。日本の文化の雑種性を整理して日本的伝統にかえろうとする日本主義者の精神がすでにほんやくの概念によって養われた雑種であって、ほんやくの概念をぬきとれば忽ち活動を停止するにちがいない。日本の伝統的文化を外国の影響から区別して拾いだすなどということは、今の日本では到底できるものではない。

大衆はそれをよく心得ている。だから雑種をそのままの形でうけ入れ、結構おもしろく暮す方法を工夫しているが、雑種を純粋化しようなどという大それた望みはもたないのである。ところがいわゆる知識人は大望を抱いて起ちあがる。知識人が文化問題に意識的であればあるほど、日本文化の雑種性をどの面でか攻撃し、できればそれを純化したいという考えに傾く。明治以来の複雑な文化運動の歴史は、もし一言でいうとすれば、このような文化の雑種性に対する知識人の側からの反応、つまりその純粋化運動の歴史に他ならない。そしてそのかぎりでは必然的に失敗の歴史であった。

2

日本文化の純粋化運動は、ひとまず図式的に二つの型にわけて考えることができる。第一の型は日本種の枝葉をおとして日本を西洋化したいという念願にもとづき、第二の型は逆に西洋種の枝葉を除いて純粋に日本的なものをのこしたいという念願にもとづく。しかしいずれも成就するはずのない念願である。日本種の枝葉をきりおとそうとする純粋化運動はたとえそれがうまくいっても幹と根を養っている日本的要素を除くことはできない、それができないから、しばらくするとまた日本種の枝葉が出てくる。従ってその次に、いっそ西洋種の枝葉を除いて日本風に体裁を整えようとする運動のおこるのが当然である。ところがその場合にも幹と根の雑種性はどうにもならず、やがて西洋種の枝葉の再生してくるのを防げないから、この作用と反作用の連鎖はとめどもなくつづく。明治以来日本の文化を純粋に西洋化しようという風潮がおこると、日本的なものを尊ぶという反動が生じ、二つの傾向の交代は、今にいたってもやまないようにみえる。

こういう悪循環をたち切るみちはおそらくひとつしかないだろうと思われる。純粋日本化にしろ、純粋西洋化にしろ、およそ日本文化を純粋化しようとする念願そのものをすてることである。英仏の文化は純粋種であり、それはそれとして結構である。日本の文化は雑種であり、それはそれとしてまた結構である。たとえそれが現在結構でないとしても、これから結構なものにしたててゆこうという建前にたつのである。そんなことができるかと人はいうかもしれないが、やってみなければわからないし、またその他にやりようがあるわけではないだろう。——図式的にいえば、結論はそういうことになる。しかしいうまでもなく実地の問題は図式ほど簡単ではないのであって、結論にいたるまでに、もう少し詳しく日本文化を純粋化しようとする運動をその実情について眺めておく必要がある。

日本の西洋文化との接触は維新前後に外からの強制と内からの技術的必要に刺戟されておこった。明治思想のなかでは、例外的な場合を除いて、西洋文化の摂取、日本の西洋化という過程と、国民主義的理想とは、すでに対立の契機を含みながらも、主としてもちつもたれつという関係を保っていた。西洋文化とは主として技術文化であり、技術文化は国民主義の道具としてそれを強めるために役だったからである。和魂洋才ということばは明治の文明開化の思想が富国強兵の理想といかに密接にむすびついていたかをよく示している。

しかし摂取すべき西洋文化がひとたび技術制度の領域を越えて精神の領域に及べば、富国強兵の理想と折合わず、それよりももっと手のこんだ深い意味での国民主義的反作用をよびおこす。その典型的な例はキリスト教輸入の場合であろう。反作用が常に余りにも大きすぎたから、キリスト教の影響はかぎられた小範囲にとどまったとさえいえる。（もしその影響が広い範囲にわたっていたら、その後の日本の文化の歴史は変っていたはずである。しかしそういう想定をするためにならば、多分明治という時代はおそすぎるのであり、日本のキリスト教化の機会は、おそらく十九世紀末の東京においてではなく、十六世紀後半の九州においてすでに失われていた。）

しかし一般に技術制度の輸入があるところまですすみ、輸入されたものが自発的にうごきはじめると、キリスト教のようにうけ入れる側の精神の変革を直接に迫らないにしても、間接にその生活感情の変化を必然的にする。風俗習慣が変り、道徳や美意識が伝統的なものからある程度まではなれてくるだろう。和魂洋才という原理は文明開化のはじめの時期のようにもはや簡単には成立しない。和魂は意識的にまもらなければならないものとなり、しかも純技術的な領域以外のあらゆる西洋化に対立することによってしかまもりえないものとなる。日本文化を純粋化しようとする運動の一つの型としての国民主義は、そのときはじめてあらわれるわけだ。

そして一つの型のあらわれるときは、同時にもうひとつの型のあらわれるときである。なぜなら技術制度の輸入の次には、輸入された技術制度の生みだした社会のなかで生きてゆくために必要な思想の輸入がはじまるからである。洋才と和魂との矛盾が洋魂の理解を刺戟し、するどく国民主義と対立しながら、日本の文化をひろく西洋化しようとする運動となってあらわれる。たとえば洋楽は和楽に、洋画は日本画に、ほとんど橋わたしの不可能なような形で対立する。感受性と美意識の領域ですでにそうであるとすれば、同じ原理が道徳の領域、従ってまた社会的諸問題の領域に及ばないはずはない。なりゆきの赴くところ日本の社会の西洋化という考えは、やがて歴史主義の導入されるに従って、決定的に強い影響力をもつようになる。——歴史主義、または歴史的なものの見方によれば、日本の西洋化とは日本の近代化である。なぜなら順を追ってすすむべき歴史の発展段階の西洋はすすんだ段階にあり、日本はおくれた段階にあるからである。おくれはとりもどさなければならず、日本のなかの封建性または前封建性は清算して、国を純粋に近代化しなければならない。文化を純粋化しようとして、国民主義的方向に傾かない人々は、そういう意味での近代主義に傾き、二つの傾向はそれぞれが徹底するに従っていよいよ激しく対立するであろう。

最近の文化運動のなかにあらわれたさまざまな対立的要素、たとえば伝統的な趣味と革新的な趣味、非歴史的なものの考え方と歴史的なものの考え方、社会に対しての保守的な立場と進歩的な立場、――そういう対立的要素の大部分は、西洋文化と日本との関係という点からみると、以上の二つの型、国家主義と近代主義との対立に還元されるように思われる。そして二つの型がいちばんはっきりした形でいちばん大がかりな規模であらわれたのは、いうまでもなく戦争中と戦後の被占領期間殊にそのはじめの時期である。（はじめの時期というのは敗戦後、せまくとれば四七年の二・一罷業弾圧まで、ひろくとれば五〇年朝鮮戦争のはじまるまでだが、ここではそのちがいを問題とする必要はない。）戦争前までは、国家権力が組織的に文化のあらゆる領域に介入するということはなかった。天皇制を中心とする富国強兵策の教育は徹底していたが、たとえば思想文学芸術の領域では、権力の介入が必要に応じての弾圧にとどまり、戦争中の「精神総動員」のように積極的な性質はもっていなかった。文化を日本的な伝統にもとづいて純化しようという文化的国民主義は、文化の雑種性に対する一部の知識人の反応であって、大衆とは深い関係がなく、権力もそういうことに熱心ではなかったといえる。ところが戦争と共に精神も動員された。文化的国民主義は政治的な国家主義を強めるための道具として権力に積極的にたすけられ、未曽有の大がかりな規模で強調された。文化上の国民主義はもはや一部の知識人の道楽ではなく、大衆と一種のつながりをもつようになった。そしてそういう「国民精神総動員」に対し、戦後には「日本の民主化」が全くちがう権力を背景として大がかりな規模で展開されたのである。大衆とのつながりは、今度は戦争中の場合とちがって、大衆の側からの自発的な支持をもとうとしている、ということが、少くともある面ではいえなくはない。いずれにしても文化問題は、戦争をきっかけとして、自覚的にまた組織的に扱われるようになった。そうすると期せずして日本の文化の性質そのものに由来する二つの反応の型、国民主義的な型と近代主義的な型とが、全く典型的にもはや疑う余地のないほどはっきりした形をとって相

次いであらわれてきたのである。〔抄録〕

解題「日本文化の雑種性」

加藤周一（かとうしゅういち、一九一九〜二〇〇八）は戦後知識人として著名だが、医学を修めて血液学を専門とする東京大学附属病院の副手として出発し、アカデミズムとジャーナリズムのはざまで、多岐にわたる分野において多くのテーマを扱ってきた。フランスと日本の文学・文化・美術を中心とし、政治や国際情勢に目を向け、批評だけでなく小説や戯曲のかたちでも自らの批評・思想を表した。そうした加藤の活動の原点にあるのは、東京への空襲で多数の負傷者を治療したことや、戦後に原爆の被害をアメリカの調査団とともに調査した経験である。加藤は戦後まず、戦争責任の問題、核の問題、天皇制批判を展開し、一九五一年から五五年まで渡仏する。「日本文化の雑種性」は、フランス滞在を経て加藤が日本文化を西洋との関係から考察したものだが、既存の日本文化論にあった本質主義的な「特殊性」を疑い、それがどのように歴史的に形成されてきたのかを問うなかで、そこに「雑種性」があることを見出すものであった。それは、戦後の日本はアメリカのようにならなければいけないという当時の直線的な観念にたいし、日本の民主主義を日本に適するように形成していくための実践的な問題提起となった点において、今日も高く評価されている（小森陽一、成田龍一「加藤周一を読むために」『現代思想』二〇〇九年第三七巻第九号、七二〜九一頁）。

注視したいのは、「雑種文化論」が日本近代を「西洋化」とみなす姿勢からも、「伝統回帰」や「国民主義」として論じる姿勢からも距離をおいている点である。日本文化がそもそも中国など大陸からの外来文化の影響を受け、現在は政治・教育ほか諸制度が西洋に由来しており、日本の伝統が「純粋種」として成立するものではないという、日本文化の「雑種性」に加藤は積極的な意味を認めている。この「雑種文化論」は、アメリカ占領からの独立後の日本において広く一般に迎えられ、梅棹忠夫の「文明の生態史観序説」とともに、その後の「日本文化論」の流れを変えるほどの影響力を持っていた（青木保『「日本文化論」の変容　戦後日本の文化とアイデンティティー』一九九九年、中公文庫）。

　しかし近年、日本文化を巡る言説において、「雑種性」を捨象し、本質主義的な「特殊性」を見出そうとする姿勢が目立つのではないだろうか。加藤は「日本文化の雑種性」において、「知識人」による日本文化の「純粋化」運動にたいし批判と警告を行ったが、現在は知識人に限らずより広い範囲で、日本文化の「純粋化」への欲望が認められる。日本文化の「純粋化」運動は、必然的に失敗の歴史を繰り返すことになると加藤は予言したが、今後はどのような道を辿っていくか、注視する必要があるだろう。なお本書では紙幅の都合上、論考の前半部分のみを掲載している。加藤周一『雑種文化　日本の小さな希望』（一九七四年、講談社文庫）等でぜひ全文を通読されたい。

（佐野明子）

【キャラクターと私小説】

漫画　小林秀雄

初出「文藝春秋」一九五九年一〇月号（所収『考へるヒント』一九六四年、文藝春秋新社）

かつて「のらくろ」という漫画が一世を風靡した事がある。子供相手の漫画ではあったが、大人達も覗き込んで笑っていたのだから、一世を風靡したと言っても過言ではない。「のらくろ」で笑っていた、なつかしい少年時代を思い出している壮年者の数は莫大であろう。

時勢は一変した。軍隊がなくなって了《しま》っては、「のらくろ」はどう仕様もないのである。世間には、作者田河水泡は、戦犯だと思っている人も、存外多いかも知れないが、作者に、「のらくろ」の続き物の執筆を禁じたのは軍隊であったのを知っている人は、少いだろう。「のらくろ」のあのだらしない行動は、皇軍を侮蔑するものである、まさかそんな大人気ない事も言う事は出来なかったが、その内に、情報局は、うまい口実を見つけた。それは、凡《およ》そ次のような次第であった。「のらくろ」が書き始められたのは昭和六年だが、この新兵は大尉に昇進するのに十一年かかっている。「のらくろ」をひいきしている子供達は、「のらくろ」が早く出世すればいいと思っていた。作者にしてみれば、それは判っているが、出世させるのも考えものなのであった。上官になっては、新兵なみに馬鹿な失敗もそうそう出来ない道理だから、そこで、しぶしぶ出世させる事にして、大尉になるのに十一年かけた。さて、次は少佐という順序だが、どう考えても少佐では拙《まず》い。一方、「のらくろ」ファンの勢力は、一向衰えなかった。軍隊をしくじらせ、浅草あたりで、おでん屋でも開かせる外はあるまい、と作者は考えた。それが、大戦の盛期である。「のらくろ」大尉は、悶々として満洲に渡った。大東亜の共存共栄が、当時の政府のかかげた理想であり、「五族協和」は満洲国の憲法であった事は、誰も知るところだ。勢い、「のらくろ」も、満洲に行くと、仲間以外の附き合いもしなければならず、と言って、作者としては、漫画の構成上、人間を出すわけには行かず、ロシヤ人めいた熊や朝鮮人めいた羊や中国人めいた豚を登場させる仕儀となった。或る日、作者は、情報局に呼び出されて、大眼玉を食った。ブルジョア商業主義にへつらい、国策を侮辱するものである。特に、最友交国の人民を豚とは何事か。翌日から紙の配給がなくなった。

何故、私が、こんな事を知っているかというと、田河水泡は、私の義弟だからである。私は、弟の仕事に、大した関心も持っていなかった。洒落や冗談を飛ばしながら、楽しそうに仕事をしているのを見て、時々、うらやましい気持ちになったくらいなものだ。誰が見ても、彼の漫画家としての才能は非凡なものであったし、当人にも、充分に自分の才を恃《たの》んだ楽天家の風があったし、「のらくろ」が書けなくなった事など、大した事でもない、と私は思っていた。事実、彼は、少しもへこたれた様子も見せず、「蛸の八ちゃん」だとか「凸凹黒兵衛」だとか何んだとか、いくらでも漫画の新主人公を発明するのであった。

ところが、間違った。兄貴は、弟に対して、恥かしい事だが、まことに浅はかな観察をしていた。外で、「のらくろ」発禁事件が起ったのと同時に、彼の内では、愛犬失踪事件が起った。この二つの画を重ねて、透して見る事は、実に難事だったのである。前の事件は、消えたが、後の事件は、彼の心のうちに、尾を引いていた。いや成長をつづけたと言ってもいいかも知れない。

彼とは、たまに会うと、酒を呑み、馬鹿話をするのが常だが、或る日、彼は私に、真面目な顔をして、こう述懐した。

「のらくろというのは、実は、兄貴、ありゃ、みんな俺の事を書いたものだ。」

私は、一種の感動を受けて、目が覚める想いがした。彼は、自分の生い立ちについて、私に、くわしくは語った事もなし、こちらから聞いた事もなかったが、家庭にめぐまれぬ、苦労の多い、孤独な少年期を過した事は、知っていた。言ってみれば、小犬のように捨てられて、拾われて育った男だ。

「のらくろ」というのん気な漫画に、一種の哀愁が流れている事は、私は前から感じていたが、彼の言葉を聞く前には、この感じは形をとる事が出来なかった。まさに、そういう事であったであろう。そして、又、恐らく「のらくろ」に動かされ、「のらくろ」に親愛の情を抱いた子供達は、みなその事を直覚していただろう。恐らく、迂闊《うかつ》だったのは私だけである。

そこで、言えるが、例えば「フクちゃん」は横山隆一自身であり、「カッパ」は清水崑その人に違いない。まことに、はっきりした話だ。これは、芸術の上での、極めて高級な意味での自己の語り方であって、そういう観点から、「のらくろ」や「フクちゃん」や「河童」を眺めると、気持のいい程、徹底した芸術家の仕事ぶりが見えて来る。小説の世界では、なかなか、こうさっぱりした事にはならない。「私小説論」が書かれる毎に、問題は紛糾して来る始末だ。尤も、漫画には、漫画の特質がある。漫画の仕事には、リアリズムは禁物だ。ああ又フクちゃんか、案の定、あんな馬鹿をやっている、という次第でないといけない。人間の類型しか描けていないと小説で非難される、その類型が、漫画家には必要である。この類型に、命を吹き込めばよいのであるから、話ははっきりして来る。例えば、横山君が、「フクちゃん」に、自己の全部を賭ける、その賭け方もはっきりしたものになる。漫画家は、自己をなし崩しに語るわけにはいかないのである。天賦ある漫画家は、みなそういう事になる。

天賦という言葉は、現代では、言うも馬鹿馬鹿しい理由から軽んじられているが、長い期間にわたって、世人を動かす、ああいう「主人公」達を創り出すのには、普通の意味の才能で、事が足りた筈がない。彼等にしてみれば、才能なぞは、あり余っているに違いない。だが、自分の勝手に使用出来る才能などでは承知が出来ないのだろう。本能的な良心に導かれて、自分でもどうにもならぬ天賦のなかで仕事をするに至るのであろう。めいめいが、自分の天賦のとりことなるのだ。

私の浅薄な見聞から推しての話だが、外国の漫画でも皆そうではあるまいか。諷刺漫画や風俗漫画は別として、天賦ある漫画家だけが、喜びをもって自分の身丈にしっくりした主人公を創案する事が出来、従って、当然な事ながら、これは掛けがえのない一世一代のものであろう。そして、同じ主人公を生涯にわたって描きつづける事の出来た漫画家など一人もいまい。長い事描いているうちには、あのあんまり鮮明な漫画人物の類型性が人々を飽きさせるからである。この力に抵抗出来るような力が、誰にあろう。

日支事変の折、戦地で、麻生豊氏に偶然会った事がある。初対面で、その後会った事もないから、今、麻生氏はどうしているだろうとは考えないが、「のん気なトウさん」は、何処に行って了ったかとは思う。もし麻生氏が、ただの才人に過ぎなかったら、未だ何や彼やと応用の利く才能で、描きつづけているかも知れないのである。田河水泡は、ひょんな事から、辛い事になって了ったが、「フクちゃん」にも、「河童」にも、未だひょんな事が起らぬだけの話だ。他に、どう仕様があろう。それが、漫画家の道であるとするならば。

近代漫画は、政治漫画から始まった。笑いというドーミエの武器は、以来、無数の漫画家の武器となった。どうあっても、他人に説得されまいと覚悟している政治家を説得する事は出来ない。笑いのめしてやるより仕方がない。成る程、これはいい思附きであった。だが、この武器の切れ味は、だんだん怪しくなって来たのである。

現代のような、奇怪に複雑な批評時代が到来すると、一体、人を嘲笑うのに漫画家という特別な才が要るのか、と訝りたくもなる。「最後に笑うものが、一番よく笑う」という言葉があるが、自分こそ最後に笑うものだ、と誰も彼もが、笑い合っているような始末では、諷刺漫画も利き目がなくなって来るわけである。乙に澄ました男が、往来で、滑ってころんだら、見るものは、優越感をもって笑うであろうが、今日では、もはや、滑ってころんだのは我々自身の歴史という大紳士なのかも知れないのである。そんなていたらくで、自己の或は党派の優越の為に、他を笑って何が面白いのであろう。私は、真理の吟味を装った論戦に、嘲笑のやりとりしか感じない事がよくある。嘲笑のやりとりを、尚よく見てみると、両者に共通な漠然たるペシミズムが感じられて来る事がよくある。

ドーミエという人は、達人だったから、笑いという利器の危険を、はっきり知っていた。彼は、共和制擁護の為の自分の漫画の価値や効用を信じてはいたが、人を笑う悲しみも、亦よく知っていた。彼は、画家として、愛情さえあれば、敵がなくても出来る仕事を、ひそかに熱望していた。そして、彼の名を不朽にしたのは、そちらの仕事であった。尤も、不幸にして、これらを世に問う事が出来たのは、死ぬ前年であったが。

人を笑うのだけが笑いではない。子供ならみんな知っている。生きるのが楽しい、絶対的な笑いもある。いよいよ増大する批評的笑いの不安と痙攣との中で、この笑いを、恢復しようとしたのが、ディズニーの創作であったと考えてもいいだろう。子供は口実に過ぎない。大人もみんな子供である、と言いたいのが彼の真意だと思う。

ディズニーの「砂漠は生きている」という映画が評判になった時、在るがままの現実の自然を、何故、子供だましの漫画にしてみせる必要があるのか、野鼠は、決してミッキー・マウスのような芸当をするものではない、原始人のアニミズムの世界観に、たぶらかされている文明人の方がよっぽど滑稽である、そういう批評を読んだ事を思い出す。これは、浅薄な見解というよりも、批評的嘲笑の、極くありふれた現代風な型を示す。アニミズムは、もう過去になった世界観ではない。現在、世界中の人々の誰の中にも厳存している心理的事実である。唯物論的教養などで抹殺出来るようなものではない、というのが真相だと私は思っている。

かつて、ディズニーの伝記を読んだ事があるが、ミッキー・マウスは、ディズニー彼自身だ。彼は、ミッキー・マウスによって、自分を語った。では、彼は、自分を笑ったのか。まさしくそうだ、と私は考える。漫画家には、愚痴をこぼす事も、威張る事も出来ないから、仕方なく笑ったのではあるまい。彼の笑いは、自嘲でも苦笑でもない。自分の馬鹿さ加減を眼の前に据えて、男らしく哄笑し得たのだと思う。そういう、人を笑う悪意からも、人から笑われる警戒心からも解放された、飾り気のない肯定的な笑いを、誰と頒《わか》ったらよいか。誰が一緒に笑ってくれるだろうか。子供である。子供相手の漫画の傑作が、二十世紀になってから、世人の信頼と友情とによって、大きな成功をおさめたのは、決して偶然ではない。

一般に笑いの芸術というものを考えてみても、その一番純粋で、力強いものは、日本でも外国でも、もはや少数の漫画家の手にしかない、とさえ思われる。今日の文学者は、もう陰気な喜劇しか書かない。それは、皆が思っているほど当り前な事であろうか。

解題「漫画」

この小文を理解するには小林秀雄（こばやしひでお、一九〇二〜一九八三）と田河水泡（たがわすいほう、一八九九〜一九八九）の関係から説き起こす必要がある。小林は近代日本を代表する文芸評論家であり、本文中にあるようにまんが家・田河水泡はその義理の弟に当たる。小林の妹で劇作家としても知られる高見澤潤子が田河の妻に当たる。

高見澤とは潤子の結婚後の姓つまり田河の本名の姓であり、田河水泡（当初は「田川」）は筆名ということになる。田河の本名は高見澤仲太郎である。田河の経歴で注意すべきは、大正末期、村山知義らの大正新興美術運動、いわゆる大正アヴァンギャルドに高見澤路直の名で参画したことである。大正新興美術運動の特徴は「機械」、すなわち印刷などの複製芸術と結びついた総合芸術を標榜し、アメリカニズムの礼賛が同時に見られることにある。運動としての大正アヴァンギャルドは短期間で終結するが、村山知義、柳瀬正夢、そして高見澤路直は昭和初頭（というよりは一九三〇年代）、競うようにまんがやアニメーション製作といった機械化された芸術に手を染める。大正新興美術運動の本家であるソビエトが社会主義リアリズムに転じていく中で、その中心的な表現法であった構成主義が絵本などの児童向け領域で生き延びたこととも呼応する動きだが、一方では一九二〇年代にアメリカの資本主義芸術として派生したW・ディズニーらアニメーションのリアルタイムでの日本流入の影響が極めて大きい。ミッキーマウスらハリウッド産のアニメーションのキャラクターは、その書式や行動に於いて極度に類型化されており、アメリカニズムを体現した機械芸術として受けとめられた。それが大正新興美術運動の担い手が「まんが」へ変節した背景である。

中でも高見澤は、「TA（田）KAWA（川）MIZ（水）AWA（泡）」、即ち田川水泡と名乗り、まず、フリッツ・ラング「メトロポリス」、チャペック「R.U.R.」などで大衆レベルでは大正新興芸術運動のアイコンであったロボットを主人公とする「人造人間」（一九二九）をまんが作品として発表、続いて『少年倶楽部』誌上にミッキーなどのハリウッド産アニメーションのキャラクターの特徴を借用することで「のらくろ」（一九三一）を誕生させる。

小林と田河の出会いはその頃で、東京市中野の「谷戸の文化村」と呼ばれた、探偵小説作家・松本泰《たい》が建てた文化住宅に、美術運動から抜けた田河と文壇的に無名であった小林が隣り合わせに住む。谷戸は詩人・中原中也らも出入りした文化サロンであった。つまり小林のこの小文は戦後のものとはいえ、リアルタイムで、そして「身内」として、田河水泡とのらくろの誕生を最も身近で目撃した人間の論考である。

小林が『私小説論』（一九三五）を執筆するのはこれより少し後になる。小林が「自己をなし崩しに語る」と批判しているのは「社会化した私」を描き得ないこの国の私小説への批判とも通じるが、一方で小林が菊池寛らの通俗小説を「文学の社会化への試み」と評価したこととともこの一文は併せて考える必要がある。つまり「私」の社会化の戦略として、キャラクターという「類型」化された形式に私小説的な「私」を代入するまんが表現の在り方を正確に評価しており、小林が、田河水泡から手塚治虫、戦後まんがへと続く方法論をさらりと言い当てている点で重要な論考である。

〔大塚英志〕

【レイヤーとしての日本文化】

語相論　吉本隆明

初出「海燕」一九八三年二月号（所収『マス・イメージ論』一九八四年、福武書店）

画像と言葉とが補いあいながら、あるばあいたがいに拮抗したり、矛盾したりして展開される物語性という課題に、いちばん意識的なのは、山岸凉子のコミックス画像の世界のようにみえる。そこではすくなくとも次のようないくつかの差異と同一性が、明晰に分離されている。

(1)語る声《ナレーション》あるいは語り手《ナレーター》の言葉。

(2)登場人物のかわす会話。たとえばそれは作品のなかで二重線の囲みで表わされている。たとえば作品では一重線の囲みで表わされている。また緊迫した叫び声や叱咤の声のばあい、こまかい波型や山型の一重線で表わされる。

(3)擬音や音声にならない意識の内語のばあいは、草書体の無囲み、あるいは崩した一重線の囲みで表わされる。

(4)画像と会話によって進行している物語のある場面が、雰囲気としてもつ情緒や情念の暗喩が必要なときには、ナレーションも会話もない、景物の画像だけの一コマが挿入される。たとえば登場人物の一人が恐怖に叫び立てる場面のつぎに「騒ぎ立つ潮騒」だけの画像が挿入される。

もちろんこういう要素の大部分は、意図的でないのなら、ほとんどすべてのコミックス画像が採用してい

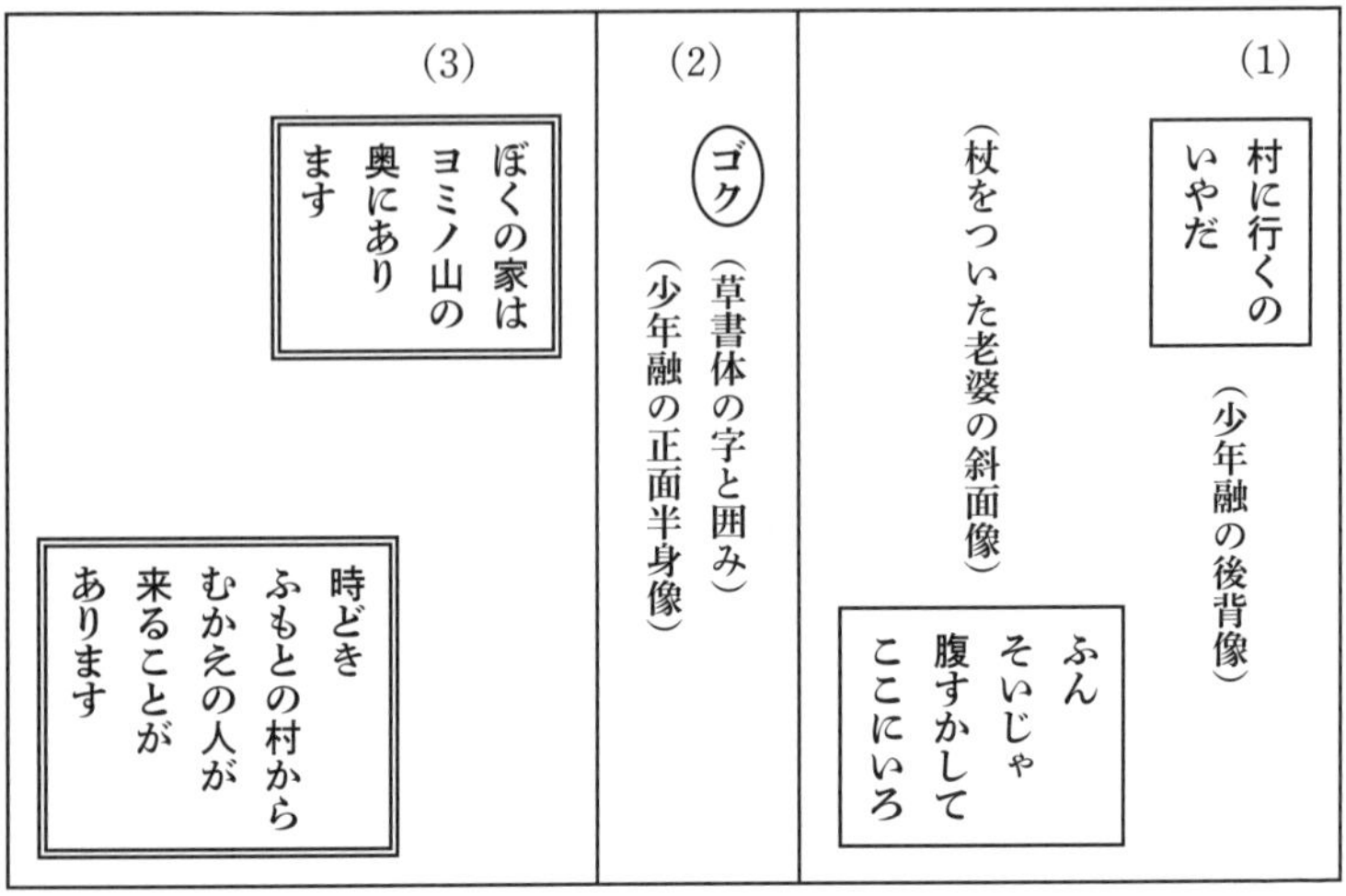

（山岸凉子「籠の中の鳥」）

る。ただ山岸凉子はそれをはっきりと意識して、分離している。そしてこれほど方法化されている画像の世界は、ほかにほとんどないといってよい。

　山岸凉子の近年のすぐれた作品「籠の中の鳥」で、鳥族の飛べない少年融（作品の主人公「ぼく」）と、その祖母の薄気味の悪い老婆が麓の村へ出かけてゆく場面には、この四つの差異のうち三つが、続いた三コマのなかにあらわれる。

　一重線で囲まれた「村に行くのいやだ」「ふんそいじゃ腹すかしてここにいろ」というのは、少年融が駄々をこね、老婆がやりかえす会話のセリフである。円型に囲った「ゴク」というのは老婆に腹をすかしていろといわれて、少年が生つばを呑みこむ擬音である。そして(3)のコマの二重線の囲みのなかは、融が一人称の語り手の位相で語るナレーションの言葉である。これだけの区別は、もちろん普通のコミックス画像の世界でありふれたものだが、山岸凉子のような明晰な記号化はあまり行われていない。

　きわめて暗示的に描かれているが、鳥族の老婆と少年は、村のだれかが死に、葬式があるごとに村に降りていって、通夜のお盛りものや、ご馳走ののこりを渡されて、明け方に山へ帰ってゆく。少年融は鳥族のくせ「飛べない」ために、死人を安置した居間に呼ばれるのは老婆だけである。少年はじぶんが「飛べない」ことはわかっているが、「飛ぶ」ということがどんなことなのかを知ってはいない。少年が村に行くのがいやなのは、暗くなってから山を降りても、夏など村の子供たちがまだ遊んでいて、少年と老婆を見つけると、トリが来たといって石を投げつけられるからだ。その冬は寒くて寝たまま布団から出られなかった祖母は、少年をじぶんの死の床に呼んで、じぶんが死んだら、そのときが最後のチャンスだから「飛んでみろ」と遺言して死ぬ。だが老婆の死に出あっても少年は「飛ぶ」ことができない。

ぼくは
鳥人の最後の
飛べない
トリとして
一人取り残され
ました

（背景は大きな渦巻き）

おばあちゃん

（うずくまって頭をかかえた少年融の画像）

（山岸凉子「籠の中の鳥」）

ここで波型あるいは山型の囲みのなかの言葉は、少年融の音声にならない呼びかけを意味している。

老婆の死体のそばに日を過しているうち、衰弱して意識を失った少年融は、村人の家に援けられる。かつて鳥人伝説に関心をもって鳥族を調査するため山へきたことのある民族学者の人見康雄に、少年はやがて引きとられてゆく。謎めいているが、少年はなぜかこの人見を「お父さん」だと思い込んでいる。人見にひきとられた少年融は、驚くような速さで、文字をおぼえ、勉強が進んでゆくが「飛ぶ」ことだけはどうしてもできない。街の普通の少年のように成長してゆく。

図表のように一年の推移を、短冊型の季節の点景だけで語ろうとする方法は、その徹底性でこの作者の特質だといってよい。ここで二重線で囲んだナレーションの言葉で『一年が過ぎた』と書いても、伝達性からみればすこしもおかしくないはずだ。それを短冊の景物描写でやろうとしたところには、作者の工夫がかく

（月がかかっている画像）	（モミジの枝の画像）	（クリスマス飾り画像） （少年融のうずくまって顔をかくした画像）	（正月の鏡餅の画像）	すごいな 融 君はこの 一年で 三学年も 修学した んだよ （人見康雄が椅子にかけた正面の画像）

（山岸凉子「籠の中の鳥」）

されている。別のところでも、春の季節だということを暗喩するのに桜の枝ぶりだけをいれ、おそい春へ移ったことを椿の枝と花だけで表わした個処がみえる。作者が固執している表現法だということができよう。少年融は「飛ばなく」ても、人見のところに置いてもらえるためには、勉強のできる子だとおもわれる以外にないとかんがえて、励む。だが少年にはべつの不安があらわれる。人見康雄の死んだ「奥さん」の従妹が、たびたび人見を訪れるようになる。この二人が結婚したらじぶんは人見の家を出てゆかなくてはならないのではないかと少年は思いはじめる。そして或る日じじつこの許婚の従妹の会話のなかに、どこかの「施設」か「知り合い」の家で育ててもらったらという願望が聞かれるようになる。

　家を出た少年融は街をさ迷ううちに、人見と行きあい、横断歩道を人見の方へ駈けわたろうとして、車に

ぶつかるところを、人見にかばわれて助けられるが、人見は、車にはねられて、道路にほうり出されて瀕死の状態におちいる。

ここがこのすぐれた作品のクライマックスだが、少年融は人見の倒れた身体から、人見の霊魂が抜けていくのがわかり、その身体を抜けて去ってゆく人見のあとを、どこまでも追ってゆくじぶんを感ずる。人見の霊は港の上を鳥瞰して飛んでゆくが、少年融はやっと人見に追いついて、衣服を摑まえると引き戻すことに成功する。

意識がさめた少年融は病院のベッドからよろめき出て、手術中の人見が当然即死すべきところを助かったことを知る。人見を見舞いに病院へ通ってゆく少年融に、回復間近かの人見がある日こういうところがある。少年融は死んだ祖母が「飛ぶ」と呼んでいたことが、瀕死《ニア・デスウ》のさいに身体を離れて浮遊してゆくようにみえる霊魂を、生の側に呼び戻そうとする巫の技術だというのを、はじめて納得する。じぶんの「父」だとなぜか思い込んでいる人見が瀕死のさいに、はじめて少年は人見の霊魂を追いかけて、これを生の側にひきもどすことを体得したことになる。そして人見は少年融にもう「飛ぶ」必要はないし、これからはずっと一緒にいられると語り、少年融は人見の胸のなかで思いきり泣いて、じぶんがとうとう鳥族から解放されたのだと感ずる。

山岸涼子の「籠の中の鳥」が感銘ぶかい作品だというのは云うをまたないが、それよりももっと意味ぶかいのは、画像と組みあわせることが可能な言語の位相を、その同一性と差異の全体にわたってはっきりと抑えきっていることだとおもえる。たとえばこの作品は「ぼく」という主人公が語り手になり展開される物語だが、「ぼく」は同時に作品のなかで、主たる登場人物としても振舞うことになる。語り手としての「ぼく」と主人公としての「ぼく」はどうちがうのか。この言葉の本質的な差異は、一重線の囲いと二重線の囲いに

(1)
飛んだね
（ホウタイをしてベッドに身体をおこした人見の画像）
ついに

(2)
え
（少年融の横顔の画像）

(3)
覚えていないの？
ぼくを追いかけて
ぼくをつかまえて
くれただろう
（ホウタイを頭にまいた人見の横顔の画像）

(4)
（背景にトリの羽が羽搏く）
（少年融の横顔の画像）

(5)
しかも
君の一族の
誰もが
やれなかった
ことだ
（人見の斜面画像）

(6)
（引きもどす手の画像）
飛んできて
捕まえて
引きずり
戻すなんて

(7)
（少年融の横顔）

(8)
君の
おばあさん
だって
（人見の横むきの画像）
死返魂をやる時は
亡くなった人の声を
聞き取るのが
精一杯だったんだよ

(9)
亡くなった人
（融が村の葬式の家でみた少女の画像）
死返魂
（少年融の正面画像）

(10)
（羽の生えた少年融の倒像）
ああ！
そういうこと
だったのか
飛ぶという
ことは
（港の船の鳥瞰画像）

（山岸凉子「籠の中の鳥」）

よって区別されている。「ぼく」の内語もまた別の区別をうける。さしあたってわたしたちは、画像と組合される物語言語においては、それ以上の位相的な差異と同一性を区別しなくていいことがわかる。こうみてくると山岸涼子は、現在のコミックス画像の世界を流通する言語的な手段を、意識的にとりだした明晰な作者だということがわかる。ほとんど画像をともなう言語的な位相の基軸を単独で作品に実現している作家だといえる。

わたしたちが画像をともなう言語をかんがえるばあい、山岸涼子の作品が実現したもののヴァリエーションをかんがえることにひとしい。その意味でいちばん明晰な方法意識をもった劇画作家である。

つげ義春の作品の世界を、山岸涼子が意識的に分離している画像の精緻な語相と、対称的な位置にあるものとみなしてみよう。そこでは語り手の言葉は、語相として画像空間から分離されず、むしろ画像の一部分として、画像とおなじ位相にはめこまれていることがわかる。登場人物のかわす会話の言葉は、これに反して、劇的な言語の位相におかれる。そして強引に作品の物語性を引っ張ってゆく。この語相の特徴にくわえて、つげ義春の画像は、ひとびとの常識的な皮膜をつき破るように、ラジカルに劇的事実をむき出しに正面から描ききっている。とくに画像は性的にラジカルな表現をとり、ポルノグラムの域に達している。たぶんここを中心にすえれば、つげ義春の世界はいい尽すことができよう。

いま語り手の言葉が画像の位相にはめこまれていると述べたが、まったく逆にいってもおなじことだ。つげ義春の世界では、画像がナレーションの役割をはたし、物語や劇は言葉のセリフが推進しているといいかえてよいくらいだ。画像は大胆で直接的だがスタティックであるといえる。

語り手《ナレーター》の言葉は画像の平面に埋めこまれ、会話の言葉は画像との強い結びつきを示すよりも、勝手に言葉だけで独立して、コマからつぎのコマへ、劇的な展開をおしすすめてゆく。画像自体は動きがほとんどなく、

(1)

千葉県の千倉でひと泳ぎ
しようと、友人と二人で出かけ
途中で道に迷ってしまった

（二人乗りをして夜の街道を走ってゆくバイクの画像）

(2)

あの
オッサンに
たずねて
みよう

（バイクをとめた画像）

（バイクの傍で立ち小便している後姿の画像）

(3)

（行商人Kが正面から立ち小便をしている画像）

そのとき出会ったのが
山梨の行商人Kさんだった

(4)

えっ、ここは
丸山町ですか

（二人の画像）

千倉なら
相当もどら
ないとね

じゃ　さっきの
ふたまたで
まちがったん
だ

（二人の画像）

(5)

友人とぼくは田舎道で
オートバイのライト
めがけてとび込んで
くる虫の痛さに
千倉へ行く元気を
なくして
しま
った

（二人と行商人Kのバイクが前後して走る画像）

しゃあない
丸山町に
泊まるか

（つげ義春「庶民御宿」）

そのかわりに画像の構図は、直接的でラジカル（とくに性的にラジカル）であり、しかもコマからコマへの流れの意味をほとんどもたないことがわかる。

　こういった特徴を単独にとりだすと、つげ義春のコミックス画像の世界をすぐれたものにしている根拠は、なにもみあたらないとおもえてくる。方法的にはとてもプリミティヴな要素ばかりから出来あがっているといってもいい。それなのにこの作者の作品をすぐれたものにしているのはなにか。わたしは強力なポルノグラムの本質力と直接性、それから奇譚の語り手としての特異な抜群の資質だとおもう。むき出しのエロス的な点と、奇妙な物語的偏執とが、作者の性格悲劇に内在する必然をひとびとに感じさせる。そして人間存在が誰でも、不幸な宿命的な性格悲劇をどこかにもつことを読者に内想させる点で、本格的な悲劇を劇画の世界にしている。わたしたちは、つげ義春のコミックス画像の世界がどれだけひとびとのあいだに普遍性をもつかを、うまく測ることはできない。だがかれの表出は、人間の本質的な孤独を開示することで、画像世界のひとつの極をしめしている。

　大友克洋のコミックス画像の世界は、見掛けのうえからはつげ義春の世界によく似ている。とくに初期作品ではそうおもえる。わたしには両者とも特異な感覚的な執着点をもった奇譚の世界、いわば筋書き、物語性の世界だけからきているとおもえる。鍼灸のつぼみたいな感覚的な執着点をテコにして、物語が常識を反転し、常識の合間をくぐって展開されてゆく。どの作品をとってきても、表側を進行してきた物語性は、この特異な執着点にさしかかるとくるりと反転して、こんどは裏側を進行して、一種の奈落にたどりついておわる。

　「星霜」みたいなしずかな作品でもこれはかわらない。アルバイトにいった女子高の図書室で、本の整理係りをしているひからびた初老の男「関根さん」が、女校長の昔の恋人であり、女校長が昔女流作家として評判になった小説「星霜」は、じつはこのひからびた初老の男が昔書いて、女校長にあずけたものを、この男が思想犯で検挙されていた留守に、先代の亡くなった校長にあたる男があらわれて、内証で女校長の名前で出版し、女校長に結婚を申込んで一緒に暮すようになったという過去をもっている。校長と「関根さん」とが示しあわせたように、抜きとってみている小説「星霜」の「六月九日」という日付けに、赤い丸印がついているのを見つけるところが、この作品の第一の執着点である。校長が「関根さん」と図書室でお茶を飲みながら「癌」で半年ももたないと告白するところが第二の執着点である。一見なだらかに推移するようにみえるが、この二つの点をテコにして、物語性は反転される。二人は小説「星霜」の赤い丸印の日付けの日に心中するのに同意する。それまで女校長に心を開かなかった図書係りの「関根さん」は、じぶんが特高に検挙されていたあいだに、先代校長が女校長に黙って関根さんの書いた「星霜」の原稿を女校長の名前で本にしてしまい、早急に結婚を申込んだ事情を知り、いまは女校長が「癌」にかかっていることをきいて、心を開いて、ずっと長い間ポケットに隠しもっていた心中用の薬を女校長にわたし、小説の日付けの赤マルの日「六月九日」に心中することが暗示される。

この作者の初期作品の世界が、つげ義春とちがうところがあるとすれば、語り手《ナレーター》の言語と登場人物たちが喋言《しゃべ》る会話の言語の位相を、まったく区別していないし、また交換可能なものとみなしている点にあるようにおもわれる。

(1)のコマでは登場する「妻」と「娘」が暑がって発する会話の言葉は、一重線の囲いがつけられている。(2)のコマでこれに応える「夫」のセリフはまったくおなじ位相にあるのに、語り言語《ナレーション》の位置にあるかのように、画像に埋めこまれてしまっている。これは作者が登場人物たちの会話の語相も、語り手《ナレーター》の語相も、区別する必要を感じていないところからきている。(3)のコマを並べてみるともっとはっきりする。(3)はテレビかラジオの天気予報の番組が流れているのを暗示した場面である。放送されるこの言葉はナレーションの意味はもっているが、会話の意味はもっていない。それでも一重線の囲みで表わされている。

つげ義春の作品ではナレーションの言語と、登場人物の喋言る会話の言葉とは、はっきりと分離の意識は

(1)

あんたァ
やっぱり外へ
出ればよかった
わねェ

(シュミーズ姿の妻が食卓につっ伏して暑がっている画像)

部屋の中じゃ
暑過ぎるわ…
扇風機だけじゃ

ウーン
暑いヨ
ママ——
暑いヨ〰〰

(女の児が暑がって横になっている画像)

(2)

外へ出るっておまえ
せっかく借金に借金を
重ねてやっと建てた
家だぞ……家に
いるのが一番だ

(ランニングシャツ姿の夫が横になって暑がっている画像)

(3)

こんにちは
お天気奥さんの
時間です
今日は午前中に
………………

(街の屋根やビルの上に雲ひとつと青空の画像)

既に三十度を
越しており今年
最高の気温となって
おります　なお東京
地方に光化学スモッグ…

(大友克洋「スカッとスッキリ」)

なくても、区別されていた。大友克洋の世界ではまったく区別されてないばかりか、無造作に交換できる同一性として扱われている。いわばナレーションも、登場人物のかわす会話も、擬音効果も、すべておなじ言語の位相で、ただひとつ物語の展開の流れに注ぎこまれている。そしてその代償として画像の構成が、ひとコマずつ独立に、めまぐるしいほどの「動勢」を、構図と人物の表現の両方から与えられている。

引用した「スカッとスッキリ」という作品では、部屋に縛られて監禁された「夫」と「妻」と「出前持ち」と「化粧品のセールスマン」のところへ、女の児が近所のガキ達をつれてきて、縛られた大人たちにむかって「ヘヘーッ弱虫　弱虫　キンタマなめろ」「ウルサイ　ノーナシメ　ションベンナメロ」などと悪たれはじめる。また犯人にたいしては傍若無人に振舞って、家中を引っ掻きまわし、犯人を困惑させる。そこが作品の特異な執着点になっている。これをテコに物語は反転して、ガキたちが引っ掻きまわしている隙に、縄を解いた「出前持ち」が、犯人にとびかかって抑えつける。もともとあまりの暑さに、扇風機をかっぱらいたいとおもったほかに、犯行の動機などなかった。この作者におなじみの作者の影を負った犯人は、「出前持ち」にねじ伏せられたから、「せめて扇風機で　スカッと　さわやかに」というセリフを吐いて、扇風機の方へにじり寄るところで、この作品はおわる。おわるといわずにおえさせるといってもおなじだ。つげ義春ほどエロス的ではないが、この作者には深い無意識の渇望があって、それをラジカルに解き放つことに作品のモチーフがおかれている。この作者のコミックスの世界にしばしば登場する、元はしかるべき存在であり、いまはさり気ない渡世をしている人物たちが、作品の世界の暗喩になっているようにみえる。そしてこの暗喩は即座に画像世界では反転することができている。すると現在しかるべき存在として通用しているもののなかに、狂暴な未知が潜在しているかも知れぬという暗喩が得られる。その反転の意味をいちばんよく象徴しているのが、ナレーションと登場人物の会話とがまったく区別されていないことだ。ふたつはおなじ平面でいつも交換、反転が可能になっている。画像にともなうその特異な言語の位相が大友克洋の特異な世界なのだ。

つげ義春や大友克洋の世界を内挿してゆくと、すぐに岡田史子の世界を想起させられる。岡田史子のコミックス画像の世界は、つげ義春や大友克洋の世界といちばん近似しているようにみえる。なぜなら語り言語《ナレーション》の意識と、登場人物の会話の意識とが未分離のままに、連続した位相におかれているからである。岡田史子のすぐれた作品「いとしのアンジェリカ」からそういう個所を拾ってみる。

(1)

遠くへいき
たかったん
だよ

（旅のメローがしゃがんで向きあっているアンジェリカに語る画像）

(2)

夏の山と
デルタのある河口と
レンガ色の鉄橋のある
海で……
白い服の女の子
ぼくの愛したほそいゆび
その子が
……死んだ……

（山際の鉄橋の行方をみているメローの画像）

(3)

ジェーン・バーキン
なぜ死んだ？
何もいってくれなかったけど
知ってるんだ
だけど
そんなことどうでも
いいんだよ
だいじなことは
彼女ったら
死ぬまえに
ちゃんとぼくのこと
夢中にさせて
しまったことだよ

（メローと恋人ジェーンのイメージの画像）

（岡田史子「いとしのアンジェリカ」）

(4)

（メローとアンジェリカの並んだ横むきの画像）

恋人が
死んでしまうこと
こそ
最高の愛の成就なんだってさ
だけど
ぼくはジェーンの死体に
ふれたわけじゃなし
お葬式によばれたじゃなし
……実感が迫ってこないん
だなあ
もともと片想いで
いつも会ってたんじゃないから
会えなくなったことも
証拠にゃなんないよ

(5)

（メローの頭部のうつむいた画像）

ぼくって
純情すぎるん
かしら
ジェーンに
会いたいね……

(6)

（アンジェリカの半身画像）

会い
たいたって
死んだんじゃんか

信じないよォ
死んだなんて！

（メローの顔をおおった画像とアンジェリカの横顔）

（岡田史子「いとしのアンジェリカ」）

　このコマ続きは、いちばん鮮やかに岡田史子のコミックス画像の手法の特徴を示している。(1)と(6)のコマの一重線のなかは、旅の主人公メローと宿の主人公アンジェリカの会話の言葉である。ただ岡田史子のすべての作品に共通しているように、会話自体がすでに様式化されていて、生々しくとびかっているお喋言りの言葉ではない。ここで特徴的なのは、(1)の会話から(2)のコマはナレーション的な独白に移るが、このナレーション的な独白は、つぎの(3)になるとナレーション的というところから、メローの独り言という性格を、次第に濃くもつようになってゆき、(4)になるとさらに独り言の性格は大きくなっている。そして(5)のコマにいたって「ぼくって純情すぎるんかしら　ジェーンに　会いたいね……」という音声にならないが、会話の言葉の位相に入りこんでいる。そして(6)のコマではまったく会話の一重線に囲まれた喋言り言葉に移行している。このナレーションと会話の言語的な位相のあいだを、熔融するように、未分離のままにしだいに移行する言語の構造に、岡田史子のコミックス画像の特徴はよく暗喩されている。

　この「いとしのアンジェリカ」という作品は、引用したコマ続きのすぐあとで、メローの純情さに苛立ったアンジェリカが、「いいものをみせてやるわ」といって、メローを地下室へ通ずる扉にみちびき、階段を降りてゆくと、そこには恋人ジェーン・バーキンの白骨死体が横たわっている。メローはアンジェリカにきみは誰で、ここはどこだと問う。アンジェリカはここは「死の世界」の入口で、じぶんの家だと答える。メローはアンジェリカを好きだと告白すると、アンジェリカは、わたしとキスしよう、わたしをあげようといって、メローを地下室のほうへ無理に導き、メローを死の地下室へ堕してしまう。ナレーション言語と、アンジェリカの会話との位相的な中間でつぎのようなセリフが挿入される。「さわやかな　眠りと永遠の安らぎを　あなたにおくる　ホテル・アンジェリカ　チャーミングな　少女が　あなたを　なぐさめます　バストイレ冷蔵庫つき　冷房だけ完備　旅のおわりに　かならず　おたちよりください」。このセリフと丘のむこうにみえるアンジェリカの住む館の画像が、この作品の終末になっている。この作品の世界は、男たちのイメージのままに作られる女性という画像を、残酷に反転してみせるところに本質があるようにみえる。「トッコ・さみしい心」のように一見すると逆にみえる世界でもおなじだとおもえる。残酷さによる「女性」的という主張に、作者のモチーフがつらぬかれている。

つげ義春からはじまって岡田史子や大友克洋のコミックス画像に象徴されるような、画像の様式化と言語の位相を平準化する方法は、ラジカルな自己主張をいちばん強力に集約できる方法みたいにおもえる。だがいつも新しい様式的な補給を必要としている。そうでないと画像が言語の〈意味〉の重さにおしつぶされてしまいそうだからだ。

画像にともなう言語的な位相は、いつも多層化の試みにさらされている。それはさまざまなモチーフを秘めているが、いちばん大切なモチーフは、画像にともなう言語の〈意味〉の重さを分断して軽くし、またその言語的陰影を微分化しようとするところにあるようにおもわれる。

萩尾望都のコミックス画像の世界は、もっとも見事に画像につけられた言語を微分化している。別のいい方をすれば、画像にたいして半音階ともいうべき語相を、はっきりと定着させた。そういう語相がありうることを創り出してみた。

この(1)のコマで囲いのないセリフは、女装して女とまちがえられたままの主人公メッシュが、声にならない独白として発した言葉である。また波型または山型の囲いは、レインコートをくれたイレーネが「若向きだから」といいながら、メッシュにコートを出してくれた過去の想起にあたっている。(2)のコマでは、階段のうえでカティがいう会話のセリフは、おおくのコミックスのばあいとおなじに、一重線の囲みで表わされている。だが波型または山型の囲いのなかは、主人公メッシュが頭の中で〈いまじぶんは女装しているが、

ほんとは男だとカティに告白すれば、きっとこういうことになる〉と想像している場面とセリフを表わして

(1)

――これほど
露骨に
まちがえられたのは
はじめてだ

……

（女装した主人公メッシュの半身画像）

イレーネから
もらった
この
レインコートの
せいかな

（コートをもったイレーネ）

若向き
だから…

しかし
男だと
訂正したら――

(2)

何！　男!!
コートを脱がせて
何してた！

な　な
何も

ウソ
つけ

（女装をしたメッシュが階段上をふりかえる画像）

…………

時どき訪ねて
くれないか
ジュヌヴィエーヴは
パリに
来たばかりで
友達がいなくて

（階段上のカティがメッシュを見下ろしている画像）

（萩尾望都『革命』「メッシュ③」）

(3)

べつの男を
愛してるんだ
彼女

(主人公メッシュがテーブルに腕組みしてミロンと向きあう画像)

(4)

サンジェルマンへは
どう行くの?
心をこちらに
向けるには?

(街並を背景にメッシュが歩いているところの画像)

一夜があけたら
どうするの?
明日の夜の
約束は?

(萩尾望都『革命』「メッシュ③」)

いる。こうみてくると、作者はおなじ画面で、半音階だけ位相のずれた言葉を記号化してみせたことがわかる。画像につけたこういう言語の位相の微分化、多層化は、この作者のコミックス画像の世界に、微妙な匂いや光りの反射をあたえている。そして場面によっては、この微分化や多層化は、もっと極微構造になっている。

これをうまく言葉であらわすのは難しいかもしれぬが、コミックス画像の世界が、どこまで言語の位相を極微化しているかを測るには、この作者を扱ってみるのがいちばんふさわしいとおもえる。

(3)のコマの一重線の囲みは、音声を出して喋言っている主人公メッシュのセリフの言葉である。だが(4)のコマの一重線（やや波型あるいは山型のニュアンスで表現されている）は、囲いなしに表わされた主人公メッシュの独白のセリフ(1)参照）と、音声を出して喋言った主人公メッシュの会話のセリフの**中間**にあって、メッシュの独り言、あるいは語り手の促しの言葉として表出されている。いわば半音階的な言語の位相を占めている。もちろんこの微妙な半音階だけずれた言葉の位相を、読者は確実に感受しているはずだ。ただそんなことを意識しないだけである。

　こういう個所は山岸涼子の世界だったらはっきりと語り手あるいは語り言語《ナレーション》（二重線の囲み）の言葉と、登場人物の会話（一重線の囲み）とに分離されて、二種類で表出されるにちがいない。だが萩尾望都のばあいには、すくなくとも三種類以上の微分された言葉の位相であらわされる。たぶんこの作者には、刻々に変化してくる登場人物たちの感覚的な陰影を捉えたいという極度な欲求があって、平面画像のなかにさえも多様な言語のシートを、何枚も重ねて埋め込んでいる。そんな表現様式を創りだしている。

　こういう感覚の微分化は、作品の出来栄えと直接にかかわるわけではない。しかし作者たちがじぶんの画像の世界を完備するために、現在とっている手法の水準と、その必然性をみるには、どうしてもそこに着目するほかないのだ。

　画像にたいする言語の位相を、萩尾望都とはちがったモチーフからおなじように微分構造化しているのは、たとえば高野文子のコミックス画像の世界である。

　高野文子の作品の特異さは、反転し逆行しはじめる時間意識の場面に集約されている。そしてこの時間意識の逆行は、しばしば視線の反転となってあらわれる。いままでこちらから視られていた世界が、こんどは向う側から視られることになり、世界は新しい意味に反転される。たとえば「はい―背すじを伸してワタシノバンデス」では、女主人公の娘が銭湯に入って、同性の女たちが裸で身体を洗っている雰囲気に嫌悪をかんじ、息がつまるおもいをしていると、洗い場の鏡のまえで、隣に衰えてしなびた身体の女が坐って洗いはじめる。そして女主人公は何となく息が楽になるおもいにとらわれる。女主人公の娘はここから逆行する時間意識あるいは、他界の視線にはいり、一種の既視体験の世界で隣の老いのみえる女が、じぶんの母親であると感じはじめる。どこか近所であった女かもしれないのに、嬰児のころ湯を使われるとき、つっぱった足が触れた皮膚、その帝王切開の傷あとなど、すべてが母のものみたいに思いこまれてくる。そして奇妙な既視感の世界に漂いはじめる。そのとき後背から裸の背中を知らない赤ん坊から叩かれて、「おかあちゃん」と呼びかけられる。はっとして我にかえり、女主人公は元の時間性にひき戻される。すると他所の幼女から裸の背中を、その母親と間違えられたことに気付く。隣に坐って洗っていた老女は「こちらのお嬢さんとよっぽど似てなすったのかしらねえ」と声をのこして立ち去ってゆく。その裸の衰えた後ろ姿は、女主人公の娘にやがて「アナタノバンデスヨ」と言っているようにおもえてくる。

この作品はまぎれもなくすぐれた作品だが、様式的な言語はすくなくとも三種類以上の位相をとっている。このひと続きのコマで四つの言葉の位相の差異をとりだすことができる。(1)のコマで一重線に囲まれているのは、この作品では女主人公の声にならない独白を表わしている。(2)と(3)と(5)で片カナで横書きされているのは、女主人公が逆行する時間意識のなかで、白日夢みたいな状態で、洗い場の鏡の前で隣に坐った老女と交わしあっている（と女主人公が信じている）セリフを意味している。いちばん問題になり、ある意味で高野文子の作品の独自性を暗喩しているのは、(4)のコマの一重線の囲みの言語の位相である。たぶんこの一重線の囲いは(1)のコマの一重線の囲いとは、まったくちがった位相を意味している。(4)の一重線の囲いは、横書きの片カナのセリフ、いいかえれば逆行する時間意識のなかで、隣の老女を前世の母親の幻のように感じて交している問答をベースにした〈逆行時間意識のなかの女主人公〉がやっている独白の言葉なのだ。(5)のコマの円型（原画では草書体）の囲みの言葉だけが登場人物の赤ん坊が風呂場の洗い場で、じっさいに発している会話の言葉である。すると高野文子の作品のこのわずかなコマの続きのなかで、四種類のちがった言語の位相をみていることになる。

(1)

女たちの白いまっすぐな背中とは違う……

（女主人公の顔と裸体や足の線のモンタージュ）

(2)

（女主人公の顔を拭いている画像）

アナタ
ワタシノ
カアサンデショウ……

（隣に坐った老女の頭部）

(3)

（おなじ、動勢はちがう）

ソンナコトモ
アリマシタッケネエ
ムカシ……

（おなじ、動勢はちがう）

(4)

（女主人公の横顔）

ムカシ……なのですか？

(5)

ムカシナノデスカ？

おかあちゃん

（女主人公の横むきの背中に小さな手）

（高野文子「はい─背すじを伸してワタシノバンデス」）

高野文子のばあい、萩尾望都みたいに感覚的に受けとったものを微分化するため、言葉の位相を多様にしているとはおもえない。そういう意味では感覚を微分化する必然はないといってよい。高野文子の作品では超感性的な世界、民俗学のいう他界を、作品世界として感性的に包括したいために、また観念の問題としていえば、無意識や幻覚としてしか体験されない世界をも、感性的な世界みたいに作品に実現したいために、どうしても言葉の位相を多重化する必然が生れた。そしてわたしたちが、現在のコミックス画像の世界を、それにともなう言語の位相からみようとすれば、萩尾望都や高野文子に象徴される作品の言語に、その精緻な達成をみることになる。

解題『マス・イメージ論』

吉本隆明（よしもとたかあき、一九二四〜二〇一二）は、戦後日本を代表する思想家であり、生涯の大半を在野に生きた。その思想の振り幅は生涯をふり返るとあまりに大きく、戦時下の左派の転向や戦後の変節を辛辣に批判しつつ、六〇年安保など戦後の左派運動に同伴し、一九八〇年代に入ると、消費社会化やサブカルチャーの氾濫を肯定的に論じ、自ら「わが転向」と称した。しかし、その立ち位置は「知識人」ではなく「大衆」の側に半ば身投げするように寄り添うことで一貫していた。戦時下戦後に於ける知識人の変節をリアルタイムで目撃したが故の「権威に対する不審感」をそこに見る向きもある。

一九八一年の中野孝次を発起人とする文学者の反核声明、一九九一年の柄谷行人らの湾岸戦争に反対する文学者声明など、戦時下とはイデオロギーこそ反転したが文学者自らが再び、同調圧力の担い手となることを批判し、二〇〇一年のアメリカ同時多発テロでは逆に沈黙する文学者たちを批判した。一見、矛盾に満ちているが、同調圧力に流される知識人への怒りという点で一貫している。

　吉本の考える「大衆」像には多くの批判がなされる一方で、その知のあり方の基調に工学的思考があることは、その思考の現在に於ける可能性として実はある。吉本は多くの論争で戦後思想史に記憶されるが、論争相手へのその感情的な罵倒ぶりはおよそ工学的とは言い難い。しかし、エコロジーや反原発運動が疑似科学への脆さを潜在的にもつことには常に批判的である。

　『マス・イメージ論』（一九八四）は、『共同幻想論』（一九六八）が、柳田國男『遠野物語』などを出発点に民俗学的国文学的モチーフによってムラ社会の共同幻想を描き出し、それを足がかりに天皇制という共同幻想に迫ろうとしたのに対し、情報化社会における集合知、コモンズの構造を描き出そうという試みである。近代詩や文学を基調にしつつも、当時、ベストセラーの代名詞だった黒柳徹子『窓ぎわのトットちゃん』やRCサクセション、テレビCM、他方で中上健次、高橋源一郎、村上春樹らサブカルチャーとの臨界に意図的に立とうとしていた八〇年代文学を題材に、全ての文化事象は「重層的な非決定」にある等価のものだという自身の議論さながらに、あらゆる知をヒエラルキーでなくレイヤーの重なりとして（どれが上位でどれが下位という思考はない）描き出した。それ自体が文学者等への「からかい」、つまり挑発であったとも明言される。しかし、その終章である「語相論」は、少女まんがの「ことば」を論じつつ、工学的な文化論として「読み直し」の可能性を孕《はら》んでいる。

　戦後まんがはキャラクターに近代小説的な「内面」を担保し、手塚治虫とその後継者トキワ荘グループは「映画的手法」、つまりモンタージュの過剰な援用によって表現しようとした。対して、萩尾望都ら二四年組は少女まんがが領域に於いてスピーチバルーンの外側にモノローグをことばとして配することで表現しようと試みた。少女まんがは最終的にことばをセリフ・モノローグという二区分だけでなく更に微分化し、ことばを位相化して重ね合わせる手法を確立する。つまりことばをレイヤーとして重ね合わせる手法である。レイヤーというＷｅｂで一般的になった情報論的概念でこれを説明すれば理解し易いが、吉本はそういった語のない時点でこれを試みている。

　近年、北米のアニメーション研究ではアニメーションの美学を複数の画面と画面のレイヤー間の重なりに見出すトマス・ラマールの議論もあり、レイヤー論は工学的情報論的な言語による文化論としての可能性を持っている。吉本のこの文章はその先駆と言える。

〔大塚英志〕

【限界芸術論】

芸術の発展　鶴見俊輔

初出『講座 現代芸術Ⅰ 芸術とは何か』一九六〇年、勁草書房

一　限界芸術の理念

芸術とは、たのしい記号と言ってよいだろう。それに接することがそのままたのしい経験となるような記号が芸術なのである。もう少しむずかしく言いかえるならば、芸術とは、美的経験を直接的につくり出す記号であると言えよう。ここでさらに、美的経験とは何か、が問題になる。結論から先に言えば、美的経験とは、もっとも広くとれば、直接価値的経験（それじしんにおいて価値のある経験）とおなじひろがりをもつものと考えられる。一つの例をあげて言うと、直接価値的経験とは、労働をとおして食費をかせぐという間接価値的経験の結果えられた「食事をする」という経験である。そうして、あらゆる間接価値的経験が、何らかの直接価値的経験にむかってつながえられているとすれば、同じ意味で、美的価値は、あらゆる間接的価値経験の底に前提としてかくされている。

それにしても、飯を食うという行為は、美的経験だろうか。今までの論法でゆくと、生きるという経験全体が、美的経験によっておおわれてしまうことにならないか。潜在的にはそうだ、と考えてよいと思う。だが、

すでにデューイの指摘しているように、毎日の経験の大部分は美的経験としてたかまってゆかない。このために、美的経験としてとくに高まって行く経験だけを、狭い意味での美的経験と呼ぶことにする。どんな価値的経験もそれが価値的な経験として深く印象づけられ、それじしんとしての一種のまとまりをもっているようなものであれば、美的経験と言える。一本のベルトのように連続しているように見える毎日の経験の流れにたいして、句読点をうつようなしかたで働きかけ、単語の流れの中に独立した一個の文章を構成させるものが、美的経験である。

　直接的価値とほとんど同義語のように見えるこの広い意味での美的経験が、もっと狭く美的経験にむかって高まってゆくためには、なおいくつかの条件を必要とする。一つは、プロールの指摘している尺度の問題である。経験は、尺度の成立におうじてはじめて、ゆたかなものとなる。尺度の成立しない領域では経験は形のないままで終る。食べるという行為が人間にとって重大な価値的経験であるにもかかわらず、（さっきのべたようにひろい意味での美的経験ではあるにしても）狭い意味での美的経験となり得ないのは、味の経験に尺度がないことに由来する。甘さ、辛さ、すっぱさは、尺度をもたぬために精密に登記されることがないし、美的経験として高まってゆくことがない。においの場合も、ほとんどおなじなので、オルダス・ハックスリーが「すてきな新世界」で描いたようなにおいいりの芸術は、現在のままでの人間の構造がかわらぬうちは、成立しにくい。このように、味もにおいも、美的経験の要素ではあっても、それ自身としてまとまりのある美的経験をつくりにくい。触覚をもとにする性的な経験についても、同じことが言える。

　美的経験として高まってゆき、まとまりをもつということは、その過程において、その経験をもつ個人の日常的な利害を忘れさせ、日常的な世界の外につれてゆき、休息をあたえる。また、経験の持主の感情が、その鑑賞しつつある対象に移されて対象の中にあるかのように感じられる。サンタヤナの言葉で言えば、「美とはモノの形にかえられた快楽」ということになる。このような性格は、美的経験が日常経験一般と区別される特徴として、それじしんとしての「完結性」だけでなく日常経験からの「脱出性」をもつというふうに言いあらわせる。美的経験は、人間の経験一般の凝集であるとともに、経験一般からの離脱反逆でもあるわけだ。ここに、美的経験が、美的感動をともなわない他の経験とちがって、もっている一種の観念性がある。このゆえにクローチェは、美と直観の同一性を強調し、ランガーは、美的経験には幻影がつきものであることを指摘した。

　こうして、ひろい意味での直接価値的経験としてまず美的経験をとらえ、次にいくつかの限定をくわえてみるとしても、依然として、美的経験は、かなりひろい領域をもっている。われわれの毎日のもつ美的経験の大部分は、芸術作品とは無関係にもたれるものと言ってよい。部屋の中を見るとか、町並を見るとか、空を見るとかによって生じる美的経験のほうが、展覧会に行って純粋に芸術作品と呼ばれる絵を見ることで生じる美的経験よりも大きい部分を占める。日本の家の構造ではラジオの流行歌やドラマがひっきりなしに入ってくるから、これらの大衆芸術作品による美的経験はかなり大きい部分を占めるとしても、やはり友人や同僚の声、家族の人の話などのほうがより大きな美的経験であろう。

　これらの美的経験を思うままに自分のものにするためには、芸術よりもはるかにひろいさまざまの手段が必要である。テレビ塔とか、蓄音機とか、それらをもつことのできる資力とか。こういう他の手段と芸術とがちがう点は、芸術が、それがつくろうとする美的経験を直接によびさます記号だということである。他の手段がくわわることを待ってはじめて美的経験が実現するというのとちがって、その記号そのものが直接的に（鑑賞者にとっての）美的経験となる。

経験全体の中にとけこむような仕方で美的経験があり、また美的経験の広大な領域の中のほんのわずかな部分として芸術がある。さらにその芸術という領域の中のほんの一部分としていわゆる「芸術」作品がある。いいかえれば、美が経験一般の中に深く根をもっていることと対応して、芸術もまた、生活そのもののなかに深く根をもっている。

「芸術」という言葉は、今わたしたちのつかっている日本語では、日比谷公会堂でコーガンによるベートーヴェンの作品の演奏会というような仕方でとらえられる。つまり、西欧文明の歴史のうえで権威づけられた作品の系列（権威の問題）を、先進国の名人によって複製してもらって（模倣性と受動性の問題）、日本の中心的都市である東京で少数の文化人がきく（地方文化にたいする東京中心文化の問題）、という三重の事柄の系列をふくんでいる。明治・大正・昭和をつらぬくこの「芸術」のとらえかたは、大東亜戦争のまっさい中だけはうしろにしりぞき、その点では非常に健全な考え方が戦中にあったわけだが、戦後には前の習慣がもう一度かえってきて、外貨の実に少ないなかで、海外演奏家にとって日本はもっとも有利な市場となっている。

このような「芸術」のとらえかたに、多くの利点があったことは明らかである。明治以後の百年間における急速な近代化が、感受性そのものの西欧化から出発しようとしたことは善いものを含んでいた。だが、このやり方は、悪いものをも多く含んでいた。その悪いものが何かを「芸術」という言葉の意味を手がかりとして、考えてゆくことができる。

今日の用語法で「芸術」とよばれている作品を、「純粋芸術」（Pure Art）とよびかえることとし、この純粋芸術にくらべると俗悪なもの、非芸術的なもの、ニセモノ芸術と考えられている作品を「大衆芸術」（Popular Art）と呼ぶこととし、両者よりもさらに広大な領域で芸術と生活との境界線にあたる作品を「限界芸術」（Marginal Art）と呼ぶことにして見よう。

純粋芸術は、専門的芸術家によってつくられ、それぞれの専門種目の作品の系列にたいして親しみをもつ専門的享受者をもつ。大衆芸術は、これもまた専門的芸術家によってつくられはするが、制作過程はむしろ企業家と専門的芸術家の合作の形をとり、その享受者としては大衆をもつ。限界芸術は、非専門的芸術家によってつくられ、非専門的享受者によって享受される。

芸術を、純粋芸術と大衆芸術とにするどくひきさく力は、二千年前のギリシアにおける専門的芸術家の誕生以来はたらいていたものではあるが、二十世紀に入ってマス・コミュニケーションの手段の発達、民主主義的政治・経済制度の世界的規模における成立とともに、純粋芸術と大衆芸術との分裂は決定的なものとなった。これらにくらべると、限界芸術は、五千年前のアルタミラの壁画以来、あまり進歩もなく今日まで続いてきている。これは、二十世紀の文明に残存している原始的なものと理解してよい。二十世紀に入ってマス・コミュニケーション時代の成立とともに新しく急激に進んできた純粋芸術・大衆芸術の分裂は、それじしんとしては五千年前とあまり変わりばえのしない状態に停滞している限界芸術を、新しい状況の脈絡の中におくことによってこれに新しい役割をおわしているように思える。

芸術の発展を考えるにさいして、まず限界芸術を考えることは、二重の意味で重要である。第一には、系統発生的に見て、芸術の根源が人間の歴史よりはるかに前からある遊びに発するものと考えることから、地上にあらわれた芸術の最初の形は、純粋芸術・大衆芸術を生む力をもつものとしての限界芸術であったと考えられるからである。

第二には、個体発生的に見て、われわれ今日の人間が芸術に接近する道も、最初には新聞紙でつくったカブトだとか、奴ダコやコマ、あめ屋の色どったしんこ細工などのような限界芸術の諸ジャンルにあるからだ。また、われわれのように、職業として芸術家になる道をとおらないで生きる大部分の人間にとって、積極的な仕方で参加する芸術のジャンルは、すべて限界芸術にぞくする。「すべての芸術家が特別の人間なのではない。それぞれの人間が特別の芸術家なのである」というクームラズワミの言葉は、芸術の意味を、純粋芸術・大衆芸術よりもひろく、人間生活の芸術的側面全体に解放するときに、はじめて重みをもってくる。そして、その時、生活の様式でありながら芸術の様式でもあるような両棲類的な位置をしめる限界芸術の諸種目が、重大な意味をもつことになる。

このような限界芸術のとらえかたは、二十世紀初頭のジョン・ラスキン、ウィリアム・モリス、エドワード・カーペンター、ハヴェロック・エリス、アナンダ・クームラズワミの著作に見られ、われわれと同時代の仕事としては、エリック・ギルやハーバート・リードの著作に見られるものであるが、日本においても独自の発展を見ている。海外の著作家の仕事の紹介から入るよりも、むしろわれわれの同時代の日本人の見方を整理することから、限界芸術にふれ、さらに限界芸術との出会いにおいて、純粋芸術・大衆芸術の諸ジャンルにふれるという書き方をとって見たい。

二　限界芸術の研究

限界芸術の問題に学問の立場から注目したものに、柳田国男の民俗学がある。柳田国男の著作は、限界芸術の考察に基礎をおいた一種の芸術論の体系であって、この考え方から力を得て、竹内勝太郎の『芸術民俗学研究』（一九三四年）、折口信夫の『日本芸能史六講』（一九四一年）などの系列の仕事があらわれた。やはり柳田国男の仕事の刺激をうけて、昭和のはじめには「民俗芸術」という雑誌が出され、各地の盆踊りだとか、こけし人形のつくりかた、さらにいれずみの写真、などがあつかわれている。たしかに、限界芸術の種目をならべるとなると、盆踊りやこけし人形だけでなく、いれずみ、盆栽、箱庭から、しんこ細工、花火、草履の鼻緒のハナネジリ、角ムスビ、さらにはまた、米一粒の上にいろは歌を筆で書く細字芸術などもあげることが必要になり、こうした興味のもちかたが当然に、一部のモノズキな人だけのもちうる関心の形をとるようになってくる。限界芸術に対する興味のもちかたは、現代日本ではこのように好事家的興味、こっとう趣味によってささえられて来たと言ってよい。

柳田国男の民俗学そのものも、モノズキな人の仕事、こっとう蒐集家とおなじようなひま人のすることとして理解されていた時代がながく続いた。しかし、柳田の仕事、とくにその限界芸術の研究を、モノズキの研究にさせない力は、柳田国男が、限界芸術の諸様式を、民謡とか、盆踊りとかにきりはなさずに、それらを一つの体系として理解していることによる。盆栽が盆栽として、川柳が川柳として、民謡が民謡として、というよりはもっと細分化されて、都々逸とか端唄として孤立化され、断片化されて、固定的にとらえられるとき、これらは、モノズキな人、趣味人だけの関心のマトとなる。だが、柳田国男の学風は、これらの限界芸術の諸様式のどの一つをとりあげても、そこから別の様式にぬけてゆく共通地下道のようなものを同様に見つけてゆくことにあり、この共通の地下道は、日本人が各地各時代にもった具体的な集団生活の様式だった。

限界芸術の諸様式が、日本人のいつかどこかでした具体的な集団生活への手がかりとして位置づけられ、そこからするするとたぐりよせられて芸術様式の底から集団生活の実態がうきあがる。この手順を、柳田国男の著作から、いくつか例をとって考えて見よう。

（中略）

古代からマス・コミュニケーションの諸機関の発達するついさいきんまで、一般市民にとっては、「芸術」（つまり純粋芸術とか大衆芸術の形における芸術）は縁のないもので、一般市民はただ限界芸術をとおしてのみ、芸術を享受しまたその創造に参加することができた。文芸についても、京都に在住の公卿の子弟は純粋芸術としての和歌をつくったり読んだりすることができたが、地方の人々にとっては、むしろ酒をのみ女性に接する手続きの一部としてはじめて、歌や文学が身近なものとなるのであった。すべての子供は起きているあいだじゅう芸術家であるが、大人になると、酒をのんでいるあいだだけ芸術家になることにとどまる。酒をのんでいる時に男女のあいだでうたわれた歌が、一般市民にとっての文学であり、「凡人芸術」だと柳田国男は規定している。

「歌が男女の仲らいを和らげるものであったことは、古今集の序に於ても既に断定せられて居る。それが色紙や短冊の世の中になって、新たに始まった現象で無いことは、判り切ったことの様に私は思うのだが、今までは兎角文字の教育を受けた人ばかりに、そういう特権が有るように考えられがちであり、即ち口で歌って居た男女の仲は、和らげられずともよいかの如く、思って居た者も少々ならず有った。ところが現実はちょうど其反対で、上流の縁組には消息は夙《つと》に儀礼化し、又形式化してしまったに反して、俗衆はまさしく歌によって動かされて居たのである。町や港の容易なる道徳を持つ女等に、酒と歌との管理が移ってからも、この二つのものと婚姻との関係は密接であった。仮の一夜の伴侶を求むるにも、男は必ず此順序を履《ふ》もうとしたことは、彼等にも不似合いな律儀さであった。[1]」

民謡、鼻唄、宴会歌、盆踊り歌など歌曲にぞくする限界芸術の他にも、柳田国男のとりあげた限界芸術の種類は多い。泣き方と笑い方の変遷の中に、それぞれの時代の物語芸術の様式をかえてゆく原動力をもとめた「涕泣史談」と「笑の本願」。また物語芸術の分子ともいうべきゴシップの形式過程をあとづけて、この中で、ぎっちょんさんのような全国的な英雄があらわれてきて、これがさらに、後代の物語作者によるこっけい話に影響をあたえる事情を明らかにした「吉右会記事」、ゴシップが物語芸術の分子にあたるとすれば、それを構成する原子とも言うべき最小粒子を単語にもとめて、モノの名前そのものが、物語性をはらんでいることをも柳田は明かにしている。このような推理のあとを、部分的にひろって見よう。

まず、名前について、

「物の名即ち物の実体を表すといわれる名称が、すでに一つの言語芸術であることは明かであるが、外国の研究家は妙に是を軽視して居る。（略）命名というようなことは民族によって其技能に著しい差があり、且つ国際の関係が認められなかったのと、狭義の文芸の方には是と対比すべきものがなかった為に、歌謡や説話のように人の興味を引かなかったことは事実である。」

「命名者が多くは子供であったことは興味のあることである。多く採集して見ると、幼児に代って子守或は老人が附けたものも可なりにある。概して『あどけなき』ものが多く、そしてそれがよい名である。例えば東京でいう『アメンボー』の各地の方言を集めて見ると、子供が其命名者であったことは明かであって、殊に面白いのは其外形や歩く状態などでなく、此虫の持つ味や匂でもって名をつけて居ることである。『シオウリ』『シオウリタロー』『シオヤ』などというのは口に入れた時に塩っぽいところからつけた名で、『アメンボー』『アメウリ』『ギョーセン』などというのは、匂いが飴に似て居るからであろう。斯んな名を大人がつける気遣いはない。『水すまし』も子供らしい多くの方言を持った虫である。それがしかも大抵は、『カク』とか『スマス』とか、此虫の挙動によって附けて居るのが多いのである。『字書き虫』『いろは虫』『椀洗い』『御器洗い』の名が各地に飛々にあるのも注意すべきであろう。『カイモチカキ』の名などは、その右まわりの挙動によって附けられたものである。斯んな例はさがせばいくらでもある。」

「新語製作者の意識は歌を詠み、諺を作るのと共通であって、是を言語芸術の一項にすべきは当然である。

（略）言語にもともと優勝劣敗はある。この群の感覚を自分が先ず感じて表わすことが、後々の作者意識となり、是を用いて飯が食えるようになって作者商売があらわれて来るとも云えるのである。以前は僅少の作者でなく、多くの命名者があったろうと考えられる。」〔2〕

このように、近世の純粋芸術・大衆芸術の専門的作家は、もともと、新語の製作者としての無名の大衆から分化発展してできて来たという見方がたてられている。また、専門的作家たちは、その作品の素材となるそれぞれの時代の新語の採用にあたって、同時代の民衆の作った新しい言いまわしにたよらざるを得ず、こういう仕方で、現代においても、純粋芸術・大衆芸術の発展の契機は、限界芸術に求められる。言語を素材として使用するかぎり、言語による純粋芸術・大衆芸術の最小粒子は、民衆が毎日つくっている限界芸術なのである。

〔抄録〕

〔1〕柳田国男「凡人文芸」一九三四年。
〔2〕柳田国男『民間伝承論』一九三四年。

解題「芸術の発展」

「限界芸術論」として知られるこの論考で提示された「限界芸術」という概念は、鶴見俊輔（つるみしゅんすけ、一九二二〜二〇一五）の仕事のなかで広く知られているものである。鶴見は戦後日本を代表する思想家のひとりであり、プラグマティズム（人間の思想を行為の観点から考察する思想）を受け入れた彼の思想は、つねに行動と結びついていた。ハーバード大学哲学科の卒業論文を東ボストン移民局留置所内で執筆、日本帝国海軍の通訳を経て、戦後に雑誌『思想の科学』（一九四六～九六）を創刊し編集に携わり、広く投稿を募るスタイルで加藤典洋、佐藤忠男等の書き手を育てた。転向論、大衆文化論、記号論、暮らしの思想等に取り組むなか、「ベトナムに平和を！市民連合」発足、アメリカの脱走兵支援、「九条の会」発足等に関わった。思想と行動が不可分にある鶴見の姿勢は、京都大学や同志社大学の教職を辞して一九七〇年からは著述家として活動したことにもあらわれている。

　行動する思想家としての鶴見の「限界芸術」が、たんなる芸術の分類法ではないことは、近年の研究で指摘されている。「芸術をつくる主体」としての大衆を発見した功績のほか、「限界芸術」が一般の人々が参加するワークショップ等の協働的活動の理論的基盤となることや、芸術に関する常識的な価値序列を揺るがし、かつ権力への抵抗拠点を見出す方策として展開されたとみなすもの、プラグマティズムとの関連やG・H・ミードのコミュニケーション論との類似を指摘するものなどがある（寺田征也「鶴見俊輔「限界芸術」論の再検討」『社会学年報』二〇一六年第四五巻、六三～七三頁）。

　そして、「限界芸術」の根幹にあるといえるのが、柳田國男の民俗学である（『明治大正史　世相篇』解題を参照）。本書では原文を全て掲載できなかったが、第二章「限界芸術の研究」冒頭において鶴見が「限界芸術の問題に学問の立場から注目したものに、柳田国男の民俗学がある」と明記し、「柳田国男の学風は、これらの限界芸術の諸様式のどの一つをとりあげても、そこから別の様式にぬけてゆく共通地下道のようなものを同様に見つけてゆくことにあ」ると評価している。じっさい鶴見の研究手法は一貫して「山の頂上に自分がたったと仮定してそこからながめてゆくのでなく、山の裾野の自分の出会った一点から考えてゆくというやりかた」（鶴見俊輔『限界芸術論』一九九九年、ちくま学芸文庫）であった。

　なお「限界芸術」の「限界」とは「marginal」を意味することに注意されたい。これまで「周縁」とみなされてきた市井の人びとの文化や身ぶりにいたるまで（まりつき、墓、替え歌、らくがき、ゴシップ、双六、デモ等）が「限界芸術」に含まれている。「二次創作」など近年の大衆文化を考える際にも限界芸術は有効な概念であろう。なお、限界芸術・大衆芸術・純粋芸術の具体例が、ちくま学芸文庫版にリスト化されており、併読をお勧めする。

〔佐野明子〕

【中間文化の時代】

教養とはなにか　加藤秀俊

初出「ミセス」一九七四年四月号（所収『独学のすすめ　現代教育考』一九七五年、文藝春秋）

一

さいきん読んだ本のなかで、もっとも感激したもののひとつは、小川環樹、武部利男両先生による『三国志・通俗演義』（岩波書店）であった。いうまでもなく、これは中国の古典『三国志』をわかりやすい日本語に現代語訳したもの。わたしは、この本を手にして旅行に出たのだが、数時間の汽車の旅が、ほんとうに、あっというまに過ぎてしまった。

なぜ、そんなにこの本に熱中してしまったのであろうか。ひとことでいうならば、第一ページをひらいた瞬間から、少年時代の記憶がありありとよみがえってきたからである。まず、あの有名な「桃畑の誓い」の場面からはじまるこの小説には、ここ三〇年ほど、ほとんど忘れかけてしまっていたなつかしい名前がつぎつぎに出てくる。玄徳、関羽、張飛の三人組を中心に、曹操が出てくる。呂布《りょふ》が出てくる。袁紹《えんしょう》が出てくる。いうまでもなく諸葛孔明が出てくる。こうした数々の英雄豪傑に少年のころのわたしは、すっかり魅了されてしまっていた。

そして、この人物たちが織りなす、これまた有名な場面も、読みすすむほどに続々と出てくる。いわく「赤壁の戦い」「連環の計」、こうした場面にどれだけわたしが胸をおどらせたことであったろうか。じっさい、「三顧の礼」とか「泣いて馬謖《ばしょく》を斬る」とかいったような成句をわたしがおぼえたのは、子どものころに『三国志』を読んだときであったし、また、「出師《すいし》の表」だの「星落つ秋風五丈原」だのといった章を読んだときには、子どもながらに涙を流したおぼえもある。とりわけ「五丈原」のくだりは、中学生になってから漢文で読んだし、さらに、詩吟というものを習ってからは、一種の悲壮美の詩としてなじんだことのある場面でもあった。

そうしたすべてのことが、ほとんど爆発的にわたしの心のなかによみがえった。じじつ、この小川、武部両先生による訳本は、もと『少年三国志』という題で雑誌に連載されたものであったから、さらにはげしくわたしを少年時代にひきもどしてくれたようである。なんだかわたしは、タイム・マシンにのって子どものころに逆もどりしたような気持ちになった。

そして、そのなつかしい気分にひたりながら、わたしはそもそも日本人にとっての『三国志』とは、どのようなものであったのだろうか、とかんがえた。

いうまでもないことだが、『三国志』は、後漢から晋までの中国の歴史にもとづいた歴史小説である。作者は一四世紀の人で羅貫中。その波瀾万丈の物語は、古くさいいいかたかもしれないが、血湧き肉躍るおもしろさをそなえており、日本でもかなりむかしから日本語訳がつくられ、元禄時代には、全五〇巻の『通俗三国志』が湖南文山の手によって日本語になっている。江戸時代にも数多くの版本が出たし、明治以後もたくさんの『三国志』が出ている。われわれの世代だと、子ども時代には子ども読みものとしての『三国志』でまず入門し、中学生以上になってから吉川英治さんの『三国志』を読む、といったようなパターンをたどった。だいたい、二回や三回は、諸葛孔明の大活躍を、こんなふうにして読みかえしたのである。

　ということは、元禄時代からこんにちまで、およそ三世紀にわたって日本人は『三国志』を愛読しつづけてきた、ということを意味する。なにも本だけではない。講釈のなかにも『三国志』はしばしば織りこまれてきたし、本だって、活字だけのとっつきにくいものではなく、大衆読物として、さし絵がふんだんに入っているのがふつうであった。だから、『三国志』のなかの成句や逸話は、日常の会話のなかにもちりばめられている。前記の「三顧の礼」などは、こんにちでも、たとえば重要な役職に就任してもらうように懇請するばあいなど、ほとんど紋切型の表現として使われている。いいかえれば、『三国志』は、その原産地が中国であるにもかかわらず、『水滸伝』や『西遊記』とならんで日本の国民文学のひとつとしてかんがえることができそうなのだ。それは、日本人ぜんたいが共有している基本的な知識と教養の一部を形成してきたのである。

二

　ところが、こうした日本人ぜんたいに共通する文学的素養のようなものが、どうやらわたしのみるところでは、いま急速に崩壊の一途をたどっているようなのである。「三顧の礼」などといっても、その意味がわかる人はだんだん減っているし、「死せる孔明生ける仲達を走らす」などという成句を使ってみても、若い人たちは、おおむねキョトンとしているだけだ。だいたい『三国志』という書物の名前さえ知らない学生もいる。知っていても、それを読んだことのある人はあんまりいない。

　べつだん『三国志』だけにこだわるわけではない。ついこのあいだまでは、日本人がほとんどひとりの例外もなく知っていたような国民的教養がいつのまにかなくなってしまった。いささか唐突なようだけれど、落語などもたくさんの人が知らなくなってしまった。

たとえば、有名すぎるほど有名な「花見酒」という落語がある。いうまでもなく、八、熊のふたりが、花見の客を目当てに酒樽をかついで酒を売りにゆく。途中で、八がいっぱい飲みたくなり、熊に金を払ってその商売ものの酒を飲み、それを見ていた熊が、こんどはそれでは俺も、というので八に金を払っていっぱい飲む。それをくりかえすうち、酒は一滴もなくなる。売り切れたわけだから、さあ、ずいぶん儲かったろう、と思うとさにあらず、要するに、一枚の貨幣が八、熊両人のあいだを往復していただけなのだから、一文も儲かってはいなかった、というお笑いである。

こうしたことは、われわれの日常生活のなかにもよくあることなので、似たような状況に出くわすと、「まるで花見酒だね」といったような表現を使う。じっさい、経済というのはしばしば「花見酒」的であって、笠信太郎さんは『〝花見酒〟の経済』(*)という書物で日本の戦後の経済を論じられたこともあった。「花見酒」ということばは、日本人の基礎教養の一部なのだ。

「花見酒」だけではない。知ったかぶりのキザな人物をわれわれは「酢豆腐」でたとえ、毒食わば皿まで式の図々しい行為を「居残り佐平次」で語り、そして、酒を飲んでがらりと人柄がかわってしまうのをみると「らくだ」を思い出す。落語というのは、人間と人間のつくり出す社会状況のいくつかの典型をおどろくほどの鋭さでみごとにとらえた大衆文芸であって、日本の社会についてかんがえるばあい、落語というものを多少は知っていないと困るのである。そして、日本人は、代表的な落語をお互いの共通知識として生きてきているように、わたしには思える。

ところが、若い世代の人たちには、そういう知識がまったくない。社長さんがゴルフ狂で、社員をつかまえてはゴルフの自慢話ばかりしている、これじゃ、さっぱり仕事がはかどらない、とこぼしている若いサラリーマンがいたから、「〝ねどこ〟みたいな話だね」と言ったら、さっぱり話が通じない。素直な青年らしく、かれは率直に「〝ねどこ〟って何ですか」とたずねた。わたしは、店の主人が義太夫に凝って、番頭から小僧まで大迷惑をうける「ねどこ」の話を要約してさしあげたのだけれど、どうも解説つきで冗談をいう、というのは白けた話で、あんまりおもしろくなかった。

もちろん、落語をたくさん知っている人間がえらい、といっているのではない。しかし、以上にあげたような一連の代表的落語などは、大げさにいえば日本国民の基礎教養なのではないか、とわたしはかんがえるのだ。いくつかの物語を共有しないで、「文化」というものはたぶん存立しえない。そして、ついこのあいだまで、われわれ日本人にとって『三国志』も落語も、そういう共通の物語なのであった。学歴とか職業とかにかかわらず、誰でもがこれらの物語をなにほどかは共有していたからこそ、お互いをおなじ文化のなかに生きる人間としてみとめあい、安心しあうことができていたのである。たんに、おなじ言語をわかち合うだけでなく、その言語によって綴られた文芸をわかち合うこと——どんな文化にとっても、それは基本的にだいじなことなのである。

神話だの、お伽話だのもその例だといってさしつかえない。どんな社会でも、その社会にあらたに加わった幼い子どもたちは、むかしから語りつたえられる物語に耳をかたむける。日本でいえば、さしずめ「桃太郎」だの「浦島太郎」などがそれにあたるだろうし、アングロ・サクソンの文化のなかでは「マザー・グース」といった歌謡集がすぐに浮かんでくる。キリスト教の諸国だったら、多かれすくなかれ、聖書というものが基礎教養を形成する。

じっさい、たとえばアガサ・クリスティーの一連の推理小説などを読んでいると、「マザー・グース」のたぐいが謎解きの重要な手がかりになっていたりもする。イギリス人なら、たちどころにその基礎教養を動員して、かくされた意味を理解することができるのだが、われわれにはそのおもしろ味がわからない。わかるとしても、解説されてはじめてわかるのだから、じつのところなんとなく間が抜けている。われわれにとって、「文化」というのはそういう性質のものなのだ。

三

ところで、だいじなことは、これらの国民的教養というものが学校で教えられるものではない、ということである。「桃太郎」にしても、落語にしても、あるいは「マザー・グース」にしても、それらは学校の教科書にのっている物語や歌なのではない。親が子どもの枕もとで話してやったり、あるいは子どもが本屋でえらんで読む本に書いてあったり、というふうに、学校以外の場ですこしずつ身につけてゆくものなのである。そして、かんがえてみればすぐわかることだけれども、そもそも歴史的にみて、学校などというものが存在していなくても、教養というものは、しぜんにお互いが獲得してゆくことができたのである。いや、学校教育は、こうした基礎教養にプラスしてなにものかを教えるという、一種の補助的な新発明なのであった。人間の社会というのは、すくなくとも何千年かにわたって、学校のごときものをもたないで成立してきたし、そういうなかでも、それぞれの文化はそれぞれに基礎教養をゆたかに用意することができていたのであった。

そして、そうした事情をかんがえればかんがえるほど、わたしはこんにちの日本人がひたすら「学校」を重視するあまり、基礎教養というものをさっぱり忘れてしまっているのではないか、という疑問をおさえることができない。

なるほど、学校での教育をしっかりと身につけた人はたくさんいる。しかし、日本人として、学校なんかとかかわりなく知っていなければならない基礎の教養と知識がそれと反比例して減っているようなのだ。それぞれの道で立派な教育をうけた人が、たとえば『三国志』を読んでいない、とか、落語、講談のたぐいを知らない、とか、あるいは「百人一首」をいちどもやったことがないとか、そういうふしぎな事態が出現しているのではないか。じじつ、「ねどこ」って何ですか、とわたしに質問した青年も、一流大学を優秀な成績で卒業したいわゆるエリートのひとりだったのである。

　なぜこんなことになったのであろうか。ひとつの理由は、いうまでもなく受験教育だろう。子どもや若ものたちは、試験勉強にエネルギーと時間をすっかり吸いとられてしまっているから、これまで何世紀にもわたって日本人が共有しつづけてきた基礎教養を身につけるチャンスをほとんどもたないまま成長してしまった。母親たちにしたところで、子ども部屋をのぞいてみて、算数のテスト帳などを前に勉強していれば安心するが、落語全集などを読んでいたら、たいていは叱りつけるのである。試験に関係のない本を読むのはムダだ、という、おそるべき信念が日本の親たちを支配しているのだ。

　それにくわえて、核家族化の進行といった社会構成上の変化もある。かつての日本の家族では、お伽話だの、伝説、ことわざだのを子どもに語りつたえるのは主としておばあちゃんの役割であった。親と子ではなく、祖父母と孫の関係のなかで、国民的文芸のようなものは伝承されていたのである。ところが、子どもが祖父母の世代から切りはなされて生活するようになったため、その伝承の鎖が切断されてしまった。ひょっとすると、いまの日本の幼い子どもたちのなかには「猿カニ合戦」や「かぐや姫」の話をきくことなく成長している子どもがすくなくないのではないか、とさえ疑いたくなる。

四

しかし、そうしたもろもろの理由のなかでいちばん強力な理由は、おそらく、日本人お互いのあいだで日本の国民文化というものにたいする自信と誇りがかなりぐらついてしまっている、という事実なのではあるまいか。なんとなく、「桃太郎」だの『三国志』だの、あるいは落語、講談、伝説などといったものは時代おくれで古くさいもの——そういう一般的な気分が、たしかにわれわれの心の片隅にある。じっさい、ここまでのわたしの文章を読んでこられた読者のなかにも、なにをいまさら、バカバカしい、古いねえ、という反応をなさったかたもあるだろうし、なかには落語ときいただけで、下品だわ、と顔をしかめていらっしゃるかたもあるだろう、とわたしは推測する。

　そうした反応が生まれるのも無理はない。というのは、ここ三〇年間にわたって、日本には一種の文化的清算主義のようなものがゆきわたってしまっているからである。すなわち、日本のむかしからの文芸というのは、封建主義の産物だから、ことごとくご破算にすべきだ、という奇妙な思想によって、むしろ意識的に、日本人にとっての基礎教養を否定するうごきが目立つのである。なかには、「桃太郎」だの「浦島太郎」だのというのは「非科学的」な話だから子どもに教えないほうがよろしい、などというバカげた議論をする人もいる。

　そんなわけで、もっとも民主的にしてハイカラな母親というのは、日本の国民文芸である昔ばなしなどを頭から相手にせず、たとえばアンデルセン童話集、といったものによって子どもをそだてたりする。アンデルセンも結構だ。子どもの文学として、アンデルセンはわるくない。わたしはそのことに反対ではないのだけれど、日本の国民文芸を否定してアンデルセンというのはおかしいのではないか。ものごとには順序というものがある。

母親たちだけではない。出版社だの教育関係者にもずいぶん罪がある、とわたしは思う。児童文学については、たくさんの研究がなされ、その研究を活かしながらたくさんの児童図書が発行されてきたけれども、子どもや若ものたちのための、わかりやすく、おもしろい『平家物語』だの、『水滸伝』だの、あるいは『太平記』だのをあたらしくつくる、という努力があまりなかった。むしろ、バタくさいハイカラ趣味をもって青少年文化の向上と錯覚することが主流を占めた。ＮＨＫが連続放送をはじめたおかげで、『里見八犬伝』の児童むけ現代語訳が数種類、出版されたのは、さいきんよろこばしいことであったけれども、こんなことでもないかぎり、日本人がながいあいだ語りついできた国民文芸は、文字どおり風前の灯なのである。

そんなことをいっても、現代っ子は、カビのはえたような古い話なんかに興味をもつはずがない、といったような説をなす人もいる。時代はめまぐるしくかわっているのだから、『三国志』など、読ませようとしても読まない、というわけだ。しかし、その説は、勝手な思いこみに根ざしている。私事にわたって恐縮だが、わたしはかつてホノルルで暮らしているあいだ、大学の図書館で昭和五年刊の『少年講談全集』というなつかしい本を見つけ、それをうちの子どもたちに読ませたところ、こんなにおもしろい話が日本にあったとは知らなかった、と子どもたちは夢中で読みふけった。「寛永御前試合」「真田十勇士」「塚原卜伝」「大岡越前」……合計、ざっと五〇篇ほどをかれらは読破したあげくに、わざわざかつて「少年講談」を出版した出版社の社長さんに宛てて、こういうおもしろい本を、どうしていまの子どもたちに読ませてくれないのですか、どうぞ、もういちど出版してください、といった文面の手紙を、わたしが知らないうちに書いて航空便で送ったそうなのである。

親が親だから子も子で、うちの子どもたちが例外的なのかもしれないが、ホノルルで「少年講談」を読んだおかげで、たとえば「清水次郎長」であろうと「霧隠才蔵」であろうと、すくなくとも、わたしのかんがえる意味での日本の国民的基礎教養をわたしはかれらとわかちあうことができるようになった。世代間の「断絶」論議を耳にするようになってからひさしいが、もしもこの「断絶」を辛うじてつなぐことのできるものがあるとするならば、それは、こうした種類の基礎教養というものなのではあるまいか、とわたしは思うのである。

このような国民文芸の復興がはたして可能かどうか、可能だとしても、はたしてまだ間に合うかどうか、わたしにはわからない。わからないけど、もしもたとえば『三国志』が日本人の教養からはずれるようになったとき、日本の文化がずいぶんかわってゆくであろうことは想像がつく。わたしは、何年ぶりかの『三国志』によって、なつかしい記憶を呼びさまされるのと同時に、ひとつのさびしい危機感にもおそわれてしまったのである。

（＊）原文『花見酒の経済』を改める。笠信太郎著、朝日新聞社、一九六二年刊。

解題「教養とはなにか」

加藤秀俊（かとうひでとし、一九三〇〜）は戦後を代表する社会学者である。社会心理学者南博（みなみひろし、一九一四〜二〇〇一）に師事し、コミュニケーションの研究に従事するかたわら、教育についても関心が強い。本稿は女性雑誌「ミセス」一九七四年四月号に「基礎教養とはなにか」というタイトルで掲載され、翌一九七五年『独学のすすめ　現代教育考』（文藝春秋）に収録されたものである。本書は子どもをもつ女性が教育問題を学校問題に限るものと思い、また自分の教育は終わったものだと思いがちであることを指摘し、一生続く自分自身の教育として独学をすすめるという意図をもって編まれている。本稿は掲載誌の性質上女性を想定したものだろうが、しかし、女性の基礎教養を扱ったものではなく、当時の日本社会における古典教養の断絶を問題にしている。それゆえに、男女を問わず、広く教養の問題として読むことができる。

加藤は一九五七年に『中間文化』(平凡社)を上梓した。中間文化論とは、戦後の文化的推移を三分割し、第一期を高級文化中心の段階(総合雑誌に象徴される時期)、第二期を大衆文化中心の段階(『平凡』に象徴される時期)とし、その次に現れた第三期を中間文化の時代とした。その端緒は一九五四年にはじまる新書ブーム、中間音楽(ムード・ミュージックやミュージカル)、トリス・バーなどで、その後、高級と低級の中間を行く文化が主流となっていった。その担い手は数多くの中間的知識層であり、学校を出てホワイト・カラーとなっていく。彼らの常識主義的な思想や人生観が中間文化を支えているわけだが、それを実現させた要因として、教育の均一化、マスメディアの出現が重要な社会的条件となったと指摘する。

本稿は中間文化論を発表してから十余年後のエッセイである。ここでは従来の日本文化の中で当たり前に受け入れられていた古典の教養が新しい世代に通じなくなっている現状を指摘する。ここでいう古典とは『三国志』のように中国由来ではあっても子どもから大人まで、学歴や職業の隔てなく広く浸透しているものから、文字を介さない落語や講談といった演芸まで広範囲に及ぶ。それらは平易な日本語に改められた翻案や漫画、あるいは耳で聴く芸や読み物など、様々な媒体を通して受け入れられた。こうした古典が世代を越えたコミュニケーションを円滑にする共有知識(=日本国民の基礎教養)であったにもかかわらず、それが通用しなくなったことを本稿では問題化しているのだ。この基礎教養は学校で身に付けるものではなく、社会生活を送るなかで自然と獲得していくもののはずだった。それが途絶えたのは、受験教育や核家族化の進行にある。受験教育によって、長きにわたり共有されてきた基礎教養を身に付ける機会を失し、核家族化によって祖父母の世代から切り離されてしまった。継承されなくなった基礎教養は時代遅れで古臭いと感じるようになっていったのだ。「日本のむかしからの文芸というものは、封建主義の産物だから、ことごとくご破算にすべきだ」という考えがその根底にある。加藤はこれを〈文化的清算主義〉と呼ぶ。

なお、ラジオやテレビの出現は文化的格差を小さくしていったわけだが、特にこの時期のテレビの普及に関しては、加藤の論を受けた竹内洋が、平等な情報獲得の機会をもたらし、高度成長期の中で階級が溶解し、高等教育による教育の均等化が、階層的に構造化されない膨大な大衆の中間意識を生み出すに至ったという論(『教養主義の没落』二〇〇三)を展開していく。

〔伊藤慎吾〕

【世界と趣向】

竪筋横筋之事　入我亭我入

初出『戯財録』一八〇一年（所収 守随憲治校訂『舞曲扇林　戯財録』一九四三年、岩波文庫）

竪筋横筋之事

一、大筋を立つるに、世界も仕古したる故、あり来りの世界にては、狂言に働きなし。筋を組みて立つる故、竪筋・横筋という。たとえば、太閤記の竪筋へ石川五右衛門を横筋に入れる。白拍子・公成・桜子・桂子・毛谷村大助など皆横筋なり。竪筋は世界、横筋は趣向になる。竪は序なり、大切《おおぎり》まで筋を合わせても動きなし。横は中程より持出しても働きとなりて狂言を新しく見せる、大事の眼目なり。

〔抄録〕

勉強報告「世界定め」考　津野海太郎

初出「新劇」一九七六年十二月号

私は歌舞伎に関してはまったくなにも知らないにひとしい人間である。評判の大南北に対してさえもうまく関心がもてない。そのような私が中村幸彦や服部幸雄の著作、入我亭我入の『戯財録』に付された郡司正勝の注釈などを頼りに、無理にも歌舞伎劇場における「世界」について考えてみなければならなくなったのは、直接にはいまから三年前、佐藤信が『喜劇阿部定』の冒頭に、「世界は概ね昭和十一年であった」という一行を書きつけてしまったからである。それが歌舞伎用語にいう「世界定め」を踏まえての一行であったことはことわるまでもない。渥美清太郎の証言（「世界と登場人物」）によれば、明治なかばごろまでの劇場周辺では、まだ――

「今度の世界はなんだい」

「太閤記サ。二番目は八百屋お七だ」

といった会話がさかんにかわされていたとのことだ。明治なかばごろまでというのは、それ以後はめったに耳にしなくなったという意味であろう。したがって佐藤がその一行を書いたとき、かれはたんなる歌舞伎用語ではなく、かつての劇場ではいきいきと使いこなされていた、にもかかわらず、今日の劇場からは完全に消滅してしまった、ある特殊な歌舞伎用語をえらんでいたのだということになる。かれはそのことをはっきりと意識していたにちがいない。

　こんどの世界はなんだい――というときのこの「世界」の語は、とりあえず、時代物の場合には「その狂言の背景になる、特定の時代を書いた稗史《はいし》小説の名」を、また世話物では「一度大当りに当った、その狂言の名」を指していたと考えておくことができる。つまり「世界」を太閤記にとったといえば、その新狂言には秀吉や信長や光秀が（もちろん真柴久吉、小田春永、武智光秀として）登場して、おなじみの人間関係、おなじみの事件の推移にもとづいて、大まかな筋の立てられていることがわかる。そのような仕組みになっていたのである。八百屋お七の場合も同様で、西鶴の『好色五人女』を皮切りに、同じお七吉三《きちざ》の実話物語に「世界」を定めて、歌舞伎劇場でも、『八百屋お七歌祭文《うたざいもん》』や『八百屋お七恋緋桜《こいのひざくら》』から『其《その》往昔《むかし》恋《こいの》江戸《えど》染《ぞめ》』にいたる数多くの狂言が、くりかえし上演された。ある計算によれば、これらの「世界」の数は時代物で五十八、世話物で四十九、その他にも王代やお家などと大分類される多くの「世界」があったらしい。しかし江戸三座の顔見世狂言だけは、十数種のきまった「世界」のうちからえらばなければならなかった、と渥美清太郎は書いている。そのために九月十二日の夜、立作者や太夫元の家でとりおこなわれたのが、いわゆる「世界定め」の儀式である。

「えらんだ世界に登場する役の名は、習慣上、チャンときまっているので、それ以外の役を使うことはできない。何を苦しんで、こんな窮屈な規則に従わなければいけなかったのか。なぜもっと自由な脚色ができなかったのか。――どうも単なる伝統的習慣を、忠実に守っていたという以外、その原因は考えられない。ただ、江戸の市民というものは、おなじみを喜んでいたことだけは、たしかである。ひっきょうは、封建制がさせた業なのだろう」。

　儀式自体は比較的早くすたれてしまったようだが、技法としての「世界定め」はその後も長く生きのびた。

それが封建制のせいであるかどうかはともかくとして、この「世界定め」が、通俗史や先行作品に関する基本的な知識の共有にもとづき、だが窮屈な規則に苦しんで従うなどという意識はさらさらなしに、その規則を逆に利用して自由奔放に遊んでみせる、いかにも歌舞伎らしい劇作法であったということは、私にもすぐに理解できた。この遊びが「趣向」であり、服部幸雄が『戯財録』の「大筋を立つるに、世界も仕古したる故、あり来たりの世界にては、狂言に働きなし」とはじまる、よく知られた「竪筋は世界、横筋は趣向」の二元論を注していうごとく、たとえば太閤記の「世界」に石川五右衛門の「趣向」をかみあわせることによって、秀吉と五右衛門が同一の作品のなかで対決するという『金門《きんもん》五三桐《ごさんのきり》』の奇抜な構造が成立する。それは伝統的習慣をただ墨守するというのではなく、むしろ「全体をすっかり新しい秩序のものとして再構成する」(『歌舞伎の構造』)こと、しかも一度だけではなく、くりかえしそうすることを意味していたのである。

なんども反復されることで古い餅のように固くなってしまった「世界」と、常識のたがを外し、機敏に動く「趣向」とを、そのつど、どのようにめあたらしくかみあわせるか——これが『戯財録』によって定式化された歌舞伎のドラマツルギーである。入我亭の正体については、服部や郡司正勝は二世並木正三といい、河竹繁俊や中村幸彦は並木五瓶であるという。今日では前者の説の方が有力であるように見えるが、正確なところはわからない。

歌舞伎のドラマツルギーを早わかりしたいと願う者にとって、この『戯財録』に示された簡明な図式はたしかに役に立つ。ただし私はあくまでも「世界」の側に関心があるので、この定式化では「趣向」にのみいい位置が与えられているような気がして、そのことが不満でなくもなかった。多くの論者が『戯財録』を受けて、「世界も仕古したる故……」と当然のことのようにいい、のみならず「世界とは作品の背景となる時代のことだ」と一様に定義しつづけている。そのことにいくばくかの異和感を抱く。私の関心にしたがっていうならば、問題は、なぜ江戸時代の人間たちが秀吉や五右衛門の存在する時空を、「時代」ではなく「世界」の語で呼んだのか、あるいは「時代」を「世界」として、世話物であれば心中や殺人「事件」を「世界」として把握するかれらの能力はなにに由来するのか、というあたりから立てられるのでなくてはならない。もしも「世界」が「時代」にイコールであるのだとすれば、「世界は概ね昭和十一年であった」という例の一行は、そのまま「時代は概ね昭和十一年であった」と書きなおしてもいいことになり、これではあまりにも当然すぎて、私としても、せっかく「世界」に関心を抱きはじめた理由を見失なってしまうのである。

だからといってすべての論者が「世界は時代である」流の大雑把な定義を下しているわけではない。そのことは一応ことわっておく必要があろう。たとえば「世界は時代である」とはいうものの、源平時代とか南北朝時代とか、「そうした歴史の教科書のような名は、芝居では使ったことがない」と書く渥美清太郎は、頼朝なら「伊豆物語の世界」、義経なら「義経記の世界」、正成なら「太平記の世界」というように、むしろ「世界は（その時代をあつかった）本である」という側面をきわだたせることを忘れていない。歴史上の時代が次々と交替してゆくというのではなく、まるで一冊の本のように、それぞれの時代は一定の輪郭と中心をもち、それ自体で完結した「世界」をかたちづくる。つまり渥美の定義を集約した「世界は本である」という一点から、この定義すらをも特徴づける「趣向」への傾きを除去してみると、その底に、ある特定の宇宙観の存在――おびただしい「趣向」によって相対化される以前の、「世界定め」の原質とでもいったものが浮上してくる。そしてこの宇宙にあっては、重ねていうけれども、一つの時代が倒壊して、そこから次の時代がはじまるのではなく、それぞれに完結した無数の時代や事件が、そのかぎりでは等価のものとして共存し、隠された規則にしたがって、秩序正しく配列されているのである。さながら書棚に並べられた沢山の本のように、である。

時代や事件を時間とともに流れ去るものとしてではなく、時間の外側で停止したものとしてとらえたい。もしも、「世界定め」をそうした欲求のあらわれとして考えることが、ほんの少しでもできるのだとしたら、それはおそらく技法以上のなにかなのである。第一に、たんなる技法であるにしては「世界」の語がもつ仏教臭が重すぎる。その不均衡がまだ生じていないような状態を、どこかに想定しておく必要があるのではないか……。

そのように考えはじめて、私はまず、成立当初の歌舞伎には「世界」という概念は存在していなかったという服部幸雄の記述にひっかかった。では「世界」はどこから歌舞伎にやってきたのか。勉強ノート風にあとをつづけると、守随憲治が『歌舞伎劇戯曲構造の研究』のなかで、この語が最初は浄瑠璃作者たちのあいだでいつのまにか使われだしたものであったことを指摘している。そして一九七〇年前後からさかんになった研究傾向——たとえば広末保のものなどをもふくめての、近松の浄瑠璃劇を中世的なものとの連続性でとらえようとする諸研究が、この間の事情により深くかかわってゆく。『シンポジウム〔日本文学〕』第七巻に収められた原道生の報告「中世芸能と近松」によれば、初期の浄瑠璃は舞曲、謡曲、説経など、中世の語り物のレパートリーをそのまま受けついで、それに浄瑠璃節をつけて語るといった程度のものであったらしい。その中世の語り物なるものが、もともと平家物語や義経記、曾我物語など、渥美清太郎のいう稗史小説に「世界」を定めたものだったのである。「ごく大雑把にいって」と原はつづける。「浄瑠璃史上、最初の大きな飛躍は、金平物《きんぴらもの》の創始によって中世語り物の流れとは若干異質な一つの〈世界〉が新しく確立されたということであり、第二の飛躍は、近松の世話物によって、常に先行伝承に依拠していた〈世界〉の範囲が一気に同時代の現実社会にまで拡大されたということになる」。

そうした語が実際に使われていたかどうかは別として、一つの時代を一冊の本として空間化し、その本に

「世界」をもとめる「世界定め」の手口は、すでに中世の語り物のうちに確固として存在していたのである。この手口を平家や曾我などの種本とともにひきつぎ、適用の範囲を巷の小事件にまで拡げて、意識的に方法化したのが近松門左衛門にいたる浄瑠璃作者たちであり、その方法化の過程で、いつのまにか「世界定め」という概念が定着した。これまた正確なところは私にはわからない。しかし少なくとも「世界定め」の成立が、それだけ切りはなされた歌舞伎史の内部での、たんなる技術開発上のできごとでなかったことだけは明白である。それは中世の語り物を土台に浄瑠璃劇が生まれてくる、いってみれば、片方の手で中世的なものの尻尾を切断し、別の手でそれをひそかに生きのびさせる二重の過程のなかで、はじめて成立した。という意味では、享和元年の狂言作者が「世界も仕古したる故……」などというまでもなく、「世界」ははじめから古びていたのであり、むしろ古くなければならなかったのである。

「世界」とは元来サンスクリット起原の仏教用語で、過去・現在・未来をあらわす「世」と、上・下・四方をあらわす「界」とを合成してなったものであるという。それゆえ、ある時代や事件を「世界」として表現することは、その時代や事件が時間的にも空間的にも、それ自体として最大限に完結しているということと同時に、その時代や事件が、そこにあらゆる時代や事件を内包するに足る内部の拡がりをもっているということを意味するはずだ。つまり全体によって包囲されている部分が、逆に全体を包囲してしまうのである。時代の方はともかくとして、原道生のいう「第二の飛躍」以後、市井の心中や殺傷事件をも、たった四十五日で忘れ去られてしまう小事件としてではなく、過現未にしろ上下四方にしろ、一つの中心をもちつつ最大限に完結した時空として、すなわち「世界」として表現する方法の確立したということが、私には特に興味ぶかく感じられる。しかもこれと同じ時期に、それまでの竹矢来か板囲い、わずかに舞台や花道だけを板屋根でおおった中世的な仮設劇場に対して、厚い海鼠《なまこ》壁や瓦葺きの屋根によって内部空間を外界から遮断した本格的な劇場が、はじめて道頓堀に出現した。そのまだういういしい密閉空間で、路上の小事件を「世界」として表現する舞台がはじめて成立する。すなわち「世界劇場」のはじまりである。

はじまりがおおよそのようなものであったとすれば、では終りはどこにあるのか。渥美清太郎は明治二十年ごろを境い目にしてと書いているが、私も、歌舞伎劇場における「世界」は演劇近代化の過程で、いつのまにか、ごく自然に力を失なっていったのだろうと漠然と考えていた。だがこの「世界」消滅にはじつは特定の日づけがある。私はようやくそのことに思いあたった。明治五年四月五日、守田勘弥、河竹黙阿弥（当時は新七）、桜田治助という、東都劇壇の三人の大立物が東京第一大区役所に呼びだされ、「抑《そもそも》演劇ノ儀ハ勧懲ヲ旨トナスヘキハ勿論ナカラ、亦後全ク狂言綺語ト云ル言ヲ廃スヘシ」ときつい説諭を受けた。どんな小さな演劇史にも見いだすことのできる、これがその記念すべき「世界」消滅の年月日である。松本伸子の労作『明治前期演劇論史』によれば、その二日後の東京日日新聞は、「今日開化上より之を論ずれば劇場は一種の小学校と見て可ならん」と断じて、この説諭に大いに同感の意を表している。

「そもそも劇の旨意たるや、其婦幼をして歴史を読ましむるに等しければ、事を鎌倉の世に模擬し、名を足利の事に趣向せるなどは時代を過つの甚しきと云べし。彼骨を換体を奪うの幣なからしめん為、今此説論ありしは独劇場の幸福のみならず、臣民感謝すべきことならんや」。

この日を境にして、歌舞伎における「世界」が消滅した。いや、もっと正確にいうならば、それは国家権力による監視のもとで、急速な消滅への道を歩みはじめることを余儀なくされたのである。同じ年、守田座の座長であった守田勘弥は、芝居町猿若町を捨て、都心の新富町に新しい劇場を建設した。この新富座と名づけられた新劇場を支配する二大原則は安全性と商業主義であり、前者は土蔵造り鍍鉄板葺《とてっぱんぶ》きの防火建築、簀《す》の子《こ》にかわる張天井、観客と楽屋の分離、便所の新設などの変化を劇場にもたらし、また後者の原則を徹底的につらぬくべく、舞台間口が拡げられ、それとともに観客席が増やされた。服部幸雄の論文「歌舞伎の演劇空間とプロセニアム」によれば、「江戸におけるほとんどの劇場が、六間から七間」の間口であったのに対して、新富座のそれはすでに十一間もあった。「新富座は歌舞伎劇場に革命的変革を齎《もた》らし、新形式の劇場建設の促進に役立ったが、同時に歌舞伎劇場特有の舞台と客席との親和性を稀薄ならしめた」と、図師嘉彦もその『日本の劇場回顧』のなかで書いている。

明治期の劇場改良運動は、同時代の他の二つの運動——天皇の御名による都市改造運動と衛生改良運動とのあいだに、深く有機的な関連をもっていた。ただしこれは「だれがペストを殺すのか」続篇で扱うべき領域であるので、目下のところは、主として戯曲にかかわる「世界定め」という方法の消滅が、劇場構造、さらには都市と劇場との関係の激変によって、いわば物質的に裏づけられていたという事実のみを指摘するにとどめる。この事実が、近松や竹本義太夫の活躍した時期の大阪で「世界定め」の方法がはじめて確立されたとき、その過程が全蓋式劇場の出現によって物質的に裏打ちされていたという事実に、まっすぐ対応する性質のものであることはことわるまでもない。

先に私は、やや唐突に、これが「世界劇場」のはじまりである、と書いた。この「世界劇場」という概念を、私は、古代ローマの建築家ヴィトルヴィウスの『建築書』における「世界劇場《テアトル・ムンディ》」の理念と、この理念のエリザベス朝ロンドンにおける再生を論じた、フランセス・イエーツの『世　界　劇　場《シアター・オブ・ザ・ワールド》』から借りている。しかし、だからといって私は、古代ローマの宇宙論——高橋康也の要約によれば「マクロコスモス（大宇宙・天体）とミクロコスモス（小宇宙・人体）の象徴的一致という世界観」——を背景にもった劇場理論が、長い仮死の期間を経て、突如、十六世紀末のイタリアやイギリスの都市によみがえる劇的な瞬間を、そのままのかたちで、元禄期の浄瑠璃小屋や歌舞伎劇場に見いだすことができるなどというつもりはない。とことわった上で、なおかつこだわるのだが、これらの浄瑠璃や歌舞伎劇場に見いだされる切断と連続のドラマだって、地球座やテアトロ・オリンピコの場合に比較して、けっして見劣りするようなものではなかったのである。たとえば近松門左衛門や竹本義太夫は、たったいま街路から遮断したばかりの劇場の内部に、夜の道頓堀の街路の眺めをパノラミックに再現し、このニセの町に十数日前に心中した男女を歩ませるといった趣向を、精一杯つめこんだ。観客は竹本座の内部に坐っていて、死路を急ぐ二人のすがたを息をのんで見つめている。そしてその二人の眼には当の竹本座をはじめとする道頓堀七座の櫓の夜景がはっきりと映っている。劇場にとっての外界をかたちづくる町がまるごと劇場の内部に吸いこまれ、劇場の内部にもう一つの町、もう一つの外部が、手袋をくるりと裏返すようにして現われる。ということはつまり、そこにもまた内部と外界との「象徴的一致という世界観」がなんらかの仕方で成立していたのであり、しかもすでに述べたように、この出現したばかりの劇場にとっての外界は都市規模にとどまらず、原理的には過現未、上下四方のいっさいをふくみこむ、それこそ宇宙規模の時空にまで拡大して考えることができる質のものだったのである。やりようによっては、「世界定め」の方法のうちに埋めこまれたある種の「世界劇場」像を掘りおこすというのも、まんざら不可能な仕事ではないはずだ。

　のみならず、広末保は『辺界の悪所』に収録された「死と蘇生」という文章のなかで、近松のはじめての心中劇『曾根崎心中』冒頭に置かれた「観音廻り」の詞章を注して、「心中劇は演劇であった。しかしそれは、心中した死者——それも昨日までかれら観客のすぐ傍らに生きていたその死者を、舞台の上に呼びもどす演劇でもあった」と記している。

　一台の駕籠が大阪三十三カ所の観音をめぐる。その駕籠からヒロインのお初が降り立ってこの心中劇が開始されるのだが、広末はそこに、罪障感にまみれた死と蘇生のプロセスが遊行芸能民の道の観念に結びついた、古き説経浄瑠璃の「世界」における宗教的道行への意図的な遡行と、同時に、死んだ人間たちをよみがえらせなくては、現在進行形の「地上的な人間のドラマ」を開始することができないとする、宗教的な罪障感から解き放たれた、いわば演劇的次元での道行の成立を見る。このことを指して、広末が説経浄瑠璃の「世界」から世話浄瑠璃への「転換」と呼ぶのは、それが切断と連続の二重性を帯びた過程であるからだろう。同様に、その二重性を帯びた道行を舞台化するにあたって、近松とその一党が、外界から遮断された全蓋式劇場の内部に、たったいま別れを告げてきたばかりの道頓堀の街路の眺めを再現してみせたことのうちにも、やはり切断と連続の二つの契機を見てとることができる。私の憶測によれば、かれらはそのことで、いま、ようやく手に入れることのできた内部——そこに一つの都市をまるごと吸いこんでしまうことさえも可能な、外界からはっきり区分された内部の力を誇示するとともに、街路や広場がそのまま演劇のための空間でありえた状態を離脱することに対する不安をも同時に表明していたのである。「世界定め」という方法の確立も、この二重性を帯びた「転換」期を構成するいくつもの側面——広末はたとえば肉体について語る——のうちの一つの側面だったのであろう。

そして明治というもう一つの「転換」期のなかで、まっさきに、この「世界定め」の方法が国家によって抑圧された。そしてその代りとして強調されることになったのが「歴史」である。たとえ東京日日新聞のいう童蒙のための活歴史なるものが、幸福なる臣民の名において、天皇家の万世一系神話をありがたくでっちあげる国家的事業への参与をしか意味していなかったにもせよ、この国の演劇近代化がはじまる場所で、「世界」が「歴史」によって劇場から公的に放逐されてしまったというのは、いかにも象徴的なできごとである。

ヨーロッパ近代の「歴史劇」が、王たちの「世界劇」であるシェークスピアなどを包含しつつはじまったのとは対照的に、この国の「歴史劇」は、国家による「世界劇」の放逐工作を従順に受け入れることによって開始された。そのことがもつ意味について、これまで、われわれの「歴史劇」作家たちはあまり深く考えてこなかったようである。「歴史」をいかにも本当らしいエピソードの集積としてではなく、重層的な「世界定め」によってとらえようとする試みがめだちはじめたのは、「アングラ」以降の現象に属する。別役実の初期作品はわれわれに、新聞の雑報欄に押しこめられた路上の小事件が、そのままで、過現未、上下四方のいっさいを包みこむ広大な「世界」でありうる方法を示してくれた。たんに、だれもが知っている物語を下敷きにえらぶというのではなく——それではただの知的遊戯であり「趣向」の誇示にすぎまい——一冊の本を、そこですべてのことが起りうる「世界」として設定することから、唐十郎の「風の又三郎の世界」や「ホフマン物語の世界」が動きはじめる。しかも、いったん定められ大当りに当った「世界」は、当の作家のみならず、複数の作家によって繰りかえし使用される。ここでも、けっして窮屈な規則に従うなどという意識などとは無縁に、同じ宿無団七が団七茂兵衛であったり団七九郎兵衛であったりするような変貌を見せながら、一定の人物がなんども登場してきたりする。つまり、いくぶんかの希望的観測をこめていうならば、独創ということがもつ意味あいがいまようやく変りつつあるのであって、だからそれを模倣とか影響とかの概念で説明してしまうのは、あきらかにまちがいなのである。〔抄録〕

解題「戯財録」「勉強報告『世界定め』考」

冒頭に掲載したのは入《にゅう》我《が》亭《てい》我《が》入《にゅう》を名乗る著者の『戯財録』（一八〇一）の一節である。同書は歌舞伎狂言者に向けた作劇法で、このくだりは「世界」と「趣向」の語法について述べたものである。「世界」とは、歌舞伎や人形浄瑠璃の用語で、江戸中期以降に成立したとされる。歌舞伎等で繰り返し演じられる演目の「主要な場面」と登場人物を「世界」と呼ぶ。この「世界」は「世界綱目」（一八世紀後半）に一覧としてまとめられ、その後、転写補筆されてきた。「世界」とは、例えば現在でもNHKの大河ドラマで来年の題材は「太閤記」である、と告示されれば秀吉が懐で信長の草鞋《わらじ》を温める、といった挿話や彼をとりまくキャラクターの顔が浮かぶ、そのような一群のイメージを指す。このような誰でも知っている挿話と登場人物からなる、大衆たちのコモンズが「世界」である。対して「趣向」は、「太閤記」ならば、秀吉の妻の視点から描いてみるなど、それぞれ作品ごとの切り口をいう。『戯財録』はその「世界」と「趣向」の関係をシンプルに定義したものだ。

この小文と「世界」「趣向」について、現在の読者にもわかるように解説した津野海太郎（つのかいたろう、一九三八〜）の一文を併せて収録した。津野は編集者であるが、前衛劇団黒テントのプロデューサーとしても知られる。

『戯財録』を敢えて収録したのは「世界」「趣向」の語が海外の日本文化論で一人歩きを始めているからである。大塚英志は『物語消費論』（一九八九年）、『見えない物語』（一九九一年）など広告代理店の要請でストリーマーケティングを整理する際に「世界」「趣向」モデルを用いた。子供向け食玩「ビックリマンチョコ」や当時はその呼称のなかった「二次創作」を例に、ユーザーが与えられたキャラクターと世界設定の中で擬似的な創作（本質は消費活動である）をする行動の分析概念として用いた。それを東浩紀『動物化するポストモダン』（二〇〇一年）が援用、同書や『物語消費論』の一部が翻訳されたこともあり、やや安易に引用できるポストモダン的な日本文化論として海外で流通する事態となった。

しかし、「世界—趣向」モデルを、近世日本文化から用語を引用したことでそれが「日本的」「伝統」に基づくと考えるのは全くの錯誤であり、悪しきオタク・ジャポニズムの域を出ない。イギリスであればアーサー王伝説やシェイクスピアなどの「古典」からシャーロック・ホームズなどの探偵小説などが「世界」として共通され趣向を生成し続ける。中国なら「三国志」「西遊記」と、「世界」に事欠かない。つまり、それは大衆文化の普遍的な生成の様式なのである。このような「世界」を前提とした新たなテキストの生成論は、一つには「作者」という存在を「近代的個人」ではなく「群れ」として捉えること、そして創作を「群れ」による異本の繰り返しの描き直しとして捉えることで「大衆文化」に於ける創作のあり方を相応に整理できる。他方では、物語消費論が広告代理店の大衆動員の技術として整理されたように、この手法は、日本のファシズム体制下、隣組とその構成員からなる「世界」から大衆自らを動員するプロパガンダまんがを二次創作的に投稿する大政翼賛会主催のメディアミックス「翼賛一家」にも用いられた極めて政治的な技術でもある。

「世界」「趣向」モデルをメディアミックス、トランスメディアストーリーテリング、アダプテーション、オーディエンス論などの大衆メディア論上の問題として普遍的に存在する現象を分析する装置として用いるためにも出典ぐらいは確認しておく必要があると考え収録した。

〔大塚英志〕

【子どもと女性のしぐさ】

日本人のはにかみ　石井桃子

初出「初等教育資料」一九六〇年七月号（所収『みがけば光る』二〇一三年、河出書房新社）

子は親の鏡といいますが、まったくこどもを見ていると、親のすがたがわかります。そして、日本のこどもは、日本のおとなのするようなことをします。こどもは自分のまわりにおこることをまねして成長するよりしかたがないのですから、これは、当然なことですが、おとなとこどものすることの類似を見ていると、おそろしくなったり、反省させられたりします。

おかあさんがたにいわせると、家のこどもは、これこれだからこまりますといいます。ところが、おかあさんたちが、おなじ立場にたつと、ちゃんとおなじようなことをするから、少しはなれて冷静にながめていると、おかしくなることがあるくらいです。

ある農村の小学校で、三十人ほどのクラスのこどもたちと、一月に二、三回の話しあいをしたことがありました。何を聞いても、生徒が返事をしてくれません。はじめから返事をすることを放棄している子もいますし、だれか返事をしないかと、モジモジしている子もいます。だまっていられると、話しかけたほうは、こっちの言ったことをどうけとってくれたのかわからないので、前の問の上にもうひとつ問いかけたりして、なんとか手がかりを得ようとしますから、ひとりずもうに終って、最初のうちは、たいへん疲れました。

そういうこどもたちは、いつも無口かというと、そうではなく、休み時間のどたばたは相当なものです。前の時間の無言の業が、緊張であり、束縛であっただけ、うちにこもっていたものは、解放された休み時間に、わっと爆発します。これが、おなじこどもなのかしらというほどのちがいようです。

りくつで考えると、ふしぎなことでした。そのこどもたちは、わたしから何か話しかけられた時、そんなにだまっている必要はなかったのです。わたしの聞いていることがわからなかったら、

「それ、なんのことだ？　おれはわからない。」

といえば、いいのです。

ところが、それをいうことが、じつにむずかしいのです。

それからもうひとつの例をあげると、こんなことがあります。わたしが家のなかにいると、外で物音がします。そのころ、わたしの家にきて手つだっていてくれたこどもなら用をたのもうかと思って、

「何々ちゃんかい？」

と聞きました。すると、返事はなくて、物音は、依然としてガサゴソとつづいています。さては、牛が、牛小屋から出たなと――その村にあるわたしの家では、牛を二、三頭かっていましたので――わたしがとびだしますと、そこにいたのは、何々ちゃんの友だちです。

つまり、その子は、わたしが、「何々ちゃんかい？」と聞いた時、自分は何々ちゃんではないから、返事をしなかったのです。「何々ちゃんは、ここにいないよ」という返事は出なかったのです。

その子は、その時、考えたことを口にだすという人間の能力を発揮しなかった、人間である権利をすてさえしたように思えて、わたしは、たいへんかなしい気がしました。わたしの側からだけいえば、そこに牛がいたのと、たいしてちがいありません。

その子のがわからいえば、自分のすきにだまっていたんだ、返事する義務はないんだという見かたがなりたつかもしれません。しかし、じっさいは、その子は、それほどのことを考えてだまっていたのではありません。何か自分に責任のふりかかるような時、または、それほどでなくとも、自分にわからないことを聞かれた時、自分の判断で口をきかなければならないような時は、口をきかない習慣がついていたのです。それでいままでは通ってきたし、それが、いちばん安全な道なのです。

そういうことを、何度も見聞きしているあいだに、わたしはくり返してこどもたちに、「はずかしいということを忘れよう」と話しかけました。こどもは、まだいろんなことを知らないのだし、何かわからないのがあたりまえなのだから、わからなかったら、「それ、なんだ?」「なぜそうなんだ?」と聞くことにしよう、ひとの知っていることと、自分の知っていることと、やりとりして、だんだんにいろんなことを知るようになれるのが人間なんだからね、と、わたしは話しました。

しかし、幼いうちから、しみついた考え方、感じ方は、もう第二の天性になっていて、なかなかぬけきれるものではありません。それに、そのこどもたちのまわりには、おとなの世界で、毎日、このだんまりがおこなわれているのです。

このような農村で、いくつかの婦人会の会合に、傍聴者として参加してみますと、多少ともこどもたちの教室で見られるようなことが、おこなわれているのに気がつきます。ざわざわと雑談している時は、たいへん自由にしゃべることができます。しかし、集った者のなかで、自分ひとりがしゃべるとなると、これは容易ではありません。だまっていた方がずっとらくだし、安全だということになります。これが、おとながこどもにやって見せているお手本です。

いつか、たいへん印象的な集会の場面にぶつかりました。婦人会の人たちが文字どおり、粒々《りゅうりゅう》辛苦《しんく》してためたお金で、花嫁衣装を買ったのです。そして、それを生活改善のいみで、賃貸しをして、結婚式の簡素化を期そうというのですが、その値段がなかなかきまりません。花嫁衣装という重大な関心事だけに、新しいうちに着る人は、得だということ、最初の人には、いくらか御祝儀《ごしゅうぎ》をつけてもらわなくちゃならないということ、さまざまな意見が、べつべつな時にでなく、一度にみんなの口からささやかれて、しばらく騒然としましたが、幹事がそれをしずめて決をとることになりました。

「新しいうちは〇千円」ということで、大多数が手をあげました。

「それでは、これできめてようございますね？」と、幹事が念をおすと、また騒然となりました。

「それでは、反対の方」というと、また大多数の手があがりました。

わたしは、一時間ばかり傍聴しているうちに、何が何だかわからなくなって、そのへやから外に出ましたが、それから、二時間ほどして、やっと花嫁衣装の貸し賃はきまったということです。

わたしは、笑い話としてこのことを書いているのではありません。この会合が、わたしにさまざまなことを考えさせてくれたことをいいたいのです。しかも、その考えさせてくれたということは、いろいろ入りくんでいるので、簡単に箇条がきのようにしてあげることはできにくいのですが、わたしにとって、この婦人会のようすのなかには、たいへんうれしいことと、かなしいことが入りみだれてはいっていました。うれしいのは、農村の婦人たちが、ともかくも、共同で事をやろうと、ひとつの議事をきめ、そのことを実行にうつしているということです。

かなしいのは、大多数が、自分たちのはっきりした考えをもっていないということ、もっていれば、それを主張する気もちのよわいことです。それは、手をあげる時に、幹事のほうを見て手をあげる人は少なく、みんなまわりを見ながら、そろそろ、あげてゆき、それで「大多数」になってしまったことからでもうかがわれます。

そして、何よりもわたしを胸苦しくさせたのは、この農村の母親やこどもたちのしていることは、たいていの日本人が、立場をかえてやっていることではないかということでした。学校の先生たちが、教職員会議で発言する時の気もちはどうか、発言しないでしまう時の気もちはどうか、会社員が課長に対する時の気もちはどうか、日本の政治家が、外国の政治家にあう時はどうか。

「ちょっと待ってください。いまのところがわたしにはわからなかったのですが、もう少しよく説明してください。」とか、「自分にはうなずけないから、もうちょっと考えさせてください。」とか、わたしたちは、言わないですましてしまい、あとになって、たいへんこまることになっても、自分だけですむことなら、がまんをするし、いよいよがまんできないと、爆発的なけんかになることが多いようです。それは、わたし自身が、自分に聞いてみても、そうなるのだということがわかります。

それが、みんな、こどもの心に反映されて、こどもは小さいうちから、口をとざすことをおぼえます。

二、三年まえに、ある人と話していましたら、その人は、外国人は、はにかみを知らないから野蛮人だ、日本人のほうが、人間としてずっと上等だといいました。その後、わたしは、折りにふれて、その人のことばを思いだして考えていますが、わたしたちが、人まえで自分の意見をいう時にまず感じるしりごみは、はにかみでなく、ひっこみじあん、自信のなさではないかと思います。ここでわたしが自信というのは、何かたくさん物を知っていて、どこをつっこまれても返答にこまらないということではありません。役人を長年していると、そのようないみの手くだはできるでしょう。わたしのいうのは、わからないことはわからないということ、そういうことをいっても、人に笑われはしまいかと考えて自分を傷つけるということをしないですむ精神的な安定感です。この安心感をもった時に、人間は精神的にびっこになって、人にもたれかかったり、おんぶしたりしないですむように思うのですが、そういう状態に達するには、やはり相当な何ものかを、自分の内にもっていなければならないでしょう。

とすると、そういうものをもっていないおとなが、あすからもつようにしようと思っても、むずかしいことのようです。おとなはそうなろうとしたら、意識的にでも無意識的にでも、失敗をくり返しながら、こっけいにも思われながら、ものを言い、考えのやりとりをしていかなければなりません。そして、その結果について、自分で、あれは失敗だったな、あれはうまくいったなということの結果をつみ重ね、自分の判断をもつようにならなければなりません。

花嫁衣装の貸し賃で、賛成も反対も大多数になってしまう婦人会を傍聴して、わたしが胸苦しく感じたのは、そこに、その母親たちが考えようとする陣痛のようなものがはじまっているように見えたからです。そして、その母親たちが、人にかくれて、内証《ないしょ》で物をたべるのでなく、人前で物を食べ、語り合うようになった時に、はじめて幼いこどもたちのなかに、恐怖心なく生活する力が生まれるように思ったからです。

解題「日本人のはにかみ」

石井桃子（いしいももこ、一九〇七～二〇〇八）は、『クマのプーさん』『ピーターラビットのおはなし』等の翻訳者、『ノンちゃん雲に乗る』等の児童文学作家、「岩波少年文庫」「岩波の子どもの本」等の編集者として広く知られている。しかし石井の仕事は他に、評論家、読書運動家、女性同士の連帯を実践した（たとえば女性画家のプロデューサーの役割を果たした）功績も指摘されている（宮下美砂子「石井桃子と女性画家の協働関係　終戦から1960年代前半の活動を中心に」『千葉大学大学院人文社会科学研究科研究プロジェクト報告書』二〇一四年第二六八集、一三～

二八頁）。

本稿が発表された一九六〇年までの石井の経歴を振りかえろう。日本女子大学校英文学部在学中より菊池寛のもとで翻訳や雑誌の仕事に携わり、菊池の紹介により犬養毅家の書庫整理を担当する。一九三四年に山本有三の誘いで、新潮社「日本少国民文庫」の編集に従事。一九四〇年に石井の翻訳書『熊のプーさん』が岩波書店より刊行された。

出版のキャリアを積むいっぽう、一九四五年三月の東京大空襲を契機に疎開を決意し、八月より宮城県栗原郡鶯沢村で狩野ときわらと開墾を始め、数年後には地域の農業改革のリーダーとみなされるほどになる。一九四七年『ノンちゃん雲に乗る』が大地書房より刊行（一九五一年光文社でも刊行、ベストセラーになる）、印税他で乳牛を購入し酪農も開始。一九五一年に鶯沢酪農業協同組合を結成、私財を投じて、酪農家の利益を守る活動に携わった。このような石井の鶯沢での取り組みを、戦時協力への「贖罪」とみなす指摘もある（尾崎真理子『ひみつの王国　評伝石井桃子』二〇一四年、新潮社）。じっさい石井は大政翼賛会に関わり、日本少国民文化協会文学部会第六分科会（翻訳）に光吉夏弥らと所属していた。戦後、岩波書店の編集への復帰を勧められ、一九五〇年に「岩波少年文庫」を創刊。鶯沢と東京を往復しながら、一九五三年に「岩波の子どもの本」を光吉夏弥の協力を得て創刊し、これらは戦後の児童書出版の出発点となった。一九五六年から鶯沢小学校で本の読みきかせを始め、一九五八年には荻窪の自宅で子どものための図書室「かつら文庫」を開くという、読書運動であるとともに、子どもの反応を実際にみて出版に活かす試みが実践された。

このように農業と出版、宮城と東京という二重生活を送るなか、一九五四年より約一年、北米とヨーロッパへ留学した経験は、石井の視点をさらに複層化させた。本稿は、子どもと女性をとりまく「厳しい現実の改革者になろうとした」（尾崎前掲本）石井の草の根の活動からの眼差しに、外国からの視点を加えた「日本文化論」となっている。それは、当時のおもな日本文化論において殆ど顧みられなかった、農村の子どもと女性を仔細に観察して現状の課題と希望を鋭くあぶりだす点において、先駆的な論考たりえている。

〔佐野明子〕

Ⅱ　運動する大衆・動員される大衆

【アウトローの芸能史】

ごろつきの話　折口信夫

初出「民俗芸術」第一巻第八・九号、一九二八年八、九月号

一　ごろつきの意味

無頼漢《ゴロツキ》などといえば、社会の瘤《こぶ》のようなものとしか考えて居られぬ。だが、嘗《かつ》て、日本では此無頼漢が、社会の大なる要素をなした時代がある。のみならず、芸術の上の運動には、殊に大きな力を致したと見られるのである。

ごろつきの意味に就ては、二様に考えられている。雷がごろごろ鳴るように威嚇して歩くからだともいうが、事実はそうでなく、石塊がごろごろしているような生活をしている者、という意味だと思う。徳川時代には、無宿者・無職者・無職渡世などいう言葉で表されているが、最早其頃になっては、大体表面から消えてしもうたと言えるのである。

ごろつきが発生したには長い歴史があるが、其は略する。此が追々に目立って来たのは、まず、鎌倉の中期と思う。そして、其末頃になると、此やり方をまねる者も現れて来た。かくて、室町を経て、戦国時代が彼等の最跳梁した時代で、次で織田・豊臣の時代になるのだが、其中には随分破格の出世をしたものもあった。

今日の大名華族の中には、其身元を洗うて見ると、此頃のごろつきから出世しているものが尠《すくな》くない。彼等には、そうした機会が幾らもあったのだ。此機会をとり逃し、それより遅れたものは、遂に、徳川三百年間を失意に送らねばならなかったのであった。

二　巡遊団体の混同

先《まず》、彼等は、どんな動き方をして現れて来たかを述べよう。

日本には、古く「うかれ人」の団体があった事を、私は他の機会に述べている。異郷の信仰と、異風の芸術（歌舞と偶人劇）とを持って、各地を浮浪した団体で、後には、海路・陸路の喉頸の地に定住する様にもなり、女人は、其等の芸能と売色とを表商売とするようになったのであったが、いつか彼等の間にほかいびとの混同を見るようになった。大和朝廷の統一事業と共に、失職した村の神人たち、或は、租税を恐れて、自ら亡命したものなどがあって、山林に逃げ込み、地方を巡遊したりしたものがあったからだ。

一方、うかれ人の方も、漸次生活が変化して行ったが、何と言っても、彼等は奴隷としての待遇しか受けることが出来なかった。

こうして、此二者は早くから歩み寄っていたのであったが、更に、平安朝の末に至ると、愈其等のものが混同し、同化するようになった。行基門徒の乞食・陰陽師・唱門師・修験者など、そうした巡遊者が続出したからであるが、尚、それの一つの大きな原因は、貴族の勢力が失墜すると同時に、社寺の勢力も亦衰頽を来した為、其等の社寺に隷属していた奴隷たちが、自由解放を行うた事である。其等の社寺には、神人《ジンニン》・童子などと称し、社の祭事・寺の法会などに各種の演芸を行ったものが居ったが、彼等は生活の不安を感じ出した事によって、其等の社寺を離れ、各自属した処の社寺の信仰と、社寺在来の芸能とを持って、果なき流浪の旅に上る様なことになった。彼等は、山伏し・唱門師の態《てい》をとって巡遊したのであった。在来の浮浪団体に混同したのは、当然のことである。

更に、此頃になって目立って来た、もう一つの浮浪者があった。諸方の豪族の家々の子弟のうち、総領の土地を貰うことの出来なかったもの、乃至《ないし》は、戦争に負けて土地を奪われたものなどが、諸国に新しい土地を求めようとして、彷徨した。此が又、前の浮浪団体に混同した。道中の便宜を得る為に、彼等の群に投じたというようなことがあったのだ。後世の「武士」は、実は宛て字である。「ぶし」の語原はこれらの野ぶし・山ぶしにあるらしい。又、前の浮浪者とても、元来が、喰わんが為の毛坊主商売なのであって見れば、利を見て、商売替えをするには、何の躊躇もなかった。

（中略）

四　治外法権下の悪業

昔から、宗教の方面には、政治の手が届かなかった。其には理由があるので、言わず語らずの掟があって、彼等は全く政治家の権力以外を行った。江戸時代になってからも、寺社奉行などはあったが、山伏しの取締りには、随分幕府も困った様である。駈落者・無宿者・亡命の徒などが彼等の中へ飛び込めば、政治家も、其をどうする事も出来なかった。こんな事は以前からもあった。だから、武力を失うたものが、逃避の手段として、山伏しになったなどというのが少くない。前に述べた様な理由（＊）と、二重の理由によって、易々と生活して行けたからである。

更に、彼等は後々までも、殊に徳川初期に於て諸大名たちを弱らせた事実に就ても、考えて置かねばならぬ。彼等が大名たちを弱らせたには、弱らせるだけの理由があったと見られる。諸大名が出世をしたには、皆彼等の手を借りている。彼等は、戦国の当時には、殆ど庸兵として、諸国の豪族に腕貸しをしている。後に大名になったもので、彼等の助力を受けていないものは殆ど一人もない、と言うてよかろう。又、彼等の中から出世したものもある。上州徳川の所領を失うたという徳阿弥父子が、三河の山間松平に入り婿となる迄の間は、遊行派の念仏聖《ひじり》として、諸方を流離したのであった。江戸時代になって、虚無僧《こむそう》は幕府から朱印を貰うたというが、其には、訣《わけ》があったのだと考えられる。

かかる事情があった為に、彼等は後々までも我儘をし、大名たちも、其を抑える事が困難だったのである。それには、彼等が法力を持っていたことも関係していたと思われる。九州彦山の山伏しが虐殺されたことがある。如上の理由があって、あまりに彼等の我儘が募り、悪業が高じた為だと思われる。

五　祝言職としての一面

彼等はそうした法力を示していたが、山伏しの為事《しごと》は、其だけではなかった。常には、舞いや踊りや歌をやった。彼等は、前にも言うたように、山奥に根拠を据えていた。私は幾度か三河の山奥へ行ったが、参・遠・信の三国に跨《またが》り、方五六里に亘って、そうした山伏し村が多い。勿論、今は山伏しの影を止めているに過ぎない。私たちが見学に行ったのは、既に「翁の発生」で述べて置いたように、其等の村に「花まつり」と称する初春の行事があったからである。花まつりは、一口にいえば、其年の稲の花がよく咲く様にと祝《コトホ》ぎする初春の行事なのだが、其態は舞踊であって、なかなか発達している。

何故、こんな山奥に、こんな舞踊が発達したか。其は決して偶然ではなかったと考えられる。即、戦国の末に、彼等が勢力を貸した豪族の家々が、其後栄えたからである。歴史の表面では、彼等がどれだけの事をしているか、殆ど記されていないが、断片的の記録はある。三河には徳川氏と関係ある地方に居った者が多くいて、徳川氏が栄えて後、擁護を受けたからである。

彼等は、戦争に際しては、其等の家々に勢力を貸したのであったが、また初春には恒例として、其等の家々、即、檀那の家へ出て来ては、祝福をして行ったのである。ほかい人としての、昔の記憶を忘れなかったのである。

由来、日本の戦争には、法力の戦争が栄えた。旗・差し物なども、それから生れたものである。此には長い歴史があるが、其は略する。ともかくも、彼等が戦争に勢力を貸したというのは、法力で戦争を勝たせるのが主であり、本筋のものだったのである。

(中略)

八　一二の例

押し借り強盗は武士の慣いとは、後々までも残った言葉であるが、当時は、実際にそうしたものが、諸民の部落を荒して廻ったので、山伏しも、陰陽師となって、諸国に神道の祈りをして歩き、一方には、舞踊や唱歌をもした。其に交った浪人者があり、其間に発達したらっぱ・すっぱもあり、荒すこと専門のらっぱ・すっぱがあり、一方、海道筋をうろつくがんどう連がある、と言うた訣であった。

らっぱの専門は、庸兵となって、諸国の豪族に腕貸しをする事であった。そして其処の臣となり、或は、即《っ》かず離れずの態度で、其保護をうける。其中に、其主家にとって替ったなどと言うのもあった。

相模の後北条早雲の出身は確かでない。伊勢関氏の分れだと言うが、同時に、其はらっぱという事になろうかと思われる。探りを入れて見ると、叡山・山王の信仰を伝えて歩いた山伏し、或は唱門師とも見られるので、戦国の頃、段々、東に出て来て、庸兵となって歩いたらしい。妹が今川氏の妾（或は側室ともいうが）になっていたので、今川氏に頼り、それから段々、勢力を得た様にも言われているが、怪しいものである。妹を今川氏に入れるなどと言うことは、後にも出来ることであり、殊に、彼等が豪族にとり入ったには、男色・女色を以てしたのが、一の手段でもあったのだ。

ともかくも、祖先伊勢新九郎の出身は、宇治の山奥、田原であって、其家は穴太《アナホ》であったらしくもある。此が伊勢の関まで出ていたのであろう。彼が最初に連れて出た家来と言うのは、十人足らずであったが、いずれも宇治地名を帯びた名を持っている。早雲は、後に追々と勢力を得て、遂に、小田原に根拠を据えるようになったが、最初は、山伏しとなり、庸兵となりして歩いたものだと思われる。

更に、古い例としては、小早川氏もそうのようである。「小」という字の付くのは、嫡流に対する小流（妾腹）の意で、小田原在に早川という所があるが、土肥実平の分れであって、山伏し系統の巡遊者となったものだと考えられる。

これらは古い例であるが、近世には頗《すこぶる》多い。併し、あまり名前を挙げて行くことは遠慮しよう。

（中略）

一〇　人入れ稼業の創始

徳川氏の方でも、天下をとって、納まると同時に、先、困ったのは、彼等らっぱ・すっぱの連衆の処置であった。此までは、助力を得たのであったが、関个原《せきがはら》・冬・夏の戦いで、彼等には手を焼いている。其が多勢の子分を連れてやってくる。而も、彼等は法力を持っている。ひと先、整理をつけなければならぬ時が来たのであったが、其処置には、全く困惑したようであった。

こうして彼等のうち、織田・豊臣の時代までに、しっかりとした擁護者を得て、落ちつく事が出来なかった者は、再、落ちつく機会を失って了うたのであった。

それでも、村落にしっかりとした基礎を持っていたものは、まだよかった。即、彼等は、そこへ帰って、郷士となった。

又、彼等の中には、早く江戸を棄て、宗教の名を借りて、悪事を働いた高野聖の様なものもある。其後も、永く旅人を困らせたごまの灰は、高野聖の一種であった。高野でも、此には困ったので、非事吏などと、意味もないような名をさえ出したほどである。

彼等の中、最、困ったのは、江戸や大阪・堺などに未練を持った連衆で、何と子分の始末をすべきか、其が大きな問題であった。そこで、彼等は、其子分たちを、諸大名の家へ売りつけることを考えた。人入れ稼業は、こうして始ったのである。そして、彼等は所謂侠客となった。親分・子分の関係は、前に述べた様に、農村の制度からとったものであるが、今日人口に膾炙している親分・子分は、此人入れ稼業から始ったと見ていい。有名な幡随院長兵衛の頃には、もうそんなことはなく、ほんとうの人入れ稼業になっていたのであろうが、古くは、其子分を大名の家に売りつけたのであった。

其を「奴《やっこ》」といった。奴の名は髪の格好から出たものと思われる。鬢《びん》を薄く、深く剃り込んだ其形が、当時ははいから風であったのだ。そして、其が江戸で流行を極める様になった。町奴の称が出来たのは、旗本奴が出来たからであって、もとは、かぶきものと言うた。旗本奴もかぶきもの・かぶき衆などいわれたのであった。併し、後には、此二者が交錯して、かぶきの中に奴が出る様なことにもなったのであった。

一一　かぶきとかぶき踊りと

かぶきと言う語が、文献に現れたのは古いが、直接後世と関係したのが見えて来るのは、室町時代からだと思う。乱暴する、狼藉する意に用いられたのだが、古い用語例らしい。此語の盛んに用いられた一つの中心は、桃山時代であった。当時は、事実此風が、盛んに行われもしたのであった。

阿国の念仏踊りを、かぶきと言う様になったのは、彼女には、いろいろな演芸種目があって、其一つに「かぶき踊り」と言うのがあったのだと思う。

当時の貴族・豪族たちは、何でも、異ったものに目を止めた。阿国も、そうして認められた一人だったのだ。彼女が京に出て来て、五条の橋詰め・北野の東などに舞台を構えた時に、此等の大名たちは、直に其に目を止めた。彼女が頭を擡《もた》げて来たのは、そうした擁護者を得る事が出来たからだったのである。

彼等の芸を、何故かぶきと言うたかと言えば、彼等の持っていた演芸種目の中に「いざやかぶかん、いざやかぶかん」と言うて踊る踊りがあって、其から名づけられたものだと思う。阿国の演芸では、阿国と名古屋山三《さんざ》との問答があり、それから「いざやかぶかん」になるので、此をかぶき踊りと言うたらしい。

（中略）

一五　幸若の影響

歌舞妓芝居では、元禄以後になってからでも、平気で舞台を歩く芸があった。若衆の出て来る芝居などにも、舞台を散歩している様なものがあった。奴をつれて「いい花じゃなあ」といった調子で、舞台を散歩しているのである。尤、此には、顔を見せるという事があった。此も見逃せない事の一つであるが、歌舞妓を散歩芸として眺めるのには、尚、他にも考うべき事があるので、譬《たと》えば、道行きには「舞い」の手ぶりがある。即、幸若が割り込んで来たからである。

元来、幸若の舞いぶりなるものは、地固めの舞い（即、反閇《ヘンバイ》）から生れたもので、足ぶみをして舞うものなのである。歌舞妓は、これから変化したものであって見れば、愈、散歩芸・足の芸とならざるを得なかったわけである。こういうわけで、散歩芸にも其起りがある。風流《ふりゅう》・六法・丹前・奴・寛濶――此等はいずれも皆歩く芸であったのである。

歌舞妓芝居はそれから生れたのだが、尚、此には、狼藉の所作振りと、人目を驚かす異風とがとり入れられた。勿論、此にも、理由はあるので、前にも言うた様に、かぶくとはあばれる事であった。かぶき者・かぶき衆とは、異風をしてあばれ廻った連衆のことである。後には、あぶれ者など言う語をさえ生む様になった程で、もともと彼等はごろつきだったのである。山三が、津山で切り死にをしたというのも、彼があばれ者だったからである。団十郎が、舞台で殺されたのにも、そうした関係があったのだと思う。荒事などと言うものが演じられたのも、決して偶然の発生ではなかったに相違ない。此乱暴狼藉は人形にまで影響した。即、金平ものの発生が其である。

（中略）

一八　美的な乱暴

以上述べて来た様に、歌舞伎芝居の起るまでには、従来考えられていたものの外に、こうしたあぶれ者・乱暴者の生活から発生していると言う事実があり、尚、直接の原因としては、幸若の舞太夫の扶持を離れたものが、民間に下ったと言うことがある。

そして、此二者が相寄って、美的な乱暴を創始した。美的とは言うても、其は美学的見地からのものではない。尤、中には「助六」の様な美しくて、力のあるものもある。殊に、当時の、そうした風潮を念頭に置いて此を見るならば、団十郎の此を作った気持ちは、容易に訣《わか》ると思うのである。

かように、かぶき・かぶくと言う語の、元の意味は、乱暴する・狼藉するということであったので、歌舞伎芝居はそれから生れたのであるが、もはや今日の歌舞伎には、そうした元の意味は、殆ど無くなって了うている。併し、今日でも、全然それが無くなってしまったとは、言われない。

譬えば、日本の芝居には、濡れ場・殺し場など言う、残虐な或は性欲的な場面が少くない。学者の中には、此は日本の国民性に合わない、不思議な挿入物だ、と言う様に見ている人もある。坪内・藤岡両博士の御意見も、そうの様であったと記憶するが、此なども、以上述べたような、これの発生・源流に就て考えて見るならば、一応の解釈はつくと思われる。

勿論、そうしたことは、時代の好尚、其他の事情によって、特に、病的に発達して行くこともある。

しかし、歌舞伎芝居にあっては、既に、其起りが、乱暴・異風——そして、それが性欲的であった——を採り入れた芸術なのであるから、そうしたこと——残虐的、或は、性欲的な場面——が、多分にあったとしても、其は、必しも、不思議とするには当らないのである。

（中略）

二一　結び

話が、かなり岐路に分れたと思うが、要するに、日本のごろつきには古い歴史がある。而して、鎌倉以後は、此が山伏しと結びつくようになって、著しく社会の表面に顔を出す様になった。法術を利用して、大名にとり入るようになったからである。

併し、彼等が根拠地としたのは山奥で、常には、舞いや踊りを職業とし、年の始めには、檀那の家々を祝福して廻りもしたので、其中には、山奥に残るものもあり、里に出て来たものもあり、里に出て来たものの中には、大名となり、また其臣下となったようなものもあったが、遂に、其機を逸したものは、徳川の初期に於て人入れ稼業を創始して、大名・旗本に対しても、横柄を振舞った。

歌舞妓芝居は、彼等の間に生れた芸術で、それには幸若舞が与《あずか》って、大きな力を致している。

歌舞妓芝居は、其後非常な発達をして、もはや、昔の俤《おもかげ》は止めぬほどになってしもうたが、それでも尚、此等の、発生当初のものとの関係は、全然、別れ切りにはならなかった。其間に纏綿たるもののあった事は考えなければならぬ。

尚、無頼の徒の芸術には、文学方面にも、言及すべきものがある。

日本の文学は、王朝時代に於ける女房の文学に始まり、次で隠者の文学が起り、此にごろつきの文学が提携し、此等のものの洗礼を受けて生れたのが、即、江戸時代の町人文学である。此等の点については、いずれ細論する日もあろう。茲《ここ》には無頼の徒の芸術として、歌舞妓芝居の発生を述べた。大体、其特色は尽した積りである。〔抄録〕

（＊）「彼等は行く先々の家々村々を祈って歩いた。彼等は、其で易々と糊口の道が得られたのであった。若し、其等の家々村々でよくしないと、彼等は祈りの代りに呪いをかけた。」（「三　野伏し・山伏し気質」）を指す。

解題「ごろつきの話」

折口信夫（おりくちしのぶ、一八八七〜一九五三）は日本文学や民俗学を専門とし、また釈迢空の号で短歌を詠んだ。民俗学者柳田国男に私淑し、その門弟を名乗ったものの、柳田とは方法論を異にし、存命中からその学問の違いが後学の派閥意識を助長した。折口は、文学史の問題を究明するのに、実証的方法に依存することには懐疑的であった。平安京の条坊を測定し、復元することはできても、そこに生きた人々の内面まで理解できない。それを理解するには彼らに共感しないといけない。そしてそれを伝えるには論文という形式ではなく、史劇で表現するのが最も適切だと考えた。学問と創作の融合を志向する在り方は『古代研究』（第一部民俗学篇第一冊　一九二九、第二冊　一九三〇、第二部国文学篇　一九二九）で示され、昭和の戦前期から戦後期にかけて影響を与えることになる。

本稿は一九二八年に行われた神奈川県図書館協会主催の文芸講演会での講演に基づく論考である。同年八月及び九月の雑誌「民俗芸術」にその口述筆記が掲載され、翌年、『古代研究』民俗学篇第二冊に収録された。

全体の構成は次の通りである。

一ごろつきの意味／二巡遊団体の混同／三野伏し・山伏し気質／四治外法権下の悪業／五祝言職としての一面／六にせ山伏しとの結合／七すり・すっぱ・らっぱ／八一二の例／九村落制度から生れた親分・子分／一〇人入れ稼業の創始（以上、八月号）／一一かぶきとかぶき踊りと／一二幇間の前駆／一三異風・乱暴の興味／一四歩く芸／一五幸若の影響／一六遊女を太夫と言うた訣／一七八文字は女六法／一八美的な乱暴／一九「士道」と「武士道」と／二〇気分本位の生活／二一結び（以上、九月号）

本書では全二一章、一万三〇〇〇字あまりのうち、一、二、四、五、八、一〇、一一、一五、一八、二一の一〇章を抄録した。折口が本稿で問題としたのは、「ごろつき」と呼ばれる無頼の徒が社会的に意味のない存在ではなく、中世以降の芸能文化の発展に主導的な役割を果たし、今日、日本を代表する伝統芸能と呼ばれる歌舞伎の形成に大きな影響を与えた点である。そこで、導入部（一）問題点の提示と「ごろつき」の語義説明、（二）古代の「うかれ人」から「野ぶし」「山ぶし」への展開、（四）「山ぶし」の在りよう、（五）その芸能との関わり、（八）戦国期の「すり」「すっぱ」「らっぱ」の派生、（一〇）近世期の「すっぱ」「らっぱ」の変容と「かぶきもの」の出現、（一一）「かぶき」の原義、（一五）幸若太夫の歌舞伎への介入、（一八）歌舞伎が「あぶれ者」「乱暴者」の生活から発生したこと、結論部（二一）歌舞伎は「ごろつき」の間に生まれた芸術であり、それに幸若舞が大きく関わって形成されたという趣旨の部分を取り上げることにした。

さて、この論は資料的に裏付けられるのだろうか。本稿で取り上げられている「ごろつき」の生態はほとんど史料からは明らかにできないものである。社会の枠組みから逸脱したコミュニティを形成し、活動していた彼らは、自身で記録文書を残すことはしなかったし、為政者の側も同様である。史料がないから論じられない、したがって思考しないというのではなく、あえて史料で語られない領域に踏み込んで最も合理的な歴史叙述を試みる。文献なり聞書き資料なりを並べて、そこからおのずと読み取らせるのが柳田の論法であるとすれば、折口は論証できない人間の心理や歴史の暗部を浮かび上がらせる叙述を好んで行った。本稿は「ごろつき」というつかみどころのないアウトローに注目し、歌舞伎の成立過程を示そうとした大いなる仮説ということができるだろう。

〔伊藤慎吾〕

【アニメによる戦時動員】

漫画映画論　今村太平

初出「映画旬報」一九四二年七月一日号
（所収 今村太平の会監『今村太平映像評論9 戦争と映画』一九九一年、ゆまに書房）

1、漫画映画の役割

ウォルト・ディズニーの製作所では、最近、反枢軸宣伝の漫画映画を製作し、国内はちろん、南米その他の中立国でそれを上映しているそうである。また最近のニュースは、ミッキー・マウスやドナルド・ダックを通じて、国防公債や貯蓄奨励の宣伝を行っていると伝えている。ディズニー漫画が大東亜戦開始前、我国で得ていた人気を思うと、戦時におけるその政治的宣伝力はまことに軽視できないものがある。このことは、イタリー政府が、ディズニー漫画の影響力、ことに子供に対する影響力を憂慮して、早くから国内での上映を禁止したという事実にすでに見られた。

最近まで世界で一番人気のあった俳優は、絵に画かれた鼠のミッキーや家鴨《あひる》のドナルドで、彼等に比べたらチャーリイ・チアップリンなぞも甚だ精彩のない存在となっていたことは事実である。漫画映画の観客層は最も広い。何故ならそれは子供も老人も押しなべて陶酔させるからである。性、年齢、教養、職業、国籍等のいかなる差別も超えて訴えるといふ点で、おそらく漫画映画に比適するような芸術は絶無である。「文化映画」をいやがる人はあるだろうが、漫画映画を嫌いという人はない。それは「文化映画」が説教するからではないのである。「文化映画」の最上のものに比べてさえ、はるかに漫画映画が有無をいわせず人を酔わせる力をもつのは、それが完全な綜合芸術であるためである。どんなに短くとも、その中にはすべての芸術で別々にしか得られないものが、同時にひとまとめに得られる如く含まれている。

　すなわち耳は音楽を聞き、目は絵を見る。そして絵は物語となり劇となり、また舞踊となる。それ故、僅々十分ぐらいの間にも、大衆はきわめて豊富な満足を得るのである。五官を堪能せしめられるからである。少くともこのようなことは、美事な綜合芸術になりえているディズニー漫画についていえることである。それだけにその影響力はおそるべきものがなければならぬ。私は数十年間、おそらく一度も映画を見たことのない田舎の八十を越えた老婆が、上京していきなりディズニー漫画を見、ただちにそれを彼女の生涯における最も面白い見聞であるといったことを思い出す。そこに出てくるものが彼女の理解しがたいアメリカ人の生活で、しかもそれが一たん動物の生活にまで変形されているにもかかわらず、彼女は何が面白かったかを充分了解することができた。このことはとりもなおさず漫画映画のおどろくべき民衆性と、そして国際性を物語るものと思う。

　漫画映画には、つねに感官を同時に満足させる綜合がある。わからない場面や言葉があっても、この綜合的な満足感は誰にも快い。せりふがわからぬ時でも、目は目のさめるような画面に見惚れ、耳は愉快な音楽を聞いている。頑是ない子供が驚異の目をみはり、引き入れられてしまうのもこのような五官の堪能のためである。このような同化力を、アメリカが戦時の強力な武器として使用するということはありうることであると同時に、またありえなくてはならぬことである。ディズニー漫画の曽《かつ》ての芸術としての優秀性は、ただちに思想宣伝戦における武器としての優秀性である。ここに秀れた芸術が最も強力な啓発宣伝の役割をする姿が見られる。

わが国がディズニー漫画ほどの漫画映画をもたぬということは、それだけ劣勢であることである。支那はむろん東亜共栄圏すべての大都市において、アメリカ漫画がつい最近まで最大の人気を以て上映されていたという事実を忘れてはならぬ。そしてわが日本映画界がこれにかわるものを国外はおろか国内に対してすら提供できぬということは日本映画の劣勢というより完全な無力といえる。いずれにせよここでなすべき仕事は相手の優秀性の研究である。果していかなる技術やいかなる機構が、漫画映画の如き強大なる大衆娯楽性を生み出しえたかということを。

2、漫画映画の製作方法

ディズニー漫画の成功は、絵の運動の基礎にはじめて写真の運動をおいた点にある。それは写真によって一度分解した運動を、絵に再構成するもので、従来の原始的な「動く絵」を、はじめて「動く写真」の絵画化たらしめたものである。このことはもちろん今迄の手工業的製作方法を、機械工業的大工場的製作方法に改めることなしには不可能であった。以前の漫画映画は、一人もしくは二人、多くても十人を出ない少人数で描かれていたが、ディズニー漫画となると千二百人もの分業によってつくられるのである。たった五分間だけうつる漫画映画が、七千もの絵画から成っている。この絵を描くのに三百人の美術家が活動するといわれている。

そして長編漫画「白雪姫と七人の小人」は、七百人の美術家の協力によって生れたといわれている。このような協同作業は、一人の画家が、彼のアトリエで描く場合と異り、全く工場的企業的形態をとる。一つの絵は数十百の分業に分れる。ある画家はミッキー・マウスの手だけ、ある画家は足だけ、他の画家はその顔だけを描く。背景は背景で別の画家の仕事であり、彩色はまた主に女性の仕事としてのこされる。かかる細かい分業は、漫画映画の作画を、従来のあらゆる孤独でツンフト的な絵画製作の形式からひきはなす。それは絵画製作の大工場化、大集団化である。

それ故、漫画映画の製作にたずさわる一人一人の画家は、完全な意味では絵を画いているといえない。彼等が描いているものは絵の断片であって、一つの完全な絵ではない。どの一つも、描かれた時のままではまだその映画の絵になっていない。それらのすべてを組合せた時、はじめてそれは絵画になる。このことは、ディズニー漫画がマルティプレーン撮影機を使用することによって一層強められている。マルティプレーン・キャメラは、数枚のガラス板に別々の絵をのせ、それをかさね、最上段から透視的に撮影するよう考案されたものである。

たとえば「村の水車」(old windmill)のファースト・シーンは、おそらくこのキャメラによって立体的に撮影された一例と思われる。すなわち一番遠くに水車がある。その手前には池があり、その中を家鴨が泳いでいる。そして一番手近に蜘蛛の巣が張られ、それに露が下りてピカリピカリ輝いている。それ故観客は、この蜘蛛の網を透して池や水車を眺めることになるのである。この場合、この三つの対象は一つの平面に描かれた絵でなく、三つの平面に描かれた別々の絵であると思われる。それを三枚のガラス板の上において、マルティプレーン・キャメラで実際に立体的に撮影したものであると思われる。こうなると漫画映画の絵は、従来の平面的な絵画からますます離れ去ることになる。風車は一つの絵であるが、しかし漫画映画にとっては、それは完全な絵ではない。それは一場面の断片にすぎないのだ。これが完全な絵になるには、マルティプレーン・キャメラを通して他の跡片的な絵と結合されねばならぬ。すなわち、漫画映画の絵は、肉眼で見た絵ではなく、つねにカメラを通して見た絵であるという点でまた従来の絵とは異らねばならぬ。肉眼で見た絵は、漫画映画にとっては、たんに場面の材料たるにすぎない。

さらに、これらの絵の基礎に写真があることを考えると、それはますます絵にして絵ならざるものとなるのである。プラトーやドナルドの絵は、おそらく飼犬や家鴨の生態写真を模写することから得られたものと思われる。事実ディズニー製作所では、種々の動物を飼育しているそうである。ディズニー漫画の空想が人を打つのは、なによりもこれらの写真観察から生れた真実感のためと考えられる。プラトーが鼻を地面にすりつけて這うとか家鴨が尻を振って抗議するといった動作の迫真性はみな写真なしには生じないものである。さまざまの変形にもかかわらず、その動きはほんものの運動に本質的に一致しているという印象をあたえる。かかる一致の媒介をなすものは、映画キャメラである。映画キャメラのとらえた運動が、絵に書き直されるのでなければそれはおそらく不可能である。

酔った鼠のすることとは、それが人間の酩酊ぶりを一たん写真で分解して描いたものであるということをすぐ感ぜしめる。頭をグワンとやられたグーフィー（犬）がフラフラする絵はあまりに鮮かに人間的である。これらの動物があまりに人間らしいことをするのにおどろく前に、人間のすることがそっくりそのまま絵になっていることに、われわれはおどろかねばならぬ。どうして、かくも正確に、それは人間の動作を絵で再現しえたか。それは、簡単である。どんな早い動作も、フィルムが記録するからである。これを利用して、ディズニーは、絵で、スターのさまざまのイミテーションを描いている。たとえば「森の朝」に出てくるハルポ・マルクスの両手をひろげた美事な駈けっぷりは、おそらくマルクス四兄弟の喜劇映画のフィルムが手本になっていたものと思われる。「白雪姫」の中の最も注目すべき性格はドペイという小人だそうであるが、この小人はニューヨーク・タイムスの批評によると、チャップリンやハルポやその他これまでの銀幕のいろんな喜劇役者のコンデンスだということである。この事実もこれらの喜劇役者の特徴的な動作を観察することなしには不可能であって、おそらく種々の喜劇映画フィルムが観察されたにちがいないことを暗示するものである。

別のニュースは、ディズニー映画の製作所に、舞踊の振附師のような人間がいて、これが画家の前でいろんな演技をして見せるということ、そして彼等だけ出演した映画が製作されているということを報じたことがあった。

映画がつねにまず事物の写真であることを認めるものは、漫画映画が映画芸術の一ジァンルたるかぎり、この原則からはなれることはないということも疑わぬであらう。してみると、漫画映画の絵はその方法、性質共に在来の絵とはあまりに異るものである。なによりもそれは写真に依存し、写真撮影から誕生する。漫画映画の画家たちは、まず物の運動を写真フィルムで分解することからはじめるという点で、忠実に映画の元祖であるマイブリッヂ博士やマーレエ博士の道を辿っていることになる。漫画映画は、写真と結合した新らしい絵であって写真の反映した実在の運動の合法則性を忠実に反映しなければならぬ。それでなければ、漫画映画の空想はたんなる「嘘」に堕してしまう。しかし、芸術上の空想はたんなる「嘘」や、たんなる現実無視ではない。いやむしろ、それは現実の忠実なる反映でなくてはならない。ディズニー漫画が、人間の生活の細部、たとえば食卓の一隅を描くことによっておどろかす如きがそれである。生活がよく眺められ描かれているほど空想はその輝きをましてくる。ミッキーが犬のプラトーに頬ずりするさまの如きあらゆる子供がすることの再現であって、最もありふれたことが意外な形で、すなわちここでは鼠のすることとして見せられるからおどろくのである。しかし、このおどろきは一方がきわめて現実的でなければ生れない。きわめて現実的なことをきわめて非現実的に表現するのが、芸術的な空想であるが、しかしあらゆる非現実を語る前に、作者はまずあらゆる現実に通暁していなければならないのである。その意味で、すぐれたファンタジストは、まずリアリストである。

3、日本漫画映画の製作

日本の漫画映画は、その絵が普通の絵のように一人の画家の手で画かれている。そして写真の観察がないから、その動作は出たら目である。蛙も家鴨も純然たる想像の産物故、蛙でも家鴨でもなく、さりとて人間でもないものになる。いかなるものでもないから、そこに生命の躍動がないのだ。すべての生命は夫々《それぞれ》唯一無二の個性を有する。蛙は蛙以外の何ものともちがう動きを有し、家鴨はそれ個有の動作しかしない。また蛙の形をした人間を示すならば、他のいかなるものとも異るところの人個有の動作を写さねばならぬ。生命の本質であるかかる個性が摑まれていないから、日本漫画はつねに空虚である。構想の貧弱、音楽性の皆無、彩色の脱落等も魅力の大半を失わせる理由であるが、なによりも個々の動きに生命のないことが、一切の魅力をなくなす原因である。これを改めることは、要するに日本漫画映画の手工業的個人的製作方法を機械工業的集団的製作方法にかえることなのである。

ディズニー漫画は、五十一エーカーの土地に建てられた極度に現代的な十四個のビルディングをもつ製作所から生み出される。そこでは千人以上の人が働いており、一年間の給料は三百万ドルに及ぶといわれている。そして「白雪姫」一本のために百七十万ドルも支出されている。これらの数字は、わが国の劇映画製作の場合に比べてさえもはるかに巨大である。だからわれわれは、日本漫画にいきなりこれだけの数字が必要だとはいわない。ディズニー漫画でさえそれまでになるには十三年もかかっている。映画の歴史五十年の中で十三年とは長い月日である。そしてディズニーの過した十三年は、欧州大戦の犠牲においてアメリカが盛大たりえた平和な年月であった。

これに対して、日本漫画映画は、国をあげて戦っている時に、その揺籃《ようらん》期を過しつつある。このような時期に、安閑と十三年を待つことはもちろんゆるされぬ。戦時の一月は平和の一年かも知れず、平和の一年は戦時の十年かも知れぬ。それ故、今すぐマルティプレーン・キャメラはできないとしても、漫画映画の製作方法を変えて行くことはできなくはない。千人の人員を集めえずとも、十人を二十人、二十人を五十人にし、それをより細密なる分業制度に組織して行くことは充分可能なことである。そして、描くべき対象を写真によってよく観察するとか、モデルを使うとか、構想を集団的に練るとかいうことは今すぐにもやれることである。とにかく、こうしてすべての手工業的個人的製作方法を機械工業的分業的製作法に変えて行く方向を目ざさなければならないのである。

それは要するに、経費の増大ということであり、大資本の必要ということである。一度写真に撮って描くとなれば、フィルムは二重に要ることになるし、多くのモデル使わねばならず、かつ彼等の訓練養成ということも考えねばならぬ。二十人三十人五十人の分業となると、それだけ給料も増加する。彩色のための特別な設備と人員、漫画映画のための音楽スタッフや特別施設もほしい。そして当分の間は、これらの設備や人員のあげる成果が実験的なものであって、成功よりも失敗の多いことが考えられてよい。このように困難な漫画映画の製作を、資材欠乏の今日、民間企業家が企業化すということはおそらくないであろう。ディズニー漫画でさえ、銀行は容易に融資しなかったといわれている。ましてディズニーの如き熱心な天才のいない我国では、漫画映画製作の自然発生をまっていたら、いつのことになるかわからない話だ。

文部省は最近漫画映画の児童教育における重要性を認め、そのシナリオを募り、依嘱製作まではじめたけれども、それが従来の手工業的方法に依存するかぎり飛躍的な進歩はのぞめないといえる。「蛙の剣法」よりは「あひる陸戦隊」が、「あひる陸戦隊」よりは「アリチャン」が進歩しているといっても、その進歩が「村の水車」や「子供の夢」に対抗できるようになるだろうとは思えない。日本漫画とディズニー漫画の間には本質的な相違があるので、この相違を認めるなら、日本漫画映画製作機構の改革は不可避なのである。現在漫画映画の製作は、芸術映画社と横浜シネマにある程度で、漫画映画の作画家も内務省の築紫義男氏によると「ほんの二三人しかいない」（「映画旬報」昭和十七年七月二十一日号）という状態である。文部省の三橋逢吉氏は「漫画を以て国内の少国民だけでなく、東亜共栄圏の各民族に対して啓蒙宣伝するということは非常に結構です」（前掲誌）といっているが、漫画映画の教化的娯楽的重要性は、識者の充分認めているところである。

それ故、映画新体制で「劇映画」「文化映画」の製作会社が合同した機会に、官民協同の一大漫画映画製作所をつくるべきである。そしてここで、日本漫画映画製作のための種々の研究が行われねばならぬ。そして漫画の絵も、我国古来の伝統的な描法の上に立たねばならぬ。ことに毛筆を使用した描写の如き、日本漫画映画に独自な芸術性を附与することと思われる。日本的描法においても、日本的構想においても、鳥羽僧正の「鳥獣戯画」以来、無数の先蹤《せんしょう》がある。「餓鬼草紙」や「信貴山縁起絵巻」や「異形住吉祭絵巻」に見られるような着想は、数百年前の日本の芸術家たちが、あえてウォルト・ディズニーにひけをとらぬ天才的な空想家であったことを証明してあまりがある。なによりも日本において世界に類例なき絵巻物の形式が完成されていたという事実、それは日本人が絵による物語の展開に独特の才能を有することを示すもので、このことは新らしい絵物語である漫画映画の製作に多大の期待を抱かしめるものである。

また我国独自の彩色法や音楽の研究も行われなければならぬ。シリー・シンフォニーの色彩が美しいといっても、それは日本の色ではない。日本の山野、日本の鳥獣をスクリーンに描くテクニカラーは、われわれ自ら考案しなければならない。これまた古来の絵巻、障屏画、衣服などにみられる彩色法、絵具、技巧、色彩、感覚等の研究によってはじめて可能である。

音楽もまた西洋管絃楽やジャズのたんなる模倣追随であってはならず、多くの民謡その他の楽曲の韻律、旋律の技巧がしらべられねばならない。なるほど日本音楽は原始的である。しかしこの原始的な音楽を無視してわれわれの音楽はないのである。ディズニー漫画のあらゆる音楽は、複雑なシンフォニー・オーケストラの否定であって、一種の音楽の原始化であるが、それが西洋音楽にとって驚異的であるほど、日本漫画が使用せざるを得ない日本の原始的な音楽は新らしい意義をもつことになる。そして東亜共栄圏は、かかる原始音楽の宝庫であって、これを新らしい近代音楽の素材として用いる使命は日本の音楽家の肩にかかっている。日本漫画映画の音楽も、当然これらの原始音楽を利用しなければならない。

漫画映画は、先に見た如く物の運動、とりわけ人間の動作の秀れた分析にまたねばならないが、この点でも能や歌舞伎や人形浄瑠璃は、模範的である。演劇の伝統が、これほども人の動作の分析であったことは他に類例のないことである。歌舞伎役者や文楽人形が、しきりに首を振り、目を見張り、眉を上下に動かし、女が泣く時に肩をふるわすなぞは、みな日本人の動作の分析と、そのスタイル化である。かかるスタイル化の技巧がいかに秀れているかを示したものが、能であり歌舞伎であり人形浄瑠璃であるといわれている。この事実もまた、日本漫画映画の貴重な土台になるものと思う。

これらすべてのわが芸術の伝統の綜合的研究なしには、それが完全な綜合芸術である漫画映画を発展させることができない。かかる研究と平行して、もちろん撮影録音彩色法の技術科学的研究もなされなければならないけれども、これらの研究は、漫画映画製作という一つの目的にそった系統的なものでなくてはならぬ。

このような研究機関と、機械工業化された製作所を設けることなしには今の日本漫画の飛躍的な発展はまず不可能である。中国においてさえ長編漫画が製作されだしたほど、漫画映画に対する民衆の欲求は強い。つねに子供がそれにひきつけられるように、共栄圏のおくれた種族ほど漫画映画を愛好するにちがいなく、しかも南方の民族が音楽を愛好することは、われわれの想像以上であるらしい。漫画映画は一種の音楽映画でもある故、それは彼等を一層ひきつけるにちがいあるまい。したがって秀れた漫画映画の製作輸出は、秀れた政治でもあるということになる。

解題「漫画映画論」

今村太平（いまむらたいへい、一九一一〜一九八六）は、日本初のアニメーション論『漫画映画論』（第一藝文社、一九四一年）の著者として知られている。今村は医者であった父親が急逝して大分中学を中退し、上京して独学でマルクス主義を学び、一九三二年の大森事件のさいに逮捕された。釈放後、映画評論家を志す。今村の映画評論の特徴は、記録映画と漫画映画を重視し、映画を社会的な視野で捉えつつ、音楽、絵画、演劇などの総合芸術として論じた点にある。映画の独自性はカメラによる写真記録にあるとみなし、記録映画論を展開させながら、同時に、ディズニーなどの漫画映画のなかにも写真記録をもとにした表現を見出す手際は、他の映画評論と一線を画すものであった。

今村への各界からの反響をみていきたい。岩崎昶《あきら》は「「漫画映画論」は、ひとくちにいうと、世界的な名著である。類のない独創的な本である」と推薦した（岩崎昶「漫画映画論　推薦のことば」、今村太平『漫画映画論』一九四八年、真善美社）。鶴見俊輔は「同時代のアメリカ人の漫画映画論によっておきかえることのできない独創性をもっている」と『漫画映画論』を評価し、今村を思想の科学研究会に招き入れた（鶴見俊輔「『漫画映画論』解説」、『今村太平映像評論5　漫画映画論』一九九一年、ゆまに書房）。しかし今村は岩崎昶や佐々木基一らと「記録映画論争」を繰り広げ、一九六〇年代半ばで映画ジャーナリズムから離れてしまう。しかし一九九一年には『今村太平映像評論』全一〇巻がゆまに書房から刊行され、今村の再評価は確立された。

　高畑勲監督が『漫画映画論』を読んでアニメーション制作を志したというエピソードがあるように、今村は制作側にも影響を与えた。たとえば『漫画映画論』は、ディズニー的な記号的キャラクターと記録映画的リアリズムが共存する『桃太郎　海の神兵』（瀬尾光世、一九四五年）の理論的基盤となった。さらに今村は本稿で主張している、ディズニーのような質の高いアニメーションを戦時プロパガンダ映画として活用する必要性を、軍部や文部省に実際に説いてもいた（大塚英志、ひらりん『まんがでわかるまんがの歴史』二〇一七年、ＫＡＤＯＫＡＷＡ）。

　本稿は『漫画映画論』の一年後に発表された、同タイトルの論考だが、「ディズニー漫画の曽ての芸術としての優秀性は、ただちに思想宣伝戦における武器としての優秀性である」という言葉に集約されるように、戦時下におけるアニメーションの戦時プロパガンダ利用について如実に語るものとなっている。続く「秀れた芸術が最も強力な啓発宣伝の役割をする」というくだりは、芸術文化が戦時に限らず、今日の政治や宗教等においても効果を発揮しうることが指摘されており、今日的な意義を有してもいる。また「3、日本漫画映画の製作」において、絵巻物や「我国独自の彩色法や音楽」など、日本の「伝統」との接続を提言している点にも注意したい。近年のクールジャパン政策において伝統との接続を強調する言説が散見されるが、それはあらゆる資源を「動員」のために活用しようとした戦時と共通するものでもある。そして、当時の日本はアニメーション制作では後発であり、技術面が問題視され（なお初出のタイトルは「漫画映画の諸問題」であった）、ディズニーなど外国作品を研究し吸収していた状況も示されており、本書の加藤周一「日本文化の雑種性」と関連している。併読をお勧めしたい。

〔佐野明子〕

【教養としての「国民的感情」】

判官贔屓考——中世小説を中心として——　市古貞次

初出「国語と国文学」一九四五年六・七月合併号
（所収『中世小説とその周辺』一九八一年、東京大学出版会）

一

世や花に判官贔屓《ほうがんひいき》春の風　作者不知

貞門の俳人松江重頼が寛永十五年編纂した「毛吹草《けふきぐさ》」巻第五にみえる句である。いうまでもなく、判官は検非違使尉の唐名で、その職にあった源義経をさし、一句の意味は美しい桜花が心なき春風にはかなく吹き散らされるのを、ちょうど不遇の英雄義経に贔屓し同情を寄せるのと同様な気持を以て、世人挙《こぞ》って愛惜したというのであろう。また延宝五年板「西鶴大句数《おおくかず》」第二、賦兄何俳諧にも、

定舞台つらみせ時もめぐりきて
その前髪を判官贔屓
連理の枝安宅の松の鷺鴉

とあって、判官贔屓なる俗語が俳諧にしばしば採用せられたことを示しているが、単に文学用語としてのみ

ならず、近世初頭には巷間に流布して居たらしいことは、「毛吹草」巻第二に「世話付古語」と題して当時通行の俚諺《りげん》・金言・名句等を集載した中にも、「朱にまじはればあかくなる」「いわしのかしらもしんじんから」「九牛が一もう」「にくまれ子世にいづる」などの現代の我々にも耳近い語句と共に「はうぐはんひいき」を掲げているのによっても察せられる。降《くだ》って承応三年成、明暦二年板行の「世《せ》話《わ》尽《づくし》」にもこの語が見えるから、引続き近世中期へかけて生命を保っていたことが知られる。著者空願（皆虚）は、跋文によると土佐国円満寺の住侶であったというから、そうした辺鄙《へんぴ》な土地に於て編纂した書に掲げられているのは、かかる性質の述作が先行の類書を踏襲しつつ新語を増補していったという成立事情も考慮に加えねばならぬけれども、とにかく流布の範囲もかなり広かったことを証明するもののようである。そうして近松が、享保六年作「心中宵庚申《しんじゅうよいごうしん》」下之巻に於て、八百屋半兵衛をして母に、

御恩の母の気に入らぬ女房なれば。私がりべついたしてこそかう〳〵も立世間もたつ。所に此たび国本の留主の間に。八百屋半兵衛が母が嫁をにくんでしうとめざりにしたとさた有ては。まん〳〵千世めがわるいになされませ。はうぐはんびいきの世の中おまへの名ほか出ませぬ。母もあくみやうを立てわかい者の人中へつらが出されませうか。

と意見させて居る所からみると、判官贔屓は近世中期の一般人士の支持を得た感情であったように思われる。

この「判官贔屓」の語義・用例に関しては、「俚言集覧」をはじめとして、つとに諺語大辞典・言泉・元禄文学辞典・近松語彙等に記してあり、おおむね弱者に対する同情を表したものとされている。これは宵庚申の例などによって判断するとほぼ妥当な解釈といい得ようが、なおそれだけでは竭《つ》したとはいえないのであって、更に精到な見解を示されたのは藤村作《つくる》先生である。先生は御著書の中でしばしばこの語に論及して居られるが、特に『近世国文学序説』に於て精細に説明して居られるから、詳しくは同書を参照願いたい。

今は叙述の便宜上、簡要を得た『日本文学大辞典』の江戸時代文学の項に説かれた所を摘録するにとどめる。

> 判官贔屓は非凡人に対する崇拝尊敬と、不遇逆境に在るものに対する愛憐同情との合したもので、その同情は強力であつて、悪なる仇敵が非凡人を苦しめる場合に深まるものであるから、作者は武士町人の正義道徳を具体化した英雄偉人を主人公とし、又多くこれを不遇逆境に置いて、終に至つて始めてこれを救ひ、又強力なる悪の敵役なる人物を設けてゐる。

先生は近世文学を生んだ主要なる文学精神の一として、判官贔屓を挙げられたのであるが、同様な感情、思想はその前代に於て一般国民の間に牢固として存し、中世の小説戯曲の根柢に根づよく横たわっていたものであった。「判官贔屓」という言葉そのものも、未だ室町時代の文献にこれを見出すにいたらないけれども、京都贔屓というような成語が「結城戦場物語」に見えて居り、判官殿は当時既に義経の通り名であったことから察しても、或いは又寛永年間には前述の如く流布していた語であったことから推しても、必ず用いられて居たに相違ない。このような考えの下に、中世小説を中心として、いささか判官贔屓の滲透せる状態を顧みたいと思う。

二

判官贔屓なる成語のよって起った義経贔屓に就いて、まず記すこととする。一体、義経に対する敬仰・愛惜の念は、その歿後間もなく発生し、わが国民のそうした不遇なる英雄を敬愛してやまぬ性情に投じて、時を追うて強化・拡充せられていったもののように思われる。「平家物語」「源平盛衰記」等の作者がとった義経に対する描写は、その間の消息を語っているが、ややおくれて鎌倉末期乃至《ないし》は室町初期に成立したと推定せられる「義経記」（判官物語）は義経の一代記であると共に、それまでに成長しつつあった義経伝説の集大成とみるべきものであって、義経贔屓はここに遺憾なく伝えられているのである。周知の如く「義経記」十巻には、彼の幼少年時と平家討滅後の晩年期とが細叙せられて居って、彼の短い生涯に於ける最も華やかな平家追討の場面に就いては、殆ど記す所がない。これに関しては、その得意期は、先に出た「平家物語」「源平盛衰記」に尽されている故に省筆したのであろうとも、或いはこの間の事は史実に審《つまびら》かであって、伝説的発展の余地が少なかった為であろうとも考えられる。そうしてそれ故に義経伝説の集成という見地よりすれば、特筆すべき伝説が生じ得なかったのであるとの想像も可能であり、その他種々のすぐれた解釈が世に発表せられているのである。これらの諸家の見解はいずれも相応の存在価値をもつものであるが、私は特に「義経記」を生んだ根柢に判官贔屓の精神を認めることによって、この問題の解決を得られることを強調したいと思う。「義経記」は諸伝説の集成とはいうものの、もとある一人の作者によって整備し記述せられたことは文体や筋の運びなどから推して否定できまいと思われるのであり、決してばらばらな素材をそのまま糾合したものではない。従って作者が意識的にこの部分を略述したとどうしても考うべきであって、その理由としては前述の如き諸見解も与《あずか》っていようけれども、それらを超えて作者の、そうしてその後の補筆者若《も》しくは読者の、判官贔屓が然《しか》らしめたのだと私は信ずる。国民的英雄として深い憧憬を寄せるが、同時にその不遇・悲運に対しては同情してやまない——このような心情が、義経贔屓を齎《もたら》したものであるとすれば、得意期の義経は描かれても差支えはないと一応考えられはするが、その効果を一層大にするためには、義経贔屓を徹底的に満足させるためには、逆境に在る義経のみがどうしても描かれねばならなかったのである。

「義経記」の前半に於ては父の敵であり源氏の敵である平家を討とうと志す稚い御曹子の活躍ぶりがうつされている。そこには「世になし源氏」の苦難が描出されているが、それ以上に宿怨をはらそうとする意欲に燃えた義経があり、伸びんとする者の逞しさが汲みとられる。これを四季に喩えるならば春を迎えんとする晩冬の苦艱に相当しよう。明朗な、発刺とした気分が漂っており、愛すべく親しむべき一個の少年英雄がのびのびと表現されているのである。それに比すれば、功成り名遂げた後の後半の義経は盛夏をすぎた凋落の晩秋初冬にも喩うべきであろうか。気力に乏しく、前半の颯爽たる才智武勇は何処かに置き忘れられてしまい、暗い影にともすれば脅かされる。そうしてややもすれば柔弱なる貴公子然たる風貌を呈するのは、あまりにも甚だしい変化であって、現代の我々には奇異の感を与え、作者の性格描写の失敗を云々したくもなる程であるが、蓋《けだ》しそれは皮相の見であって、恐らく判官贔屓の当時の読者にとっては、何ら怪しむに足らなかったに相違ない。判官贔屓は必然的に主人公の理想化を図ってやまなかった。中世人の憧憬する理想の人物は、一面武勇無比にして才智にすぐれた武将であったが、その半面に於て平安時代の貴公子の面影をも拭い去ることができなかった。それは武家が公家にとって代り、新しい文芸が創造されつつもなお前代をあこがれ夢み、古い学問が踏襲せられた時代相とも相関連するものである。この矛盾した二個の理想的人物を作者は一人に兼ね備えさせようとした所に、破綻を生じたのであるが、そのような欠陥・失敗は判官贔屓を旨とする作者並びに読者にとっては、あえて意に介するに及ばぬことだったのである。

　贔屓には同情・愛憐の念を重要な要素として含むをつねとする。それ故、簡単には、弱者に対する同情ともいえる訳であるが、「義経記」にあっても前半には可憐な少年が登場しておのずから同情をかうのである。そうしてその失せた後半にあっては失意の英雄というのみではなお満足し切れないで、強豪といおうよりはむしろ弱々しげな涙脆い公卿然たる容姿を時には呈するにいたっているのである。かくて「義経記」十巻は、その長篇であるにもかかわらず主人公の全生涯の中、最も歴史的に重要な、最も生きがいのある中心部面を逸脱した畸形の伝記小説として構成されざるを得なかったのである。しかしそのような破綻のために、却って明暗対照の妙を示しつつ、読者を倦ませることなく判官贔屓にひきずっていった手際は高く評価されねばなるまい。

「義経記」の他にも中世に作成された彼に関する物語草紙・絵巻の類は少なくない。少年時代を扱った作として、「天狗の内裏」「浄瑠璃物語」（十二段草子）「秀衡入」「御曹子島渡り」「みなづる」「判官都話」（鬼一法眼）「山中常盤」（舞曲と同材）等があり、晩年もしくは死後の伝説に取材したものとして、「義経奥州落絵詞」「八島絵詞」（舞曲と同材か。大乗院寺社雑事記・実隆公記等に見える。また新群書類従舞曲部解題によれば「継信忠信記」と題する絵巻があった由である）「高館《たかだち》合戦絵巻」（舞曲と同材か）「奥州泰衡等被討伐絵」（「看聞御記《かんもんぎょき》」に見える）「相撲《さがみ》川《かわ》」等が数えられる。このように幾多の断片的な義経の物語が作られ読まれたことは、判官贔屓を証明するものであるが、更にその場面が「義経記」と同様に少年時若しくは末年に限られていたことは注目すべき現象である。「義経記」に就いて述べた諸点はここにも認められるべく、ひいては次節に述べる舞曲に関しても繰返されねばならない。

三

中世に行われた演劇・音曲として能と舞とがある。謡曲の中にいわゆる判官物が十数番残存することも、やはり義経贔屓を示していようが、舞曲に至っては一層その傾向が顕著である。今に詞章を伝存する舞曲の数はおよそ五十番に達するが、中に義経の少年期を描いた曲として、「笛之巻」「未来記」「鞍馬出」「烏帽子折」「山中常盤」があり、晩年に関するものとして、「腰越」「堀河夜討」「四国落」「静」「富樫」（「勧進帳」）「笈捜し」「八島」「岡山」「清重」「和泉が城」（「秀平」）「高館」「含状」があり、都合十七番を数え、全曲目の三割四分を占めている。（なお「八島」は源平の屋島合戦を描いた作で彼の得意期を扱った唯一のものであるが、しかし直接にこの合戦を描いているわけではなく、彼が頼朝に追われて再び秀衡の許に赴く途中、嗣信忠信の生家に於て弁慶が軍《いくさ》物語をする形をとって居り、義経の活躍よりはむしろ嗣信の壮絶なる最期を写す点に眼目がある。）

このような多数の判官物が当時の人々に如何に歓迎せられたかに就いては、日記記録類に散見する舞曲の上演に関する記載を資料として、『国語と国文学』昭和十二年七月号に述べたことがある。その後加え得た資料も若干あるが、それらを併せても、数字の上では殆ど変りがなく、結局当時の記録類に現れた舞曲演行回数の約四割を判官物が占めているのであって、以て世人に迎えられた状況の一斑を窺うべきであろう。かつ室町時代から江戸初期へかけて最も頻繁に行われた曲として、「大織冠」と並んで「烏帽子折」「高館」を挙げ得ることも注目に値する点である。鞍馬を出た牛若が金売吉次の従者となって奥州の秀衡の許に下る門出に当り、烏帽子を折らせ九郎義経と名乗ることをはじめ、青墓《おおはか》宿に於ける笛の演奏、夜盗熊坂長範《ちょうはん》等を退治するなど、弱年ながら音楽に秀で武勇才智に長け、不遇の中にも名門の気概を横溢させた御曹子の姿が生き生きと表された「烏帽子折」は、前半生に於ける最も華々しい局面を描いた傑作というべきである（「京太郎物語」に取材された有名な山路《さんろ》の草刈笛の挿話も聴衆に喜ばれたことであったろう）。また平家討滅の武功も報いられる所なく、再び奥州平泉に屏息するを余儀なくされた判官夫婦と従者（特に弁慶）等の壮烈な最期を述べた「高館」は判官贔屓の享受者、就中《なかんずく》戦国の武士達に最も深い感銘を与え、同情の涙を催さしめずにはおかなかったであろう。思えば快濶と悲痛、祝儀と哀悼、出発と終焉、憧憬と同情、このような明暗相対すべき点をもった二つの判官物が、共に当時の観客聴衆の好尚に投じた点に、判官贔屓の世相が端的に露呈されているといえよう。

四

己の尊敬する英雄の下に弱卒はないと考えたいのが人情のつねである。義経贔屓はかくしてその従者に対する贔屓となり、嗣信・忠信兄弟、鈴木兄弟や鷲尾三郎・常陸坊海尊など、馴染深い勇士の面々を徐々に作り上げていったのであったが、そうした中で特筆すべき人物にかの武蔵坊弁慶がある。弁慶法師の名は「吾妻鏡」の義経四国落の条にわずか四名の従者中の一人として掲げられ、「平家物語」「源平盛衰記」等にもその活躍は所々散見するけれども、自他共に許す判官随一の部下として登場したのは、けだし文献の示す所では「義経記」を以て嚆矢《こうし》とする。その全十巻の中、巻三の大部分は実に弁慶の生い立ちから義経に会うまでに費されているのである。従ってこの巻は義経伝中に弁慶伝が攙入《ざんにゅう》せられているかの如き感じを我々に与えるのであって、極めて唐突な奇異な感じを免れないが、それほどに弁慶の地位を重からしめんとした作者の意図を忖度すべきであろう。義経の第一の股肱として、彼を助け引立て苦難を分ち運命を共にした弁慶の出自は是非とも詳述したいという心理、いなそうでもしなければ我人ともに納まらなかったであろう心理に想到しなければなるまい。

　そうして弁慶が豪勇を発揮する「義経記」の後半、すなわち義経の晩年期に至るや、既述の如く義経は貴公子化して一種の偶像的存在にまで成りおおせているのは、弁慶が傍に控えて居たためでもあったといえよう。かくて判官贔屓の両面の中、一面をますます強化させて行こうとする国民の気持とも合致したものであったのである。

　このような「義経記」に於ける弁慶の急激なる出現・活躍は、江戸時代の一部の学者に疑いを懐かせ、弁慶を実在の人物にあらずとし、支那天台山の弁経なる僧を我国に移入したものだというような説を立てる考証家も現れたほどである。しかし彼の名は「吾妻鏡」などの史実に見えているから、その存在を疑うのはもとより非である。ただその伝説的成長には或いはそのような異国の弁経も参与したかも知れないし、その他様々の巨人伝説の要素が混入・発展していったに相違ないが、そうした現象の根基には他ならぬ民衆の判官贔屓が潜在したことを閑却してはならない。義経贔屓を効果的にし、義経を引立て大ならしめるためには、彼と対蹠《たいしょ》的な仇役、たとえば梶原等を必要とすると共に、また是非とも義経を助け守る智勇兼備の忠臣が存在せねばならなかった。そうすることによって、物語は単調をまぬかれ、読者聴衆の興味はいやが上にもそそられ、判官贔屓はますます昂められたわけである。弁慶はかかる意味での脇役として、一つにはその名前の怪異にして親しみやすいということもあって、国民から選ばれたのである。

「義経記」後半に於て、既に主君を凌ぐかの観を間々呈しないでもなかった弁慶は、舞曲の判官物に至って一層飛躍を遂げ、「四国落」「富樫」「高館」などの晩年期の諸曲に於ては、一曲の中心人物であり、主人公というべき地位を占めているが、巻三の弁慶伝とほぼ同材の物語が、吉野時代頃から室町時代に亙って読まれていたことも忘れてはならない。「弁慶物語」「じぞり弁慶」「橋弁慶」等がそれであって、「看聞御記」永享六年十一月六日条に史漢物語等と並記せられた「武蔵坊弁慶物語二巻」もまたその一種であったのであろう。そうしてこのような弁慶の物語が、義経贔屓の高まるに比例して、幾種かの作品を生み、かつ「義経記」にも重要な地位を与えられるに至ったと解すべきである。かくて我々からみれば不自然な、物語構成上の破綻ともなすべき巻三は、あるべくして挿入せられたとすべきであった。

弁慶の義経を思う気持は、時代を経るに随い、いよいよ強く深くなってゆくように感ぜられる。弁慶ほど義経のために身を捨てて顧みない者はない。彼の主君への献身的な態度は（それ故に後の「嵯峨物語」序などに若道関係を云々する文章も現れた）我々を感激させずにはいない。最も極まれる義経贔屓の男は実に弁慶であったのである。ということは、義経贔屓の国民の代表者として、義経に寄せる大衆の同情の凝結せるものとして、弁慶は登用され、拡充されていったとも考えてよいのではあるまいか。

五

これまでに私は判官贔屓の原拠であり、狭義の判官贔屓ともいうべき義経贔屓に関して、若干の考察を行ってきたつもりである。このような義経に対する贔屓と類似の心情はひろく判官贔屓の中に包括さるべきものである。いま義経を離れて、中世の作品群を展望する時、かかる感情を根柢にもった如何に多くの作品を発見することであろう。宏才博識を以て謳われた菅原道真の左遷を惜しむのは畢竟この心情の発露に他ならないのであって、中世に種々の天神縁起が絵巻物として製作され、「菅丞相」「天神」「天神御本地」等の草紙が流布したことも、かかる意味からも解釈さるべきである。「平家物語」の敦盛最後は笛の名手にして花の如き若武者が一の谷の水際に散るさまを鮮かに叙した好短篇であり、舞曲・謡曲にも取材されたほどであるが、これがそのように迎えられたのも、一つには判官贔屓の然らしめたものとしてよい。或いは義仲の遺子で頼朝の娘大姫と結婚した清水冠者義高の悲劇を描いた「清水冠者」「木曾義高物語」や「頼朝の最後」等が数本、世上に伝存し、謡曲にも採用されたのも、やはり同様な国民性によるものであった。

そうして特に武家の世界を背景とするいわゆるお家騒動物、若しくは復讐譚には、すべて判官贔屓がその基調をなしていたのである。かかる系列に属するものとして、「はもち中将」「月かげ」「よしのぶ」「師門物語」「堀江物語」「村松の物語」「明石の三郎」、やや離れて「男衾三郎絵詞」「まんじゆの前」「てこぐま物語」、更に舞曲「信田」等々を列挙することができる。これらの作品はおおむね

一、主人公は地方の豪族、若しくは故あって都から左遷せられた公卿の子であって、才貌すぐれ智勇兼備の士である。両親が神仏に祈り、申子によって生れたものが多い。

二、その配偶たる女主人公は、同じく地方の豪族の娘で容貌美しく貞操堅固である。

三、主人公夫婦は、初め幸福な結婚生活に入るが、やがて外部よりの障害のために、破綻を来し、別れ別れになる。

四、その原因としては、主人公の父の死が第一で、これに続く一家の衰運、権力者の横恋慕と女主人公の父の欲心とが挙げられ、女主人公は悪人の奸策によって奪い去られる。

五、かくして最愛の妻を魔手より救おうとする純情な主人公と、これをとりまく武勇・忠烈な家来が登場する。しかし主従の悪戦苦闘も報いられず、武運拙く悪人のために敗れ去り、主人公は諸国流浪を余儀なくされる。

六、女主人公は汚されんとする貞操を辛うじて守り、忠義な乳母の協力によって危地を脱し、夫を捜めて諸国を行脚する。

七、かくてさまざまな艱難辛苦を嘗めた後、両者は首尾よく再会し、幸運に恵まれ、主人公は悪人に対する復讐を遂げ、再び幸福な生活に入り、お家繁昌に終る。

右は最も典型的な作品のとる構成であるが、この間に神仏の霊験、人買説話等が織り交えられて、筋を複雑化している。なお五以下に就いては変化が多く、或いは主人公の憤死という経路をとるものがあるが、その場合には幼い遺児が苦艱の挙句、親の仇を討つのである。

一体平安時代の物語及びその形骸を踏襲した中世の擬古物語は、殆ど都を舞台とし公家階級を描いているが、それに対しておおむね東国若しくは九州を舞台としたこのような作品が幾多生れたことは興味ある現象である。この事は地方に於ける社会状態の一端を現し、武士の成長と国司の勢力の失墜を観念的に物語るものであるが、と同時に必ず主人公等の遍歴を伴う点を併せ考えるならば、そもそも地方に伝説として発生し、諸国を遊行するある種の人間によって、あるいは文筆業者によって、修飾整備せられた物語であることを示し、かつ遍歴談・道行文は戦乱のために却って交通の開けた室町時代の国民大衆の、地理に関する知識欲をみたすものでもあったに相違ない。読者層の拡大と作家の精神が読者の、従って国民の精神をつよく反映し、しばしば大衆自体の声をも文中に織り込んで露骨に読者の共感を強要することは、けだし当代小説の一特徴であるが、そうした傾向は上述の武家物に濃厚に看得せられるのである。地域的にも階級的にも広い範囲に亙る読者層をかち得、時代の国民意識を敏感に反映して成立したかかる小説群は、「義経記」についても言われているように、正に当代国民の生んだ物語だとすべきであろう。

　そうして作品の根柢に横たわるものは、英雄とその愛人をめぐる不遇・薄幸に同情してやまぬ判官贔屓の思想なのであった。善人栄え悪人亡ぶという形をとるが故に、それは勧善懲悪思想の発現であるとも考えられよう。神仏の冥助はつねに顕著であり、因果応報の宗教思想の影をも認めないわけにはゆかない。だが、それらにもまして直感せられるものは、文武に秀でた主人公に対する溢れる如き深い愛情であり、苦境に沈《ちん》淪《りん》する主人公を救わずにはいられない同情の瀰漫《びまん》である。結果に於ては勧善懲悪であり、因果応報であったには相違ないが、むしろそれらを包含し、それらを超えた判官贔屓という国民的感情が物語には強烈に働きかけていたことを我々は紙背によみとらねばならない。忠臣の起用も悪人の存在もこの国民性を極度に満足せしめるために設定せられたというもさして過言ではあるまい。

　我々は一層視野を広くして考察するとき、平安時代の物語の残滓の如き公家の恋愛小説——たとえば「忍音《しのびね》物語」「時雨の縁」(雨やどり)、「桜の中将」等にもこのような傾向を発見する。又「秋月物語」「ふせやの物語」「美人くらべ」「岩屋の草紙」「鉢かづき」「花世の姫」「うばかは」等々の継子いじめの物語も、やはり才色無双の女主人公が、継母とその徒党の迫害を受け、夫や父に別れ、逆境に沈むが、忠義な乳母・侍女等の助力によって幸福な生活に入る次第を叙したものであって、男女の差こそあれ、武家物と色調を異にこそすれ、広義の判官贔屓の潜在を認めないわけにはゆかない。

畢竟、判官贔屓は邪を挫き正に与せんとする国民の正義感の所産であり、英雄を憧憬敬仰してやまぬ心理に弱きを助け強きを矯《た》める一種の侠気が加わって成ったものということができる。勧善懲悪・因果応報の思想と連なるものではあるが、単にそれのみでは蔽い切れぬ本能的な国民的性格であったのである。

このような国民性は、以上略説したように中世に於て夙《つと》に強烈であって、特有の国民文学を生む原動力となったのであるが、江戸時代以降も益々成長発展を続けていったように思われる。現代の我々自身に顧みても、このような性情――義経を愛し惜しみ、鎮西八郎為朝や楠木正成・西郷南洲を敬い仰ぎ、薄命に同情せずにはおられぬ気持――が脈々として流れていることを自覚する。それは物心のつく少年の頃、おのずから育成せられ、骨肉となり来っているものであって、理窟でおしつけられたものでは決してないのである。

解題「判官贔屓考――中世小説を中心として――」

市古貞次（いちこていじ、一九一一～二〇〇四）は戦後の日本文学研究、特に中世文学研究に主導的役割を果たした研究者である。中世の物語文学の中でも鎌倉時代物語、室町時代物語といった無名の中世物語作品を発掘・紹介し、また公家日記等の記録類から物語関連の記事を見出し、文学史研究の基礎となる年表を作成した。大作家大作品主義が主流である文学研究にあって、数百に及ぶ無名の物語群を総合的に扱う研究は、中世の潮流を捉える文化史の一端を担うものであり、文学研究というセクトにとどまるものではない。本稿は縦横に古今の資料を提示しながら、中世以来育まれてきた源義経に対する国民的な心情の系譜を論じており、市古の学問の器の大きさをよくあらわしている。

本稿は日本文学研究の専門誌『国語と国文学』一九四五年六・七月合併号に掲載されたものである。そして後に単著『中世小説とその周辺』（東京大学出版会、一九八一）に再録された。まず第一章では近世の事例を挙げながら判官贔屓の精神が文学に浸透していることを示し、第二章で中世小説を通して判官贔屓の生成過程を見、義経説話における弁慶の役割を論じ、第三章で能と幸若舞の判官物について、第四章で判官贔屓の象徴としての弁慶像の形成、第五章で判官贔屓の精神が他の物語・語り物文芸に影響を与えたことを指摘する。そして、古くは中世王朝物語に広義の判官贔屓の潜在が認められ、下って近世の文芸に浸透する勧善懲悪の思想の基底にも判官贔屓があるという。

このように、市古は中世から近世にかけての文芸に広く行き渡った思想的基盤として判官贔屓を捉え、それが今日に続いていると主張する。すなわち義経ばかりでなく、源為朝や楠木正成、西郷隆盛を敬い、その生涯に同情する気持ちこそが判官贔屓を支える国民性であり、「物心のつく少年の頃、おのずから育成せられ、骨肉となり来っているものであって、理窟でおしつけられたものでは決してないのである」という。この考え方は、加藤秀俊「教養とはなにか」でいうところの「教養」に近いものとして古典に見られる人物像を捉えたものといえよう。加藤は古典の教養を、誰もが知り、共有する知識として論じたが、市古は古典の教養である判官物（義経をめぐる物語群、あるいは義経の〈世界〉）に伴う感情、あるいは国民的心情を論じたわけである。

本稿を一読すれば気付くことだが、「当代国民」「国民性」「国民的感情」「国民意識」「国民文学」など、「国民」という語が文中の至る所に用いられている。本稿が執筆されたのは戦争末期である（ただし刊行は終戦直後の九月)。市古は思想性を表面に出さず、専門的な議論に終始する論述スタイルを採るが、その中で、恐らく唯一、古典と現代とを明確に関連付けたものではなかったか。敗戦の色が濃くなるにつれ、長い間受け継がれてきた文学精神が断絶する危機意識を生み、このような論述になったものと思われる。

〔伊藤慎吾〕

【戦時下から戦後を貫く「総」の視点】

〝一億総白痴化〟命名始末記

大宅壮一

初出「C・B・Cレポート」一九五八年四月号
（所収　臼井吉見編『現代教養全集5　マス・コミの世界』一九五八年、筑摩書房）

刺激の〝唯量主義〟

ある生徒が、その教師にあだ名をつける。たまたま、そのあだ名が、その教師の人柄を端的に衝《っ》いていれば、アッという間に全校に広がる。すると、後年、その教師の本名は忘れてしまっても、あだ名だけは、誰も忘れない。あだ名だけが、その人になり代って通用する。これはどこの社会にもよくあることだ。

私が放送、ことにテレビを指して〝一億総白痴化〟と書いたのは、たしか去年の初め、東京新聞の紙上だったと思う。ハッキリ日付を覚えていない位、フト頭に浮んだ言葉であった。だがその〝一億総白痴化〟という言葉は〝よろめき〟と並んで、去年の二大流行語となった。

ラジオ・テレビの現状を論ずる人が、必ずといってよいほど、一回は、この言葉を引用するような始末である。あだ名は、あくまであだ名であって、その人のすべてではないのと同様、放送がすべて〝白痴化〟番組というわけではない。その意味では、放送関係者にあらぬ迷惑をかけた面もあったかもしれない。

しかし、いいだしたのは私であっても、これを流行《はや》らせたのは私の責任ではない。

その責任が、放送番組制作者にあるのか、それとも世にいう〝投書族〟〝批評族〟にあるのか、あるいは放送以外の活字マスコミの側にあるのか、それらは議論がいろいろあってもよいが、いずれにしても、世間が〝一億総白痴化〟という言葉に飛びつく、何らかの原因があったことだけは間違いない。

私が、はじめてこの言葉を使った直接の対象は、「何でもやりまショー」という番組であった。それも、出演者が早慶戦のスタンドで慶応側の応援団席に入って、早稲田の旗を振り、それをカメラで撮ってテレビに使う、という騒ぎが起った。六大学野球連盟が、そのテレビ局の中継を禁止するという騒動にまでなった。これを指して言ったわけである。ごていねいに、観衆からつまみ出されるところまで映した。

ちょうど、その直前、「大東京祭り」という、なにかコジツケがましい行事に大金を投じた、文字通りのお祭りさわぎがあった。それともう一つ例の「文春祭り」で、文士が厚化粧して、役争いまでしている。自分たち同士、座興にやるのは勝手だが、大劇場を借り切って、高価な衣裳《いしょう》をつけ、高名なプロ役者のコーチを受けている。この三つを合せて、まさに天下の三大愚挙じゃないかと、いったわけである。

余談だが、現在でいえば、これに南極観測を加えて四大愚挙といいたいところだ。最近茅《かや》学術会議会長に逢ったとき「あんたは、はじめから、こんなに金がかかるものと知っていたのか」と聞いたところ、「はじめは一億円の予算だった。私はじめ、学術会議のだれも、こんなにかかるとは思わなかった。知っていれば、だれも賛成しなかったろう」という返事だった。それが満場一致の決定で、フタをあけたら、現在までの国費だけで十八億円も使っている。いってみれば、ここにも「何でもやりまショー」の精神が現われているのだ。

新しいマスコミとして登場したばかりのテレビは、眼でみるという特性からも、当然まず、〝興味〟で人を釣ることを考えた。興味に訴えることがかならずしも悪いとはいえないが、はげしいダイアル争奪、視聴率競争は、そのまま、放っておけば、興味の質を考える暇がなく、もっぱら度の強さをきそうことになる。興味の度の強さ——刺激の強さをつき進めていくとゲーム、勝負のスリルとなり、プロレスが八百長《やおちょう》であることを誰もが知っていながら、テレビの前が黒山になるといったことになる。

視覚の刺激の度＝視る興味も、質を考えずに、度だけ追っていくと、人間のもっとも卑しい興味をつつく方向に傾いていく結果にもなる。人間は、たとえば街角で犬が交尾していれば立ち止って見たい気持を持っている。見終ったあとでは、バカバカしい、用事があるのに犬の交尾なんか見て……とはいうが、火事があれば、また走っていく、というわけだ。

刺激が過剰になり、刺激の度をますます強くしなくてはいけない状態が続けば、その刺激のない平常の時間に、人はボンヤリとしてしまう。それは痴呆《ちほう》化するということである。

テレビというメディアは、マスコミの中で、こういう人間の低い興味と接触する機能を、本質上もっとも多く持っているということだ。

いわゆる視聴率の競争が、それに拍車をかける。スポンサード・プロというものは、スポンサーの身になると霰弾《さんだん》で小鳥をうっているようなものである。

自分の商品の購買層と、提供している番組の愛好者とか、どんな比率でダブって呉《く》れるのか、容易には判定しがたい。そこから来る焦りが、番組の対象を、むやみと量的に拡げたがる傾向となって、一層、番組の低俗化を促す作用をする。

こういう放送番組の〝唯量主義《ゆいりょうしゅぎ》〟について、私は、放送関係者とスポンサーに、注意を促す必要を感じたわけだ。放送の対象となる大衆の中にも、質の異なった層がいろいろあり、そこには、おのずから、スポンサーにたいする信頼感という宣伝の〝質〟の問題がでて来るはずなのだから。

レッテルは自分で歩く

とにかく、そういう動機から使った〝一億総白痴化〟ではあったが、それが一つのレッテルとして、ラジオ・テレビにつきまといながら、一年間という月日が経過した。流行った責任は、私にはないと前にいったが、それでもこのレッテルが、放送界に客観的に及ぼした影響が、どうであったかを考えてみる必要は、私にもあるだろう。

この言葉が、一つの逆作用、つまりマイナスの働きをした面があることは事実だ。

その第一は、官僚が、放送法改正とか、番組調査権の復活とか、言論機関になんらかの規制措置を取ろうという動きを示す上に、有力な暗示を与えているという点だ。マスコミは無責任だから、当事者に委《まか》せておけない、と彼らは考える。するとそこから飛躍して彼らは、自分が規制せねばならないと信じこむわけだ。

第二に放送の〝教育化〟という新現象が現われた。教育・教養番組を通じて〝一億聴明化〟を計ろうということだ。これもまたテレビの本性を忘れた意見だと私は思う。「教育テレビ」という看板は、チャンネル争奪戦の中で、なんとか割当てを取るために、当局の考え方に便乗しようとして出てきた形跡がある。ところが、結局、免許は水増しされ、普通局もたくさんできたから、「教育」の看板を約束したところだけバカをみたわけだ。元来、教育テレビなどというのは、アメリカのように大学以下教育機関自身が財団化していて、それが放送局を持つ形をとる場合にはじめて考えられる。しかも本場のアメリカでさえ、私が行っている頃、すでにテレビなどによる教育の効果について疑問視する見解が有力になってきていた。いわゆる〝ソフト教育〟は真の教育ではない、努力して物事を摑む能力は付かない——というのである。テレビの〝白痴化〟も困るが、テレビの〝教育化〟もこれまた困りものである。

　こういったマイナス面の危険もあるわけだが、とにかく〝白痴化〟というあだ名が、テレビの代名詞そのもののように流行するという事実そのものを、反省の材料としてくれた放送関係者もあったということもこれまた事実だ。視聴率というものの処理のしかたも変化して来たし、スポンサーも、番組の内容の高さで、質的な宣伝効果を狙うことを研究するようになって来ているのではないか。いわば霰弾をやたらに数多くうつのではなく、狙う鳥の群の状態によって、霰弾の効果率を考えるというわけだ。

　もっとも放送関係者の中でも、私のいい方にたいして「頭からきめつけるだけで、現実性がない。具体的な向上の手がかりにならない」という批判もあるようだ。ことに大衆娯楽の機関としてのラジオ・テレビに実際に携わる場合、どこに、娯楽と〝白痴化〟との線を引くかということはなかなかむずかしい。

　しかし娯楽ということについて、私は最近、少年・少女雑誌を調査してみて感じたことだが、子供の読物の世界のバランスが完全に崩れてしまっている。童話的な、情操を引き上げるような読物、知識欲を満たすような読物が、一流雑誌からも、極度に追い出されていて、圧倒的に眼でみるもの——漫画のはんらんである。むかしわれわれも漫画を読みふけった。しかしそれは、いわば間食であり、授業のあとの遊戯の時間であった。いまは主食の代りにおやつだけ、授業なしの遊戯だけである。しかもそれが小学校の上級から中学向けのものまでそうなのだ。

　つまり一億幼稚園化である。

娯楽は必要である。しかしバランスが崩れてしまっては、頭脳的栄養失調に陥いるだろう。要は娯楽の量と、娯楽の在り方の問題である。

大衆はマスコミに復讐する

要するに流行語——あだ名というものは、本質を衝いてはいるが、そのもののすべての側面をいいつくしているものでは、もちろんない。

ラジオ・テレビには、たとえば録音構成・フィルム構成のような、他のマスコミにないすぐれた分野がある。録音構成など、はじめは週刊誌のトップ記事を真似してできたもののようだが、最近は逆に、週刊誌や総合雑誌が、そこからヒントを得たり、再録したりしている。聴覚を活字で再現しようというわけだ。視聴覚マスコミが、量的優位だけでなく、質的に活字ジャーナリズムをリードする可能性を示す一面といえよう。

〝何でもやりまショー〟ということは、また〝みんながやりましょう〟という側面を含んでいる。戦後、本当に大衆がマスコミに登場する形式を確立したのは、ラジオ・テレビだともいえる。はじめは〝のど自慢〟など娯楽面での聴視者参加だったが、それは次第に、評論の分野にも進出する。発言の習慣がついてくる。また発言の機会としてマスコミを利用することが、よい意味でも、悪い意味でも上手になって来た。いまや〝一億総評論家〟の時代である。


これは日本の民主主義の進歩、確立にとって、眼には立たない大変な前進であった。だがここにも、マイナスの面がかならず同時に現われるわけで、一種のセミ・プロがマスコミに目立つようになって来た。〝素《しろ》人《うと》という名〟のプロであり、いわば素人淫売のようなものだ。見せかけは初々《ういうい》しいが、実は手練手管《てれんてくだ》にたけている。

投書欄や、聴視者参加番組や、街頭録音などの場が、こういったセミ・プロに占められるようになると、それは大衆から見はなされる。マス・コミが大衆から復讐されるのである。

セミ・プロ評論家は、それだけでなく、最近の評論なるものが、やたらに細分化することからも生れてくる。相撲評論家、プロレス評論家などまだいい方で、カナダカップ評論家、卓球選手権評論家から味の評論家、美容体操評論家、ノイローゼ評論家、下着評論家といったわけで、番組の数だけだんだん評論家が生れてくる始末にもなる。これも素人を評論家にしやすくする反面、評論そのものが、だんだん無意味なマンネリズムにおちいるおそれがあるわけだ。


私は、いつもあわただしい生活をしていて、テレビをいつも丹念にみているわけではない。前に私が、テレビで相撲をみるときは、仕切りの間は、子供たちにみさせておいて机に向っており、「立ったよ！」と聞くと急いで画面をみる……といって、高橋義孝から「そんな奴に相撲の改革を云々する資格があるか」と文句をつけられたことがある。

放送局の関係者の中には、私がテレビ番組をみもせず、知りもしないのに、悪口だけいう、といっている向きもあるらしい。たしかに私は番組の細部にわたって、技術的な面など考えつつみることはしない。しかし元来、私は騒音の中でも仕事ができるたちなので、テレビやラジオを掛けっぱなしにしながら仕事をしている。それにインタビューなどで、いろんなタレントに逢っているので、誰がどんな番組で、どんなことをやっているか、割合深く印象に残るわけだ。

むかし、もっぱら文芸批評をしていた頃、大宅は小説を読まないで批評している、と文壇からやられた。

私はそれにたいして、当時の〝枕〟になるほど分厚い総合雑誌や文芸雑誌の小説を、すみからすみまで読んで批評などするヤツはバカだ、と答えた。そうしたら、〝すみからすみまで〟を取ってしまって、大宅は「小説を読んで批評する奴はバカだ」といったという説が広まってしまったことがある。私はそれを、必ずしも訂正する気にならなかった。もともと私は、技術批評はできないし、やりたくもない。あくまで傾向批評である。〝顕微鏡〟批評でなくて、〝双眼鏡〟批評なのである。

その伝で、最後に、現在の日本のテレビ・ラジオを大ざっぱに採点してみよう。

数年前、世界をひと回りしたとき、各国のテレビを見て回ったが、いわゆる中南米などの三流国になると、実にひどいテレビ番組があった。音楽でも舞台でも、サワリのところあたりに来ると、ボツンと切って五分でも十分でも遠慮会釈なくコマーシャルをぶち込んで平気である。それにくらべたら、日本の民間放送は、ラジオで六年、テレビは三、四年で、ここまで来たのだから、少なくとも七十点以上は進呈してよいと思っている。

とにかく日本人は、カメラであれ、ジャズであれ、何でも採り入れてやっているうちに良いものを自分のものにする素質を持っているようだ。ある意味で健全な常識を持っているといえよう。テレビについても、過去の三、四年間は、制作する局にとってはトレーニングの期間であり、同時に聴視者としても、スポンサーとしてもトレーニング期間であったわけだ。しかし、問題が一つある。今後、大量に新局がふえ、一方、神武景気の没落で、スポンサーの余裕も無くなってくる傾向が強いことだ。この場合、ふたたび〝唯量主義〟の弱肉強食的せり合いが復活するおそれが多分にある。その行方《ゆくえ》を見定めるまでは、〝一億総白痴化〟発言の家元として、簡単にこの言葉を買い戻すわけにはいかないのである。

解題「〝一億総白痴化〟命名始末記」

大宅壮一（おおやそういち、一九〇〇～一九七〇）は、最盛期の昭和三〇年代には「マスコミの王様」と呼ばれた評論家であり、現在でも「大宅壮一ノンフィクション賞」や、私設の雑誌図書館「大宅壮一文庫」にその名を残している。戦後に新設された大学を「駅弁大学」と名づけたり、口伝えに評判の広がる様子を「口コミ」と呼んだり、数々の造語でも知られる。中でも本書に収めた「一億総白痴化」が代表的だろう。

「ハッキリ日付を覚えていない」と大宅自身の言う、その文言は、一九五七年一月の「東京新聞」夕刊での「国民白痴化運動」であり、直接には「週刊東京」一九五七年二月二日号での「〝一億白痴化〟運動」であり、「総」は抜けている。流行語「一億総白痴化」との違いを見落としてはならない。なぜなら、この「総」こそ、大宅壮一の担った戦前のプロパガンダを象徴しているからである。

大宅は、東京帝国大学に入学後、新人会に所属、機関誌『社会主義研究』の編集にたずさわり、「智的労働の集団化に就て」（「新潮」一九二八年六月号）を発表、一九四四年からは東京都世田谷区八幡山で戦後（一九四九年）まで農業に従事する。経歴から見れば、いかにも左翼的反体制的であるものの、戦中は「総」をあやつる立場にいた。理研科学映画に入社後、満洲映画協会の啓民映画部次長へ転じ、さらに第十六軍の宣伝班に徴用、その翌年にジャワに上陸し、同地の映画公社理事長になり、一九四三年一〇月の帰国まで国家宣伝活動を続ける。佐藤卓己『テレビ的教養』（二〇〇八）の喝破するとおり、「「一億総白痴化」とは戦時の一億「総動員」と戦後の「民主化」を串刺しにした評言でもある」。

阪本博志『大宅壮一の「戦後」』（二〇一九）の整理しているように、理研科学映画時代に大宅の製作した

「我等の兵器」シリーズは一般国民に向けて軍事知識を与えるためであったし、ジャワでも農民大衆に対して視聴覚に訴えるメディア＝映画を活用しようと試みた。「南方と宣伝文化」（一九四四）では、「宣伝主体が直接矢面に立つ直接宣伝よりは、間接宣伝即ち第三の媒体を通しての宣伝の方が、より効果的である場合が多い」と総括している。

　戦時下の大衆動員と国家宣伝の枠組みの当事者である大宅によって、本書に収録したテレビ論が書かれるのは偶然ではない。ここに収めた文章は、「テレビを見たらみんなが白痴になる」などとする乱暴な議論ではない。スポンサーによる番組連動広告への兆し、視聴者参加型番組の増加によるマンネリズムといった、二一世紀にも通じるテレビの本質を批判している。大衆を、自らの「タレント」性に対する審判者と定義する「「無思想人」宣言」（一九五五）のように、大宅は、戦時下で「総」動員した対象の危うさを熟知していた。大宅の他にも、小山栄三や米山圭三のような研究者もまた、戦時下でのプロパガンダに関わり、戦後のメディア論（批判）をリードした。

　批判だけではない。電通をはじめとする広告代理店は、戦時下の仕組みを戦後の広告理論へと援用し続けている。その反転は、一九六〇年代における新左翼的な理想の挫折を経た人々が、のちに消費社会論を唱えた姿と相似形をなしている。が、一部のメディア研究者を除いて、こうした歴史を指摘する声は多くはない。言説だけではなく、その担い手の背景にこそ着目しなければ、大衆文化の機制を明らかにはできないだろう。

〔鈴木洋仁〕

【キッチュ、宣伝ビラ論】

ビラ・チラシのナンセンスさ　石子順造

初出　石子順造他著『通俗の構造——日本型大衆文化』一九七二年、太平出版社

戦争中、「伝単《でんたん》」ということばがあった。

（中略）

伝単は、軍用の宣伝ビラなのだが、宣伝ビラが今日具有するほとんどの特性を備えていた。つまり投降ビラのように、ある場合は証書的な機能を果たし、またもっぱら無名の兵隊一人一人の、私的な願望や不安に直接働きかけようとする。そして飛行機からばらまかれてさりげなく拾われたり、手から手へとひそかにまわし持たれたりするそのメディアとしてのアクチュアリティは、電波などによってする宣伝とはまたちがって、独特な意味と具体性を持っていた。そこには、私的なひめやかさがまぶしいほどのおおらかさでさらされようとしていた。だから一見なんとも単純なようでいて、どの国の軍隊も、伝単の作製にそれ相当の神経と努力を払ったのだったろう。

とつぜん話題が今日にとぶが、新宿や池袋の繁華街の公衆便所の棚や、公衆電話のまわりに、たいていピンク色か黄色の、名刺大のビラが散乱しているのをよく見かける。手にとってみると、「貴男と二人で夢の

世界へ……お電話待ってるワ……」とか、「今晩おひま？　逢いたいの……二人っきりでね　洋子」、などという誘いのことばが、大きく印刷された電話番号とともに目にはいる。いわゆるステッキ・ガールの広告である。たまに、この小さな紙片を束ねて持ち、電話ボックスの中にすばやく置いて、さっと消える若者の後ろ姿を見かけることもあるが、たいていはだれが置いたともだれが手にするともわからないふうに、ちらばっているだけである。だが、チラシやビラを無断ではったり、置いたりしてはならない旨の掲示があるにもかかわらず、このビラをあい変わらず比較的容易に見つけることができるのは、それなりの効果があるからにちがいない。すなわち、そっと拾って電話をかけ、二人っきりで「洋子」さんと会って、「夢の世界」に行ってくるだれかが必ずいる、ということである。

（中略）

　ごく自然になんとなく散らばっているあのビラのさりげなさは、たしかに意図されたものだろう。そしてほとんどの男性は、用をたしながら、横目でその紙片をちらりと見やって、フン、といった顔で、あるいはまったく気がつかなかったみたいなそぶりで、手にとろうともしない。しかしこれまたほとんどの男性がそうだろうと思うのだが、心中ひそかに、とくに危害を及ぼされることがなく、金額もそう高くないのなら、一度くらい電話してもいいナ、と思っているのである。逆にいえば、あのビラにまったく無関心であるそぶりは、そのぶんだけ関心を持っている、ということにちがいない。つまり「貴男と二人」で行ける「夢の世界」が何であり、「二人っきり」で会うことが、必ずしも会って話をするだけを意味しないことを百も承知で、そのことにかなりの好奇心を抱きながら、フンと、公の顔をする。タテマエを保つわけだ。そして、このタテマエとホンネの二重性と見合うほどに、あのビラは、これみよがしにばらまかれ、ひそかなホンネを誘う。裏通りの暗がりで、〝だんな、いい写真がありますヨ〟と声をかけるのは、いかにも秘密めかした秘密、といった感じだが、公然たるひそやかさ、という構造のナンセンスさがおもしろい。

いささか理屈をいうと、こういうことである。タテマエとホンネは、ふつう対立するカテゴリーだ。だがじつはこの二つは、両立し、相互に保障しあって、それぞれ日常性の反面を形成している。ステッキ・ガールのビラは、この関係の総体を、ナンセンスなものとしてさらけてしまうような意味のヴェクトルを持っていた。大酉《おおとり》祭などに店を張る、上半身が美人で、下半身がヘビであるかわいそうなお姉ちゃん、などというのもそうである。いや、お化け屋敷にしても同じなのだが、だれもそれを本物だとは思っておらず、つくりものがつくりものとして見えすいていても、とりたてて腹を立てたりしない。つまりここでは、本物と偽物という対立のカテゴリーが、まるごと対象化されているわけだ。そのような論理の手続きを、ナンセンスというのだった。「夢の世界」へ行くとか、「二人っきり」で「逢いたい」というのは、あくまでタテマエで、ホンネはちがうのだが、そのちがいがあのように公然化されてしまうと、ホンネさえもバカバカしく感じられてしまう。すなわちそっとあのビラを拾い、電話してみようと思う自分のホンネも、ビラに気づかないふりをしているタテマエとしての自分と同じくらい、あほらしく思えてくる。そのナンセンスなアクチュアリティが、あのビラには感じられる。ぼくには、それがおもしろい。

性的なものへの好奇心は、だれのものでもあるはずなのだ。しかしそれは、妻への愛といった形で公式化され、タテマエとして保持される。良識は、そのタテマエを完結的なものとみなし、ホンネがこぼれるさまを俗悪ときめたがる。しかし、そのようなきめつけこそ、良識の俗悪性にほかならないのであって、タテマエとホンネが合致するのなら、人は苦労のしようもない、というものだ。百歩ゆずって、いわゆる世の良識者は、タテマエとホンネとが合致している人種とみなすとしよう。しかし、おおかたの民衆は、苦労の種がつきないほど、そうはいかない。タテマエを堅持しようとつとめればつとめるほど、ホンネがかま首を持ち上げるという情けない矛盾にさいなまれなければならない。要するに修養がたりないのだ、といくら自分にいいきかせても、いいや、修養なんてクソくらえ、どうせ……、といいたくなるほど、タテマエとホンネに引き裂かれたりするわけだ。じゃあいっそのこと、ホンネどおりに行動し、生きればいいじゃないか、といわれたって、そうもいかない。そういくのなら、これまた良識者と同じように気楽なのだろうが、直接生活を背負っているかぎり、そんなぐあいにすっきりいくわけはない。すると突出する途は、まさに一つしかない。つまりタテマエもホンネも、ともに適当に仮のものとして対象化してしまえるカテゴリーへと向かうことである。タテマエといいホンネといったところで、どちらも背中合わせで同じことだし、どうってこともないじゃないか、という手続きの論理だけが、そういってよければ俗悪な愚者の美学ではなかろうか。ふつう俗悪なものを、エロ・グロ・ナンセンス、という。しかしこの三つのカテゴリーが、総体として一つのものとして結実し、それぞれある角度から見ればエロティックであったり、グロテスクに感じられたり、ナンセンスと覚えさせるような、そのようなあり方が、民衆の美感だろう、とぼくは思う。生活の中で耐えつづける民衆の想念は、タテマエとホンネとを両極的に温存しながら、じつはこの両者をいっきょに止揚しようとするラディカルな運動量としてある、といいかえようか。良識は、あたかもタテマエがすべてでもあるかのように装わねばならないから、美を美として約束ごとの中に価値づけようと急ぐ。現代芸術などといわれているものの多くは、その代表例だとみなしていい。それらは、生活の中の具体性を失っていっそう抽象化し、自己破産に向かって純化していかざるをえない。

　戦時中の伝単も、今日のステッキ・ガールのビラも、単純といえばあまりに単純でおそまつである。しかし、その単純なおそまつさは、何百ぺんと繰り返されるテレビのＣＭより、公然と秘密とを通底しながら直接的、具体的に、生活者の私的な欲望の回路をすばやくかけめぐる。テレビ、新聞、雑誌など、さまざまなメディアが発達しているにもかかわらず、サンドイッチマンの姿が街頭から消えず、手渡しの宣伝ビラがますます増えつつある傾向は、そのことを証してはいないだろうか。

（中略）

例をあげればきりがないが、たとえば美人ホステスと混浴ができると書いてあったからといって、そのとおりにことが運ぶとは、だれも思ってはいないにちがいない。また「聖徳太子の御助勢」なしに、「果し合い」が可能だとも考えはすまい。にもかかわらず、その稚気が触れてくるくすぐったさが、すなわちおとなげないとか、バカにしているとかいって本気でおこれないナンセンスさが、先述したような暗愚の美学――その突出しようとするカテゴリーをユーモラスに告知している、とぼくには思える。

（中略）

なによりも、メッセージがメディアとしても、あるいはメディアそのものがメッセージとして具体化していないかぎり、生活の中のアクチュアリティは体現できない。

（中略）

たとえば大学に近い駅前の広場とか、集会がもたれている公園の入口などで、混雑を縫って手渡されるビラの場合。手渡されたビラをちらりと一べつしただけで、いくつかの事実が容易に察知されることがあったろう。学生ふうの若者から手渡されたビラが、指に墨がつきそうにくろぐろしく、手書きの跡を残してなまな印象なら、われわれは、ただそれだけで、おそらく多数派ではないかれらが管理当局に対してなんらかの異議申立てを行なっており、それが緊急な要請なのだと訴えているのだろうと思う。しかしもしそのビラが、きちんと活字で印刷されたこぎれいなものだったら、かなり大がかりで組織的な運動の教宣なり集会への勧誘であろうと受けとるのである。この訴感の異同は、ビラが体現するアクチュアリティの異同にほかならなかったろう。前者にも、「打倒」「粉砕」「勝利」「団結」「貫徹」「断固」「あくまで」「徹底的」などといったお定まりの単語をちりばめて、「われわれ」という主語で、かれらが今直面している事実が説明されている。だがしばしば、その説明は、後者のビラにくらべて、ていねいで親切なものとはいえない。つまり前者のビラは、後者と同じように教宣が目的であったにしても、その全体が体現しているものは、緊急な事態の通告といった一事なのである。すなわちそのビラを通じて、受け手に、事態をより正確に認識してもらおうというメッセージであるよりは、より直接的なインフォメーションである。雑踏の中でビラをくばっている若者の態度、目つき、独特なリズムを持った呼びかけの声などや、ガリ版刷りのインクのしみ、手書きの字体、常套語や句などは、全体として等価に緊急事態の発生とそれに対処しようとしているかれらの決意の表明それ自体を、精一杯告知しようとしているのであった。

　ステッキ・ガールのビラについて、先ほどぼくは、受け手である男性は用をたしながら、フン、といった顔で、あるいはまったく気がつかなかったようなそぶりで、手にとろうともしないと書いた。そしてその無関心ぶりは、そのぶんだけ関心をもっているといえるにちがいないともつけ加えた。そのことは、じつは当のビラが、すでにそこでメッセージというよりはインフォメーションとして成立している、ということをも意味していたろう。受け手は、公衆便所とか電話ボックスなどの棚の上にちらばっているピンク色や黄色の小さな紙片を見ただけで、書かれている文句を読むまでもなく、それがなんであるかを察知する。要するに、それを手にとってみるのは、ぼくの場合のような例外的な関心のほかは、電話番号を確認する、つまり「洋子」さんなり「久美子」さんに「二人っきり」で会おうというつもりになった人にちがいない。したがってこのビラの文句や名前は、飾りというよりは紙片や紙片がちらばっているさまと等価な情報の一要素といえたろう。

いささかくどくなるが、これも先に（中略部分＝編集部注）挙げた、「堂々新開店」した「成人向サロン『女湯』」のビラの文句にかんしても、同じことがいえる。「ハレンチなポルノ湯女がくりひろげる男女混浴の濡れ場！　当店自慢のポルノ痴女。ニギニギする子！　ホホヅリする子！　イボイボする子！　ベロベロする子！」などという、むやみに「！」のついた言葉は、ひどくリアルのようで、じつはいっこうに実体的でない。そのもっぱら触感的なだけの訴感は、なんらかのメッセージを、このビラによって受け手にコミュニケイトするといったアプローチなりプロセスの概念に当てはまらない。

では一体何だったのかといえば、それは、受け手のなかにすでに了解ずみの事項としてある、ある種の関心を、そこでいま一度喚起し、できうればその関心にもとづいて、なんらかの行動を起こさせようという表現といえよう。つまり、事実についての経過の認識や価値判断を問うものではなく、行動に直結しようとする事実それ自体を問題にする。そこで、くり返され、かなりの量がばらまかれなければならない。くり返されることによって、了解事項は了解事項として、いっそう一義的に固定される。ビラに気がつく人は多いが、それがきっかけで行動にふみきる人はごく少ない。だから大量にばらまかれなければならないというのは、むしろ当たっていない。そのように、いわば〝下手な鉄砲も数射ちゃ当る〟ではなく、〝数を射つ〟ことが、自らひとつの意味作用を果たしうるような、そのようなありようとしての表現というべきだったろう。

受け手の側に、事前の了解事項として共有されているある種の関心といったとき、そこにはいわばなんらかの共同体感のようなものが想定される。学園闘争の最中でまかれるビラとステッキ・ガールのチラシとの、インフォメーションとしての相同性を前提とした異同は、前者が体制一般に異議申立てを行なおうという政治的なものであり、後者が性的な好奇心を喚起するものであるという以上に、じつはこの共同体感の喚起の相異であったと思える。性的な好奇心は、たしかにひとしく男性にホンネとして共有されていたにしても、とりあえずはそれぞれ私的に分断されてひそかに温存されようとする。すなわちタテマエとホンネの両義性は、そのままで持続される内向的なヴェクトルである。しかし政治的な不満なり怒りの喚起は、ホンネによってタテマエをのりこえようとするヴェクトルであるはずである。ここには、ある連帯感への志向がしこまれているのだ。だが性的な好奇心といい、政治的な不満や怒りといい、ともに共有されているはずのホンネの部分に働きかけながら、この二者では運動性向が逆だといえた。そしてそれが最終的に逆であるかぎり、ついに性にかんするホンネは自己完結的・閉鎖的であるにとどまり、政治的な関心もまた同様である。すなわち性にかんする好奇心と政治的な不満なり怒りが、それぞれ無関係にホンネの一部として保有されてしまうのである。そしていうまでもなく、そのような形で日常感の各部となり、また各部であるしかないかぎりにおいて、政治的な不満や怒りが、力をもった政治行動に結実するわけはなく、たとえなんらかの行動が起こされたとしても、ついにタテマエとしてのそれであるしかないにちがいないのである。

　戸井田道三は、今日の大方の日本人には、「前近代的庶民」「近代的市民」「現代的大衆」といった三つの側面があり、これらを今後あるべき「人民」に統合していくために、「前近代的庶民」の側面を否定的に媒介にするということが一方法として考えられるのではないかと述べていた（『きものの思想』ほか）。今日の日本人の多くが、戸井田のいうような三つの側面をもっていることについては、ぼくもほぼ同感である。だが問題は、それらが三つの側面というよりは、相互に両極的あるいは両義的に運動する、複雑な構造として人格化しているらしい、という点ではなかったろうか。たとえば、「近代的市民」といってもいいようなタテマエの意識が、「前近代的庶民」的なホンネとの微妙なバランスを保って成立しているかと思えば、そのバランスが、「現代的大衆」といえる日常性として表面化していたり、また時には、「近代的市民」の要素が、「前近代的庶民」の要素と矛盾しあう結果として「現代的大衆」を人格化していたり、といったぐあいにである。

今のところぼくは、図式的に、「前近代的庶民」性と「近代的市民」性が、両義的に運動する日常生活現象の様式として「現代的大衆」性を捉えたいと考えているが、それも今日きわめて流動的であることは否定できない。しかもエロ・グロ・ナンセンスといういわゆる俗悪さのアクチュアリティが、良風美俗といった秩序の意識・感覚に対するあらがいとして、どれほど政治的な力になりうるかが問題だとしても、そのことに気づくのは、しばしば権力の側にいるものたちなのである。

俗悪だというのは、良識者にとっての話であって、俗悪が俗悪として確固たるものとなるためには、良識が良識として実体化していなければならない。逆にいっても、同じことである。

だが、ごくふつうにいって、そういった良識と俗悪の相補的＝対立的な関係がどうにもぐらついていればこそ、価値の転換期といわれてもいるのだろう。

にもかかわらず、あい変わらず良識的であろうとし――おそらく民衆は、いわゆる知識人が推定する以上に熱心に良識的であろうとする――、その努力の中でぶざまにホンネを飢えとして燃焼させざるをえない生活者の暗愚さを、ぼくは、ステッキ・ガールの宣伝ビラに、集中的に見たい。

「久美子」とか「洋子」という変名のさりげなさにも、それはあらわされていただろう。考えてもみたまえ。われわれは心ならずも生まれ落ち、気がついたら姓名を与えられて戸籍を持ち、そのことによって、国家に、めったに逃れがたく緊縛されていたではないか。変名とはまた、与えられてある生をどうにかシアワセにとらえ返したいとする、ささやかな願望の表示でもあった。

〔抄録〕

解題「ビラ・チラシのナンセンスさ」

石子順造（いしこじゅんぞう、一九二八〜一九七七）は、一九六〇年代から七〇年代にかけて活躍した美術・マンガ評論家である。ただし評論の対象を、美術やマンガだけでなく、演劇や芸能、さらには、マッチラベルや銭湯の背景画といった、匿名性を帯び大衆の趣味に迎合した通俗的な表現——キッチュ——にいたる、日本近代の視覚表現全般に押し広げたことで知られる。

石子は、東京大学経済学部を卒業し大学院などで学んだ後、静岡県の物流会社勤務時から美術運動に携わり執筆活動を始め、一九六五年に評論家としてデビューした。近代化への懐疑が浮上し多様な文化や風俗が交差する時代に、反芸術の動向と積極的に関わり、芸術を芸術たらしめるものは何かを問う美術評論を手がけた。この取り組みは、芸術を生活から切り離して鑑賞することで、それを作家のオリジナリティの表現として規定する近代的な考え方——見ることの近代的な制度——を問い直すものであった。

他方で石子は、特に劇画や「ガロ」誌に寄稿した作家に注目しながら、大衆の生活と密着した表現としてのマンガ論を展開する。マンガを受け手の視点から論じることで、生活者としての大衆の身体に刻まれ歴史的な厚みを持った知覚や欲望に関心を寄せるようになった。七〇年代には、それまでの問題意識や方法論を統合し、近代がまがいものとして切り捨てたキッチュを、芸術を芸術たらしめた非芸術の領域として取り上げる。それを通して、芸術の近代的な成り立ちを逆照射するとともに、視覚表現における近代という、より広い視座に立った。これらのキッチュ論は、視覚表現の社会的・歴史的な構造を、担い手である大衆の側から動態として捉えようとした点で先駆的な大衆文化論として評価される。近年では美術研究やマンガ研究でも再検討されている。

一九七二年に書かれた「ビラ・チラシのナンセンスさ」は、日常のありふれた印刷物に注目した一連の論考のひとつで、キッチュ論のエッセンスがつまっている。性風俗の勧誘ビラは、女の名前や常套句を付したコピー文、名刺判の小さな紙片、安っぽい印象を与えるピンク色や黄色の印刷、繁華街の公衆便所など公共の場の片隅に散乱するさま、それぞれが等価な要素として受け手に訴えかける。それらの要素の総体に、宣伝ビラがメディアとして現実に私たちに働きかけるさま――アクチュアリティ――を見出している。

　さらに、横目で見ながらも興味ない素振りを促すビラのありようには、人々の公的な生活での良識――近代に縛られたタテマエ――と、その傍らに抱える欲望――庶民としてのホンネ――が構造化されているという。わい雑なビラがあらわにする大衆の知覚と欲望の両義性――ナンセンスさ――に、戦争プロパガンダの伝単にも共通する宣伝ビラの特質を見出すとともに、連綿と身体に切り刻まれた大衆の知覚のありかを読み取ろうとしている。

〔前川志織〕

Ⅲ　群れとしての作者

文化的主体としての〈大衆〉

【群としての作者】

口承文芸史考　柳田國男

初出『岩波講座日本文学』一九三二年四月（所収『口承文芸史考』一九四七年、中央公論社）

作者意識

この混同はひとり読者の側ばかりでなかった。二種の文芸は文字の用不用によって、なるほどおいおいにその様式を分化して行こうとはしているが、しかも文筆が全然無筆の者と没交渉になったのは、純外国式の漢文や詩だけであって、その他の部分においては今もって彼等の協力を絶ちきっていない。人のよく知る三州伊良湖《いらご》の糟谷磯丸《かすやいそまる》などは、型のごとき漁翁であったが歌を詠んだ。そうして手習はその歌を書くために、後になってから始めたというのである。昔は神気《かみげ》の添うた婦女児童が、ゆくりなく歌を口ずさんで感動せられた例が多かったが、今でも童謡作品などと称して、表現のそれと近いものを事のほかに珍重している。こそけれけるかなの学びにくい三十一字ですらも、階前縁下からにじり出て私も一首仕りましたと、いったというような話は何ほども伝わっている。ましてや俳諧に至っては最初から執筆をたよりに、文字のない者までが誘い催されて、連衆《れんじゅ》に加わるのが常の事であった。口語の文芸は時代の要求につれて、『庭訓往来《ていきんおうらい》』から腰越状《こしごえじょう》とまで発達して来たが、その中でも連句などは無造作で、自然に通俗の文藻《ぶんそう》をこの方面に展開して、披講さえあれば何人《なんぴと》にも、即座にその面白さが解るようになっていたのである。宗匠の註釈はむしろこれを幾分か、わざとむつかしくしようとした傾きがあるが、そうするとまたそれを煩わしがって、次には俳諧のさらに俳諧なるものが生れて来た。土佐でテニハといい、阿波でアンジと名づけ、肥後で肥後狂句、薩摩で薩摩狂句などと称するものは、文字で伝わるから狭い意味の文芸かも知れぬが、その実は今でも世話人が帳面と筆とを持って、口の応募者から名吟を集めまわっているのである。剽窃《ひょうせつ》、焼直しの沙汰は、当然にこの間から起らねばならなかった。元来投書文学なるものは、明治文化の大いなる特徴の一つであったが、この突如として中央に集合した何万という短歌俳句が、おのおの新らしくして重複も暗合もなく、ないし千篇一律に堕し去らざることを、希望しようとしたのが無理な話であった。地方の歌俳諧は単に年久しく割拠して、他国にいかなる作があるかを知ろうとしなかっただけでなく、さらに一方ではこの口承文芸の約束に遵《したご》うて、だいたいに昔から定まったことを言わなければならなかったのである。それが文書に録せられて、弘く全国中を比較することとなれば、同案のしばしば突き合うのは当然の結果と言ってよい。以前家集の弁というものが江戸の文人の間に論ぜられた時にも、この事はもうよく知られていたはずである。つまり何かの便宜でいち早く書物に出された者が、一人で作者になってしまうことを許しがたいほどに、型と趣向とには共通のものが多かったのである。浄瑠璃や草冊子にも宝物の紛失、孝子の讐討《あだうち》や本領安堵、きまってそうならなければ済まぬという筋がいろいろあったが、こちらはいよいよ目先をかえることが必要となれば、長いだけにまだいくらも取合せを工夫する余地がある。短い文学に至ってはどうしてもそうは行かなかったのである。私の祖母の一人は数学が好きで、今から八十年も前に、天が下の歌の数というものを勘定してみている。もう一人の方の祖母は一代に二万何千とかの歌を詠んで、それを年とって後は時々再用して間に合せていた。いわゆる花晨月夕《かしんげっせき》の当座の興なるものは、誰が詠歎してみてもそう違ったことは口すさび得なかった。祝言や贈答には定まった様式が守られたのみならず、恋とか述懐とかいうわが心境の所産とするものでも、なお全然意外なことを発露してはいない。これが各個人の名と結び付いて、もはやほのぼのと明石の浦と言ってはならぬと、制限せられるようになったのは名歌の徳であるが、同時にまた書物の力でもあった。人が必ずそれらの制限の下において、何か新らしいことを言わねばならぬとなって、文芸の受用はすなわち面目を一変するわけであるが、わが邦は今なおその過渡の橋を渡り切っておらぬのである。作者と暗誦者との地位はまだいたって近い。ある者は最も忠実に片言隻句までを守ろうとし、またある者はしきりに新意を加えて、古来の伝承に時代の粧《よそおい》をさせようと力めるのであるが、ともに聴衆がかねて期待するところの範囲から、遠く離れまいとする態度は一つである。群が作者であり作者はただその慧敏《けいびん》なる代表者に過ぎなかった古い世の姿は、今もそちこちに残り留まっているのである。口と筆との二つの文芸が、截然《せつぜん》として袂《たもと》を分って進むもののように、考えてしまうにはまだ少しく早いかと思う。

台本の問題

記録の最初の用途が、精確なる伝承を期するにあったことはむろんである。個々の暗誦家がもしも凡庸なる物語座頭のごとく、口移しに先人の言うところを真似して、意味の理解と感動とを二の次に置く者ばかりであったならば、あるいは文字の利用はまだ永い間、文芸の方面までは拡張しなかったかも知れない。古来の伝承には定まった幾つかの口拍子があり、今でも無視することのできぬ普通の様式があって、いずれも記憶のために大いなる便宜を供している。暗誦は必ずしも文字に依頼する人たちが想像するごとく、難渋至極なものではなかったので、それが次々に乱れ改まって、原形の保存を必要とするに至ったのは、別になお一つの新たなる原因があったからである。その原因は知識経験の増加と言ってもよく、あるいはまた信仰の不統一と名づけてもよい。とにかくにこれを伝えんとした者の内部の生活がまず複雑になって、それが無意識にもまた意識的にも、自然に異なる表現を促すことになったのである。神話が外来の新らしい学問に影響せられて、永く固有の形を守ることを得なくなったのは、その最も著しい一つの例であった。古い文芸は多くの民族において、いつも惜しまれつつ薄れまた消えて行ったが、日本でもそれを繋ぎ留めようとした最初の事業が、それ自身すこぶる鮮明に、同じ感化と動揺の痕を示しているのである。国々の風土記などの忠実に昔を語り伝えんとしたものが、新らしい言葉で説き改められていることは誰でも知っている。これが数百年来の歌謡文章を登録する場合に限って、全然今日の蓄音機、写真板のごとくであったろうということは、実は容易に断定しがたいことであった。

記録はもちろん遠い将来に向って、ある一つの時代の最も正しい型を保存し、文芸の自由なる進化を抑制するの力をもっていたが、同時に一方では今まであるものを整理する点においても、個々の口頭伝承がなし得なかったことをなしている。古歌が『新撰六帖』以下御歴代の撰集において、どれほどまで写しかえ吟じなおされていたかということは、たまたま以前の記録の併存する場合にのみ、我々が心付くだけであるが、それを他の部面の撰者たちが絶対に避け慎しんで、常に稗田《ひえだの》阿《あ》礼《れ》のごとく口移しの暗誦を詮《せん》としていたと見ることは、いかにも心もとない古文辞研究者の態度であった。いわゆる定本の沙汰は印刷万能の世に入ってからのことで、限りある経典の信仰をもって裏付けられたものを除くほか、以前は筆写もまた口頭の伝承と同じように、毎回少しずつの成長は予期せられ、記録はただ次の一本の現われるまでの期間、ないしは他の同種のものの知られざる地域にあってのみ、一つの文芸を固定する力を具えていたのである。

近年の例として私たちの経験したのは、古河《ふるかわ》古《こ》松軒《しょうけん》の『東遊雑記』、これなどはたった一回の愉快なる道行振りであるにかかわらず、ほとんとある限りの写本が多少とも内容を異にしている。著者は一方に門人の伝写を許しながら、終始これを座右に置いて筆刪《ひっさん》を続けていたのである。菅江真澄《すがえますみ》の信州の三紀行などは、その当時のものが近頃になって発見せられたが、これを四十年後の自筆本と比べてみると、序述の改定があるのみか歌までが多く詠み直されてある。同じ一人のわずかな一生にも、時を隔てるともうこれだけの変化は見られる。ましてや人がかわり世態環境が改まって、元の文芸が存続し得ず、しかも次々の換骨奪胎をもって、時としては模倣剽窃の非難を免れるほどに、外形を新らしくすることを得たのは当然であって、我々はむしろこうしてまでなお大昔の趣味に縋《すが》り、古い様式のあるものに約束せられようとした、国の文学の持続性とも名づくべきものを、感歎せずにはいられないのである。芝居道の作者が今でもまだ一回の演出をしか支配しておらぬごとく、講談師の著作権なるものが、このごろようやく問題になりかかっているごとく、あるいはまた前人の発明を拾い集めた書き物が、著述と銘うっていくらでも世に行われていると同様に、文筆は単なる伝承の一方法たるに過ぎぬ場合が多かった。これが読書であると暗誦であるとによって、太い分堺線を引くことは不可能である。いわゆる天才の創意はしばしば口から耳への文芸の中にも閃めいている。そうかと思うとただの写し物の、下手な焼直しをすらもあえてし得なかったものが、手本が夙《はや》く消えたために上もなく珍重せられ、いつまでも筆者の人柄をゆかしがらせている例も多いのである。そういう書冊が水火の厄を脱して、稀に後代に伝わったのはただの偶然に過ぎない。これがお互いの文学史研究にとって、唯一また安全なる対象でなかったことは、今さら絮説《じょせつ》する必要もあるまいと思う。

いわゆる読者文芸

私などの見たところでは、二種の文芸の最も動かない堺目は、今いう読者層と作者との関係、すなわち作者を取り囲む看客なり聴衆なりの群が、その文芸の産出に干与するか否かにあるように思う。今日の大衆小説などは、大衆の趣味がすでにひねくれ、また際限もなく複雑になっていて、作者が果してこれに迎合してその筆を左右しているのか、はたまた皮肉にその裏を掻こうとしているのか、見究めがたいような場合も毎度あるが、以前は単純に人が意外を承知せぬために、文芸は常に一定の方向に導かれていたのであった。これも芝居者の逸話に残っているが、ある田舎では馬が非常に好きで、馬の出ぬ芝居にはすぐ退屈してしまう。そこで妹背山《いもせやま》だろうが千代萩《せんだいはぎ》だろうが、「馬を出せエ」と見物が騒ぎ出すと、是非もなくその舞台へ馬が乗り込んで来ることになっていたという。そういうのは誇張せられた一つ話だとしても、出し物が土地によっておおよそは極まっていたことは、ひとり小屋掛けの興行には限らなかった。歌でも昔話でも内容をほぼ予期したものが、ちょうど適当な折を見てまた現われ、たまたま新意匠を悦ぶ者があっても、その作り替えや後日譚にも、やはり許さるる限度というものがあった。神仏の威徳が霊験なしに終らなかったはもちろん、薄命の美人は必ず済《すく》われ、桃太郎は結局凱旋せずにはいなかった。ことに群衆が歌を思う場合などは、それが踊りの庭であり酒盛りの筵《えん》であり、はたまた野山に草を刈る日であるを問わず、いまだ声を発せずして彼等の情緒は一致していた。何人よりも巧みにかつ佳《よ》い声をもって、これを言い現わそうとした者が当日の作者であって、通例はこれを音頭といっていた。音頭を取る者は各自の器量次第、もしくは趣味のいかんによって、ありふれたる歌をうまく歌って褒められ、あるいは人の知らぬ文句を暗記して折を待ち、あるいは即興に自作を発表する者もあったろうが、いずれにしたところで聴く者の言わんとしてあたわざる感覚を、代表するより他のことはできなかったのである。信仰が一つの団体を統括していた時代に、古く定まった語りごとが寸分も逸脱を許されず、正しい伝承者のみが尊信せられたに反して、後には群衆の空想がやや茫漠と延長して、むしろ新らしい変化を期待する傾きは生じたが、いずれにしたところで相手の「理解」が限界であったことは、口も筆も皆同じであった。つまり文芸はこの方面においては、ただ通常人の智能とともにしか成長せず、しかもその一般の水準が大いに高まって来たために、ここに我々は今日の文運を見ることになったのである。

　だから史学の当世風に倣《なろ》うて、二三各時代の最も著名なる作者を飛石に、国の文芸の進展を跡づけようとする試みは誤まっている。彼等が天分はまことに超凡であったにしても、それを証明させたのは背後なる凡庸の力であった。たとえば西鶴や大淀《おおよど》三千風《みちかぜ》の文は、今日はどれほど面倒な註釈が添うても、もうその本意までを捉え得ぬ人が多くなっている。作者がただ単に後代の鑑賞を予期していたのだったら、あの表現法などは確かに失敗であったといえる。しかも俳諧の習練か、浮世わたりの経験かは知らず、とにかくに同じ世に生れた町の人々のみは、これを讃歎しまた時としては模倣し得るほどに、気早な聯想と精微なる理解力とを具えていたのである。ひとり時代の知識と感覚とが、これを受け入れるに適していただけでなく、あるいはなお一歩を進めて、この種の文芸の生れずにはおられぬような、世俗の趣味というものはすでに存し、たまたまこれに促されてまず起《た》った者が、大きな喝采をもって迎えられたとも見られぬことはない。そうなって来ると、作者をある一人の筆執る人に限ることはいよいよむつかしく、かりになんらの兆候の文献の上に認められるものがなくとも、社会が絶えず次の代の文士を著名ならしめるために、路を開いて来た勤労は無視することができぬのである。

〔抄録〕

解題『口承文芸史考』

本書の姉妹篇に当たる『日本大衆文化史』が基調とするのが柳田國男の提示した「群れとしての作者」という概念である。

柳田の「群れとしての作者」論は二つの原理からなっている。一つは短歌がそうであるように歴史的に反復・継承されてきた表現のデータベースを表現者は一種のコモンズとして共有するという前提である。その意味で作者が個人と結びつき、それによってオリジナリティを担保しようとした、近代メディアの黎明期に起きた剽窃問題に注意を促す。はっきりとは述べていないが、大衆的表現に於いて剽窃と創作は地続きであると柳田は考えている。それ故、創作の担い手は個々の作者でなくデータベースの中で表現し同時にこれを更新していく「群れ」である。これが二つめの原理である。

更にこの「群れとしての作者」には通時的側面と共時的側面がある。例えば昔話の伝承者はしばしば百話単位の昔話をレパートリーとして持つが、これは「暗記」するのではなく、「口頭構成法」などと呼ばれる手法によってその都度、データベースから生成するわけである。他方、共時的な側面としては物語が生成する「場」の問題がある。例えば昔話の語り手とそれを囲む聞き手の間で生じる関係であれば、受け手の反応、あるいは様式化された合の手などとの呼応関係の中で「語り」が変化していくという、一種のオーディエンス論に近い考え方である。

しかし柳田にとって「群」とは必ずしも肯定的な意味ではないことには注意を促したい。『明治大正史 世相篇』の「解題」で見たように、柳田は「選挙民」という「個」たり得ず、「選挙群」として投票行動をした有権者への憤りを隠さなかった。「群」は公共性形成の主体たりえないのである。

この点を考える上で、柳田は「語り」と「話《ハナシ》」を意図的に分別したことに注意したい。彼が重要な考えを披露するときはしばしば「〜の話」と題名に記した。その一つ「世間話の研究」は、今回は収録しなかったが是非「全集」その他で当たってほしい。いわゆる流言や噂話についての論考だが、それは同時にジャーナリズム論である。噂話や流言は「語り」の様式に収斂され、まさに大衆という「群れとしての作者」に担われるものだ。しかし柳田がいう「ハナシ」とは「観察」という自然主義的手法を踏まえて、自分の見解を理性的に表現する、いわば「個」としての「選挙民」を可能にする技法である。柳田は新聞などのジャーナリズムに、「ハナシ」を整理し「是を正しい歴史にしていく機関」としての役割を期待している。つまり、公共性を担う役割をメディアに期待する。

　このように「群れとしての作者」論は、全面的に柳田の中で肯定されるものでなく、あくまで「個」と「公共」が立ち上がる以前の前史として、柳田の中で位置付けられている。その主張が「群れ」化した大衆への危惧を含むことは、ＳＮＳがまさに「群れとしての作者」の体現としてある今、肝に銘じるべき問題である。

〔大塚英志〕

【「大衆を指導するラジオ」が創る明朗な歌謡曲】

『国民歌謡』の創造運動　奥屋熊郎

初出「放送」一九三六年七月号第六巻第七号

一、国民歌謡誕生の記録

昭和十一年六月一日午後零時三十五分、奥田良三氏によって歌い出された『日本よい国』の一曲、これこそは我が放送種目の上に『国民歌謡』という一種目を加えた記念すべき時間であり、記念すべき歌曲である。この日はＪＯＢＫ仮放送開始以来十一年目の記念日に当るので、私共は恒例による特輯プログラム週間の計画を樹てたが、特に今年の空間文化への記念植樹はこの『国民歌謡』の確立運動《ママ》に選ぶべきだと考え、これが試験的実行方法を昼間演芸時間に於ける週間反覆放送として放送編成会に提案、幸いに容認されるに到ったものである。ただ『国民歌謡』という名称は私共の最初から考えていたものではなく、レコード流行歌をラジオ・プログラムの上では『歌謡曲』（この歌謡曲という名称は独逸語のLiedと紛らわしいだけに決して適当ではないが）と称している現状に即して、それらとは異った使命なり目標なりを持つところの全国民的な新しい流行歌、新しい民謡を創り出すためには鮮《すくな》くともレコード流行歌と混同されない名称を冠する必要があるとの立場から、今春三月私は先ずこの運動の出発に際して『新歌謡曲』の名称を与えた。そしてこの名称の下に次の通りＢＫから二回の全国中継放送を試みた。

【その一】四月二十九日（天長節昼間）

歌手　奥田良三、関種子

曲目（全てＪＯＢＫ文芸課撰奨、新発表）

（い）夜明けの唄　大木惇夫詞、内田元曲

（ろ）防人のうた　富田砕花詞、弘田龍太郎曲

（は）早春の物語　深尾須磨子詞、宮原禎次曲

（に）乙女の唄　今中楓溪詞、水谷ひろし曲

（ほ）心のふるさと　大木惇夫詞、江口夜詩曲

（へ）野薔薇の歌　佐藤惣之助詞、弘田龍太郎曲

（と）希望の船　佐藤惣之助詞、服部良一曲

（ち）旅へ旅へ　深尾須磨子詞、宮原禎次曲

【その二】五月十七日（夜）

歌手　内本実、四家文子

曲目（全てＪＯＢＫ文芸課撰奨、新発表）

（い）祖国の愛　長田幹彦詞、江口夜詩曲

（ろ）ヨットの歌　川路柳虹詞、竹内平吉曲

（は）若き妻　長田幹彦詞、松本四良曲

（に）娘田草船　福田正夫詞、大村能章曲

（ほ）若葉のハイキング　川路柳虹詞、松本四良曲

（備考）―第一回の発表は昼間スポーツ時間と対立したため、ＡＫ、ＢＫ、ＣＫ各中央局電波圏内以外では中継されていない地方もある。

この二回の新発表楽曲は『新歌謡曲』とは称したが、謂うまでもなく今日の『国民歌謡』のことである。ただこの運動を今後一層力強く押進めてゆくのには、ほかにもっと適切な名前が無いだろうかということが偶々編成会議の問題になったから、もともと在来のレコード流行歌との立脚点の相違を表示することを第一義とした名称のことではあり、将来レコード流行歌の歌曲構成の形態なり精神なりが、我等の提唱するものに次第に接近して来るような時代にでもなれば『新歌謡曲』の『新』の表示などは自から抹殺してラヂオもレコードも相携えて明朗な『歌謡曲』樹立へ邁進すべきだ――要するに『新』の一字は、酒場の歌謡曲を国民の歌謡曲にしてしまうまでの過渡時代の暫定表示を意味するものにほかならぬ――と見ていたこととて、私は『決して新歌謡曲の名称を固執するものでない。良い名称があれば変えて貰って結構である。例えば国民歌謡とされてもよい……』旨を提言したところ種々の意見が出た揚句、その『国民歌謡』がよかろうということになり、更にこれを反覆放送によって、レコードの流行機能に似た機能をラヂオにも働かせるという、所謂反覆放送案に編成会首脳部の諸氏が賛同してくれたのである。こうして『国民歌謡』は我放送種目の重要な一地位を占めることになり、六月一日のＪＯＢＫ記念日から『良き流行歌の創造』と『それの全国民への指導的伝達』という二重の意義を持って朗らかなスタートを切ったのである。

二、第一烽火は「新歌謡曲」創造運動

さて国民歌謡（即ち新歌謡曲）の運動は何故に必要であるか。特にラヂオのプログラムの上に率先してこれを加えたのは何のためであるか。これを説明する代りに、私は先ず去三月、その第一回の新歌謡曲発表（四月二十九日）に先だって作詞、作曲を委嘱した方面に対し提示した『新歌謡曲創造運動について』なる趣意の概要を次に掲げよう。

趣意概要

レコード企業の齎《もた》らした「流行歌氾濫時代」は今日既にその頂点を下りつつあると観るのが至当でしょう。しかし、時代大衆の感覚に働きかける「流行歌」の魅力は依然として現代の民衆娯楽の王座を占めているのも事実です。即ち民心作興の立場から（又はモーラルな社会観点から）は、兎角の批判が下されるとしても、流行歌を構成する契機なり、分子なりには、大衆の魂を摑むもの――所謂大衆性――の存在することが肯かれます。

ラヂオ・プログラムと流行歌の関係は、だから大衆の嗜好が流行歌に傾倒しつつあるの実情に即して、これをラヂオ・プログラムに加味している以上のものではない。謂わば「レコードの創造した大衆性」にラヂオが追随しているのです。それは必ずしも不名誉なことではないでしょう。

けれども、レコードの創造する大衆性は、常に企業としての諸条件を具備しなければなりません。批判意識を忘れてはならぬラヂオにとって、それらレコード流行歌を社会に伝達しプロパガンダすることが、時に苦痛であり、時に自家撞着を感ずる場合に遭遇します。茲《ここ》に、ラヂオ自らの立場から「新歌謡曲」の創造へ

一歩を踏み出そうと期する所以です。然らば「新歌謡曲」は何を目標とするか？　それは実に簡明です。

（一）歌詞も楽曲も清新、健康、在来の大多数の流行歌を席捲した頽廃的気分から離れること。

（二）家庭でも高らかに、明朗に、又は感激して歌い得る歌曲であること。

（三）時代人の感覚と共鳴する愉悦な歌曲であること。そして欲をいえば生活の疲労や懊悩に浸透する消極的な慰楽にとどめず、明日の生活創造へ働きかける積極的な慰楽分子を努めて多く含むこと。

こんな旗印の「新歌謡曲」を私達は今日の大衆に贈りたく思います。といって今日までの流行歌の全てがこの旗印と反対であったというのではなく、中には上記の主張通りのものも相当散見されたと思いますが、それらは単に流行歌そのものにバラエテイを持たせるか、又はジャーナリズムの傀儡としての際物作品の類であって、共にレコード会社の商業主義から出発したものにほかならぬと言い得られましょう。私共の要望するのは、そうした偶成的な作品のことではなく、ラヂオ自体の批判意識（そこには所謂ラヂオの指導性がある）から創造しようとする「明日の歌謡曲」のことであります。

昭和十一年三月　　大阪中央放送局文芸課

以上は今日謂うところの『国民歌謡』創造のために投じた第一石である。これが期せずして作歌壇、作曲壇に多少共刺戟を与えるに到ったことは、民衆娯楽の将来のため洵《まこと》に欣快に堪えない。

☆

しかし、私共の目ざす『新歌謡曲』は、一応如上の簡明な趣意によって理論づけることができたとしても、その趣意に当て嵌めるべく創造される筈の歌謡曲がすべて私共の理想通りの収穫になるものとはいえない。四月二十九日と五月十七日の二回に発表した十三曲についてみても、『文藝春秋』六月号のラヂオ匿名批評や『音楽世界』六月号の千葉利江氏のラヂオ月評が辛辣に（しかし懇切に）批判したが如く、これが悉《ことごと》く私共の思う壺に嵌った作品だったとは言明するを得ないのである。仮に歌詞だけが理想的だナーと思われたものも、作曲の点では作詞者の意図とおよそ異った方向へ飛込んでいたものもないではない。だが、それだからといって『何が新歌謡曲だ！　何が国民歌謡曲だ！』と貶し去るべきではない。一作詞者の、又は一作曲家の生涯を通じても、真に民心を摑み得る作品というものはそうザラに創り出せるものでないことを思えば、『新歌謡曲』の如き新しい目標と使命を持つ運動が一朝一夕にして完成し得られるわけはない。今はまさに創造運動の序の幕である。殊にこの運動には、芸術的にも、娯楽的にも、時代の大衆を法悦せしめるに足りるほどの名曲をたとえ一曲たりとも創り出さねばならぬという目的のほかに、この運動を興すことそれ自体が、レコード流行歌の超刺戟的な歌曲濫造に順応して著しく猥雑、低劣、頽廃的な方向へひた押しに押流されつつある大衆の『流行歌嗜好の傾向』を少しずつでも是正してゆくという意義を併せ持つからである。つまり、一曲々々の作品の価値よりも如上の趣意を以て邁進しつつある創造運動そのもの——或はそれの過程——に最も重大な文化的意義が懸っていることを見逃してはならぬ。

（『日本よい国』の楽譜、歌詞略）

三、『国民歌謡』反覆放送の足跡

『国民歌謡』を名乗った劈頭《へきとう》の放送、とりわけ一週間の反覆放送という画期的な試みの最初の歌曲として、私共は今中楓溪氏作詞、服部良一氏作曲の、『日本よい国』を選んだ。この曲は前二回の新歌謡曲の発表に際し、二回共演奏を予定しながら時間の都合で未発表の儘《まま》になっていたのと、作詞、作曲共にこの運動の冒頭を飾るに（或はこの理動の精神を象徴するに）相応しいと考えたためである。参考のため作詞、作曲をここに揚げよう。

第二回は、この運動に賛同されたＡＫ文芸部が島崎藤村氏作詞、高階哲応氏作曲（小田進吾のペンネームで）の労働の歌三部作の内『朝』を永田絃次郎氏の独唱で受持たれた。楽曲は今私の手許にないが歌詞は次の通りである。

（『朝』の歌詞略）

次で第三週には再びＢＫからの放送となり、曩《さき》に関種子氏によって発表した『心のふるさと』を同じく同氏に委嘱した。この曲はここに挙げたとおり美しい夢を想わせるワルツである。

（『心のふるさと』の楽譜、歌詞略）

第四週はＡＫの受持で、再び第二週の『朝』が選ばれ演唱形式だけがオリオン・コールの男声合唱に変えられた。第五週は七月六日から三度びＢＫの担当に戻って阿部秀子氏が『娘田草船』を歌われることになっている。ところでこの運動は今後どう進めるべきであろうか。私は貧しい二ヶ月余の経験に於てともかくも二三のことを考えさせられた。

四、経験によるそくばくの考察

その一は歌曲全体のスタイルの問題である。

正直に云うと、私個人の意見としては、『国民歌謡』などと厳めしい名称を冠したからとて、何も裃をつけて楽曲を創らなければならぬとは思わない。平時の軍歌であったり、校歌や寮歌の仲間入りに終ったりしたくはない。言い換えれば、この運動を特に狭義、窮屈に解釈されたくないのだ。

殊にどんな時代、どんな場所でも、時代の心から離れて『流行する歌謡曲』というのは有り得ない。即ち流行歌とは世相の一つの側面でさえあるからだ。今日の社会や生活や言葉とは遥かに距りのある歌曲を以て、大衆に臨んだりすることが仮にあるとすれば、それは恐らく惨めな結果を招くであろう。

大衆をして声高らかに歌わせ、又大衆に流行らせるというからには、やはり今日のレコード流行歌のスタイルから一足飛びに離反するばかりが能であるまい。要は新鮮な今日の歌であり、そして或水準を下らないだけの品性を必ず盛りこむことである。

今日の感覚と没交渉な歌曲や、歌詞、楽曲のほかの演唱上のエキスプレションに特殊の蠱惑効果を期待するが如き所謂レコード流行歌の新傾向（その最も顕著な例は最近発禁になった『忘れちゃいやよ』の『ねえ』とか『いやァよ』とかのアクセントに絡むイットの発散である）などはすくなくとも我等の推奨し礼讃しようとするスタイルではない。

☆

その二は用語と語彙の範囲に関する作詞上の表現領域の問題である。
ここでも前項に挙げた『今日の歌』『或水準を下らない品性』ということがその基本になるが、特に
（い）今日のお互いが口にしている言葉によって『歌』は作ること
（ろ）彫《ちょう》琢《たく》鏤《る》刻《こく》の詩ではなく、できるだけ平易な言葉による通俗歌曲とすること
（は）それには極度に語彙を制限して（例えばベーシック・イングリッシュで或歌の一章を作るという位に）かかること――このことは国語の平易化へ働きかける運動ともなる――
等がその最も主要なものであろうか。人はよく『萬葉』の素朴芳醇な表現や『源氏物語』の流麗優婉な筆

に恍惚として、今も尚我々の魂を高い感激に導いて歇《や》まないという。これは決して誇張ではない。『萬葉』や『源氏』を繙《ひもと》くほどのものならまさにそうした感懐に浸り得るであろうが、その法悦境は所謂大衆の教養レベルに縁なき香気である。如何なる場合にも大衆の教養レベル（又は大衆の感激対象となり得る素材についての正しい認識）を忘れては、大衆をリードし得られない。

この二ヶ月余の間に私共の委嘱した十数篇の作詞についてみても、こんな廻りくどい言い廻しが一般に解るだろうかとか、こんな生硬な単語が我々の日常生活と何の交渉があるだろうかとか、疑問を起しかけると随所にアラ（作詞の価値に関することではない。『国民歌謡』の目的的視角からの判断に於てである）が目立ってくるのである。

そうした観点からいうと、ＡＫ文芸部が唯だ一篇発表されただけの『労働の歌三部作の内――朝』の如きは、尠《すくな》くとも歌詞に関する限り私共の提唱しようとする国民歌謡の範疇外に属する。あの詩篇は藤村氏の明治三十一、二年の作で、例の有名な『小諸なる古城のほとり』と共に信州小諸で作られた千曲川旅情の歌中の一篇であり、今もこれを詠みかえす時、私共は溢れる至純な感激に瞼の熱くなるのを覚えるが、その歌詞は今日の私共の世界からは既に遠いものではなかろうか。

『……もろはうちふるくだかけは、のんどのふえをふきならし……』

などいう老巧典雅な表現が今日の大衆に呼びかける（又は今日の大衆をして唱わせるに）適当であるか、否か私はこの点に大きな疑問を持つものである。

深尾須磨子氏は『放送』六月号で『明日の流行歌』を論じ、歌詞の問題に触れて

……歌詞はくれぐれも吾々が日常会話に普通用い得る言葉、テレたり、鼻じろんだりすることなしに、すらすらといってのけられる程度の言葉を用いることである。それでよい流行歌を作りあげてほしいのである

…

といっておられる。実はこの短かい一齣《いっせき》こそは私共の言わんとする『国民歌謡』の歌詞の定義だといってよいのである。

☆

その三は作曲態度と音域の問題である。

何とかしてレコードの流行歌から離れようとするために、多分にリード化しようとする傾向があるが、これは努めて避けなければならぬ。といってネオンの酒場を彷彿させる頽廃調に陥ることは一層排されなければならぬ。しかしこの頽廃調？　が問題で、在来のレコード流行歌と紙一枚の差だって、大きな前進を意味する場合のあることを特記すべきである。

単純な、新鮮な、旋律を第一義とすること、これほど重要な条件はない。伴奏のオーケストレーションの如きは大衆を惹きつける魅力的手段として度外視すべきでないが、旋律と伴奏との総和によって特殊の芸術的詩境を醸し出そうとするリードの役割とは比すべきものでない。

つまり覚えてしまうまでの補導魅力とでもいうか、伴奏音楽の第一の任務をそんなところに置きたい。そして覚え込んでしまったら、件奏が無くても声高らかに愉しく唱い得る歌曲、それが国民歌謡であって欲しい。

ところがここに一つ厄介なのは音域の標準である。反覆放送の第一回に発表した『日本よい国』に対して次のような質問が来た。

『……最低音Bより高音Fに至る音域の如き、最低音は兎も角としても上のFの如きは誰にも歌えるという立前にはいささか難点があるのでなかろうか……』

これは頷かされる事柄である。一般の男性（『日本よい国』男声向）の声としてFからBは一向異数ではないといわれているが、今後多くの『国民歌謡』を発表してゆくからには、どうしてもこの音域を制限するという点について十分の考慮を払う必要があるかに思える。決して選ばれた特殊の声楽家だけが唱うのではなく、一般の国民大衆に唱ってもらおうという歌謡曲なのだ。

そこでできるだけ狭い音域で作曲すること、こういう条件が附け加えられてくる。もちろん音域を狭めておいて美しい立派な旋律を求めるなどということは不可能に等しい難問題であるが、統一歌唱を必要とする国民歌謡なるが故にこんな無理な注文もつけられなければならぬのである。

☆

このほか歌手についても言いたいことがないではない。例えば私共が『正しい音楽基礎の上に立つ音楽家』を歌手に選ぶことを宣告したからといって在来のレコード歌手をロック・アウトするものと早合点されては困る（『音楽世界』六月号の千葉利江氏の如き懇切な態度で批判された人さえそんな風に思い込まれていた）のである。いくら飛ぶ鳥落すほどの流行歌手でも譜も読めぬ程度の人に、国民歌謡の指導的な歌唱を委されないという意味であるが、変に曲解している向もあるようだからここに附記して置く。そして私の考では、正しい音楽基礎さえある人なら、レコード流行歌手の方が寧ろ適任だと信じているのである。それは日本語を明瞭に歌うことに苦心しているからである。

五、勃然たるこの社会的反響

以上で今後の『国民歌謡』にかかる諸問題についての私見の大体を縷《る》述《じゅつ》したが、序《つい》でだからこの運動が一般社会にどんな反響を与えているかについて一言したい。

私共が『新歌謡曲』を発表したのは四月二十九日、『国民歌謡』と改称して放送したのは六月一日、その間この運動に賛意を表され、激励と感謝の書簡を寄せられたものが夥《おびただ》しい数に上ったが、わけても第一回の反覆放送中『これをぜひ生徒に教えたい』『自分でも覚えたい』というので楽譜の送附方を希望してくる向が毎日何十通かに及んだため、止むなく略譜を謄写して五百枚余までは希望に応じたが、アトは略譜の発表された新聞紙名を教示するにとどめた。

第一回の経験で大体の見当がついたので、ＢＫとしての第二回『心のふるさと』の時には、発表済の楽曲と共に五曲の選曲略譜集を用意し、希望者には送料封入申込次第無代進呈する旨管内告知放送を試みたところ、申込が一時に殺到し其数四千を越えてしまった。学校からの大量頒布希望も多数あったが、これらの学校側で謄写して貰うことにして二三枚宛《ずつ》以上は頒《わか》たなかった。尚告知放送は管内のみであったが、読売新聞のラヂオ版に右略譜集発行の記事が掲載されたためであろう、東京方面からの申込が二割以上に上ったことは意外であった。

も一つ愉快だったのは、去六月二十三日夜、奈良市第四小学校で聴取者招待の『奈良の夕』現場中継を行った時、松平晃、関種子両氏によるローカルの『国民謡曲』の時間をつくったが、松平君が『日本よい国』を歌い出すと、千余の聴衆の過半数が、配られた略譜によって微《かす》かに唱和していたことである。やはり多くの聴取者の中にはあの反覆放送を毎日待ち焦れている人も尠《すくな》くないのだと思うと、この運動のほんとうの意義と重大性が今更のようにしみじみと考えさせられたことである。

こうはいっても、『国民歌謡』はまだまだ軌道に乗って来たものとはいえない。これから、然りこれから、世の厳正批判と鞭撻とによって、強く、正しく颯爽と進むところに、真の『国民歌謡』は必ず生れてくるであろう。その日まで私共は断じてこの運動を挫折せしむべきではないと思う。

（一一、七、一三）

――筆者は大阪中央放送局文芸課長――〔抄録〕

解題「『国民歌謡』の創造運動」

奥屋熊郎（おくやくまお、一八九四〜一九六四）は、戦前の大阪中央放送局（ＪＯＢＫ）にあって、当時まだ新しいメディアであったラジオの可能性を追求し、「野球中継」「ラジオ体操」「詩の朗読放送」など、ラジオにしかできない数々の企画を日本で初めて電波に乗せた稀代の名プロデューサーである。

「国民歌謡」は奥屋の代表的な業績の一つで、現在も放送されている「みんなのうた」の源流とも言われている。「『国民歌謡』の創造運動」は、その「国民歌謡」のコンセプトと意義について、企画した奥屋自身が記したものである。

奥屋は一八九四年、三重県阿拝郡新居《にい》村大字東村（現・伊賀市東高倉）に生まれた。三重県立第三中学校（現・三重県立上野高校）を家庭の事情で中退後、神戸に出て複数の新聞社で記者としてのキャリアを積んだ。有能な記者であったと同時に、短歌の集いに参加したり、文化雑誌を創刊したりと、神戸の文芸界にもその足跡を残している。やがて記者生活に見切りをつけた奥屋は、文芸雑誌の編集を経て、一九二六年、三一歳で前年に設立されたばかりのＪＯＢＫに入局。たちまち頭角を現し、「全国の放送局切っての知恵者」と呼ばれるようになる。「国民歌謡」を企画した時は、放送部文芸課長の職にあった。

奥屋が新天地のラジオで成功出来た背景には、当時のＪＯＢＫが東京中央放送局（ＪＯＡＫ）に強い対抗意識を持ち、番組の企画や編成において独自色を出そうと努めており、アイデアマンの奥屋が辣腕を振いやすい環境があったことも見逃せない。

加えて奥屋の旺盛な活動を支えたのは、ラジオは大衆に対する指導精神を持つべき、との信念であった。その原点は、ＪＯＢＫが一九三一年に実施した「嗜好調査」にある。調査結果を分析した奥屋は、聴取者の嗜好は最初からあるのではなく、ラジオによって作られる、さらにラジオは、時代の文化の特質を変質させる力を持つ「ラジオ大衆」を作り出すと結論した。奥屋の言うラジオの大衆に対する指導精神とは、聴取者である大衆の快適な娯楽であるべき放送を緊縛するものではなく、従来の娯楽の本質に鑑みて量的な調整を行ったり、これを模型として健康的な新作品を加味したりすることであった。それは、映画やレコードなどと異なり、営利を目的としないラジオだからこそ持ち得る、時の社会や民衆の嗜好に対する批判に基づいた、「時代文化のコントロール意識」を意味した。

退廃的なレコード流行歌をそのまま流すのではなく、ラジオが主体となって明朗な「国民歌謡」を創造し、ラジオならではの反復放送によって聴取者の耳に刷り込み、「国民歌謡」を愛唱する「ラジオ大衆」を創造することは、奥屋にとってラジオの指導精神の実践であり、ラジオに託した理想の実現であった。その反響も含めて報告する奥屋の文章には、現在の放送人にはない強烈な主体性、そしてラジオが果たす役割についての確信と楽観があふれている。

〔神松一三〕

【アマチュアとは何か】

素人と黒人　夏目漱石

初出「東京朝日新聞」一九一四年

自分は此平凡な題目の下に一種の芸術観乃至《ないし》文芸観を術べたい。自分が何故こんな陳腐な言葉を択んだかというに、普通の人の使っている素人《しろうと》と黒人《くろうと》という言葉には大分の誤解が含まれている、従ってそれを芸術上に用いる時に一種滑稽な響きを与える例が多いからである。

普通世間では其道に堪能でないものを捉えて、あれは素人だと軽蔑する。それから其道に熟達したものを指して、あれは黒人だと尊敬する。さう言われるものもまた単に此二つの言葉丈で自分の芸術上の位置が極まるかの如くに考えているらしい。例えば絵画を何年か稽古したものは、世間から見れば黒人に違いないので、此方面に於て普通のものよりも多く口を聞く権利があるように振舞って憚らないし、又絵筆を持った事もない所謂《いわゆる》素人は、そういう人の前へ出ると、鼠が猫の前へ出たように大人しく控えている。是は世間が好い加減に極めた素人と黒人という言葉に賊せられて、自分達の立場を能く分析して見ない結果だろうと思う。

自分は文芸上の作品に就いて素人離れのしたそうして黒人染みないものが一番好いという事をよく人に云った。今も時々同じ言葉を繰り返している。然し素人と黒人という意味をもっと理智的に解釈する様になったのは、近頃諸所の展覧会で見た絵画（ことに日本画）が強い原因になっている。自分の考えは最初日本画の御手際に感心し、中頃其御手際の意義を疑い、仕舞に其御手際を軽蔑し始めた時に漸く起ったのである。だから変化しつつ継続した一種の感情の骨格のようなものである。其骨格は無論自分の作ったものではない。自然の感じの裏面を最初から組み立てていたのである。自分は自分の感じを剥いで其内部にある骨組を発見したに過ぎない。

　自分が此の骨組を点検している時に、思い掛けない二人の芸術家が自分を訪ねた。其二人とも一般からは芸術家とは呼ばれずに、同じ意味ではあるが一種好くない連想を有《も》った芸人として取り扱われている男達であった。彼等は自分の専門とは極めて縁の近そうで、そうして殆んど交渉のない方面に働らいている人々であった。

　一言でいうと、彼等は舞台の人即ち俳優なのである。自分は世俗の習慣に従って、ここに彼等を菊五郎、吉右衛門と呼び捨てにする自由を有ちたいと思う。

　菊五郎に会ったのは去年の十一月末であった。其の時は紹介者として長谷川時雨女史も見えた。用談は新しく狂言座という団体を作って芸術上の研究をするから賛成者になって呉れという依頼であった。芝居に不案内な自分に取って、是程案外な用件はなかった。然し自分は今いう通り素人と黒人という問題を考えている際であったので、つい菊五郎に向って、私は芝居に懸けては全くの野蛮人だが、野蛮人の立場からなら或は批評が出来るかも知れないと云った。すると菊五郎は是非夫《それ》が聞きたいと答えた。自分は又、野蛮人の批評は土台から野蛮的なのだから、懇意にならない以上は遣り悪《にく》いと云った。すると時雨女史が懇意になって野蛮的に遣って貰いたいと云い出した。劇評家などになる考の毛頭ない自分は少し言い過ぎたのである。然し自分から野蛮人の批評を求めようとする彼等にも野蛮の二字は恐らく徹底的に理解されなかったろうと思う。

狂言座という団体は、日本人の作った新らしい社会劇でも遣る有志者の集りだろうと早合点した自分は、菊五郎に素人になれるかと聞いた。今の世は素人が書をかき、画を描く時代だと云った。素人が小説を作る時代だと云った。何故と云えば、芸が是等を遣るのではない、人間が遣るのだからと云った。然し自分の云った事は或は菊五郎に通じなかったかも知れない。

吉右衛門の来たのはそれから三週間程経った十二月下旬の事である。此時は小宮君が同伴であった。自分と小宮君とは遠慮のない間柄だから、初対面の吉右衛門を前に置いても思う様な話が出来た。自分は日本の歌舞伎芝居というものを容赦なく攻撃した。それに深い興味を有っている小宮君の弁護のうちには、自分と全然立場を異にしている根拠から来るものが多かった。自分は笑った。そう云う点になると、此道に親しみの深い彼よりも、門外漢の自分の評価の方が却って慥《たし》かであると主張した。小宮君は納得しなかった。自分は幕府を倒した薩長の田舎侍が、どの位旗本よりも野蛮であったか考えて見ろと云った。そんな弁護をする人は恰《あたか》も上野へ立て籠って官軍に抵抗した彰義隊の様なものだと云った。羅馬《ローマ》を亡ぼしたものは要するに野蛮人じゃないかとも云った。

吉右衛門の来訪は菊五郎のやうに自分の署名調印を貰う目的でも何でもなかった。然し彼は新らしい脚本を要求しているらしかった。自分の書いたものを遣って見たいというような事も口へ出して云った。尤も是は余程前から小宮君が自分に対する要求の一つであった。脚本を書く興味の深く乗らない自分は、其内書けたら書こうとばかり答えて今日に及んだのである。

二人の俳優が自分の宅《うち》へ来たのは素人と黒人の講釈を聞く為でも何でもなかったのである。けれども自分は自分と彼等との立場の比較やら、自分の芸術に対する考えやらが頭の中にあったので、つい当面の用談に関係して、素人と黒人の問題を彼等に向けたのである。しかも解りにくい断片的な形式を通して向けたのである。自分は自分の思想の影が明らかに彼等の脳裏に映らなかった事を知っている。現に菊五郎の来た時傍に居合せた画を専門にする自分の友達は、彼の帰った後で、あなたの云った事は能く通じなかったらしいですねと自分に告げた。然し自分を理解して呉れる此画家に感謝した丈で、自分の心は満足し得なかった。有望な二人の青年俳優に対する責任としてのみでなく、自分の頭に対する責任として、此問題をもっと明瞭にもっと組織的に表現しなければ済まないような気が何処かにあった。そうして自分は今其機会を捉えたのである。

　素人と黒人の優劣は、此の二つの言葉を普通の応用区域即ち芸術界から解放して、漫然と人間の上に加えて見ると存外判然《はっきり》するものである。世間ではある女を評してあれは黒人だといったり、あれは素人だと云ったりしている。此裏に含まれている褒貶の意義は品評者の随意としても、此の二つの言葉によって代表される事実は殆んど争う余地のない程明白である。

　黒人は第一人付きが好い。愛想がある。気が利いている。交際上手で、相手を外《そら》さない。数え立てればまだ幾何《いくら》でもあるだろう。然しいくらあっても其特色はついに人間の外部に色彩を添える装飾物に就いてのみ云える事丈である。いくら調べていくら研究しても、其の特色が人格の領分に切り込む事は殆どないのである。況《ま》して精神の核に触れるなどという深さは、夢にも予期する事が出来ないのである。

　黒人は次に着物の着こなし方が旨い。それから化粧法が頗《すこぶ》る上手である。頭のものでも穿物でも自然と粋に出来ている。是等も彼等の特色として著るしく他の注目を惹く点に違いない。けれどもそれは前に述べた特色よりも猶人間の上側に附着するものである。様子の好い人だとか悪い女だとかいう言葉は、其様子が精神其物の表現と見做す事の出来ない場合でも、とにかく生きた人間の一部分を代表するものとして、一般的にも哲学的にも、認められて差支えないと思うが、着物や白粉や櫛や下駄に至ると、何うしたって取って喰っ附けたものである。固《もと》より精神や肉体に関係がないと断言するのは悪いかも知れない。然し両者に縁のない遠い所から来て、仮りに身体に附着しているのだから、いかに自分の一部分であるかの如く装っているにしても、何時切り離されるか解らないという意味から見て、自分とは甚だしく懸け隔ったものである。いくら朴《ほお》の木炭《きずみ》で磨いても、鶯の糞で洗っても、頬骨の高いのや額の出たのは決して改良出来ないのが好い証拠である。

　して見ると俗にいう黒人の特色というものは、人間の本体や実質とは関係の少い上面《うわっつら》丈を得意に徘徊しているように思われる。此事実をもう少し念を入れて眺めていると、一見人を引き附ける魅力を有った黒人というものが、存外詰らなく見えて来る。彼等の特色は彼等に固有のものではない、誰でも真似の出来る共有的なものだという気になる。必要なのは練習と御浚《おさらい》丈で、其外殆ど何《なん》にも要らないという事が解る。要するに黒人の誇りは単に技巧の二字に帰着して仕舞う。そうしてそんな技巧は大概の人が根気よく丁稚奉公さえすれば雑作なく達せられるものであるという心持になる。上部《うわべ》丈の改良で事が済むのだから、精神的の教養よりも遥に容易である、容易であるから誰にでも達せられると云うのである。

　自分はここに挙げて評価した黒人の特色を、絵画の黒人にも、俳優の黒人にも、乃至は文芸の黒人（もし文芸に黒人があるとすれば）にも、応用したい。そうして彼等に向って、単に黒人であるという事は、余り威張れたものでないという気の毒な事実を告げたい。素人でも尊敬すべきだという真理を首肯《うけが》わせたい。腕は芸術の凡てではない、寧ろ芸術界に低級な位置を占めるのが腕であると教えたい。否、多くの場合に、黒人は此腕の御蔭で、芸術を破壊する、堕落させる、向上の邪魔をされている、と主張したい。黒人は此等の特色さえ発揮すればそれで十分だと思うなら、人間は権謀術数さえ練習すればそれで沢山だと考えると同じである。誰が権謀術数丈で人間になれると思うか。人間は権謀術数よりもう少し高いものである。

良寛上人は嫌いなもののうちに、詩人の詩と書家の書を平生から数えていた。詩人の詩、書家の書といえば、本職という意味から見て、是程立派なものはない筈である。それを嫌う上人の見地は、黒人の臭いを悪《にく》む純粋でナイーヴな素人の品格から出ている。心の純なるところ、気の精なるあたり、そこに摺れ枯らしにならない素人の尊さが潜んでいる。腹の空しい癖に腕で掻き廻している悪辣がない。器用のようで其実は大人らしい稚気に充ちた厭味がない。だから素人は拙を隠す技巧を有しない丈でも黒人より増しだと云わなければならない。自己には真面目に表現の要求があるという事が、芸術の本体を構成する第一の資格である。既に此資格を頭の裡に認めながら、猶かつ黒人の特色を羨むのは、君子の品性を与えられている癖に、手練《てれん》手管《てくだ》の修業をしなければ一人前でないと悲観するようなものである。

自分は俗間で婦人丈に就いて用いるといふ言葉から出立した。其言葉を解剖して見ると、毫も内容を改めないで、其儘芸術上の専門家に応用が出来たのである。そうして其結論は芸術界の所謂黒人に対して気の毒なものになって仕舞ったのである。彼等をして自分の説を成程と首肯《うけが》わしめるには是で十分だと自分は考えている。

然し念の為めだから、暫らく今迄の局面を一掃して、更に新らしい所から黒人と素人を比較して見ようと思う。あるものを観察する場合に、先ず第一にわが眼に入るのは其輪廓である。次には其局部である。次には局部の又局部である。観察や研究の時間が長ければ長い程、段々細かい所が眼に入って来る、益《いや》小さい点に気が付いて来る。是は凡ての物に対する我々の態度であって、殆ど例外を許さない程応用の広い自然の順序と見ても差し支ない。だから芸術の研究も亦此階段を追って進んで行くに違ない。所謂黒人というものは此道を素人より先へ通り越したものである。そうして其処に彼等の自負が潜んでいるらしい。彼等の素人に対する軽蔑の念も亦其処から湧いて出るらしい。けれどもそれは彼等が彼等の径路を誤解して評価づけた結果に過ぎないと、自分は断言して憚らない。彼等の径路は単に大から小に移りつつ進んだのである。浅い所から深い所に達しつつあるのでもなければ、上部から内部に（立体的に）突き込んで行きつつあるのでもない。大通りを見尽したから裏通りを見る、裏通りを歩き終ったから、横丁や露路を一つ一つ覗いているという順序なら、たとい泥板《どぶいた》の上を一軒々々数えて廻っても、研究の性質に変化の来る筈がない。それを低い平面から高い平面に移された様に思うのは、所謂黒人のイリュージョンで、平凡な黒人は皆此イリュージョンに酔わされているのである。単に是丈なら彼等の芸術に及ぼす害毒は左程大したものでないかも知れない。けれども彼等は此甘いイリュージョンに欺かれて、大事なものは何処かへ振り落して気が付かずにいるのである。

観察が輪廓に始まって漸々局部に移って行くという意味を別の言葉で現すと、観察が輪廓を離れて仕舞うという事に帰着する。離れるのは忘れる方面へ一歩近寄るのと同然である。しかも其局部に注ぐ熱心が強ければ強い程輪廓の観念は頭を去る訳である。だから黒人は局部に明るい癖に大体を眼中に置かない変人に化けて来る。そうして彼等の得意に遣《や》って退《の》ける改良とか工夫とかいうものは悉《ことごと》く部分的である。そうして其部分的の改良なり工夫なりが毫も全体に響いて居ない場合が多い。大きな眼で見ると何の為にあんな所に苦心して喜んでいるのか気の知れない小刀細工をするのである。素人は馬鹿々々しいと思っても、先が黒人だと遠慮して何も云わない。すると黒人は益増長してただ細かく細かくと切り込んで行く。それで自分は立派に進歩したものと考えるらしい。高い立場から見下すと是は進歩でなくって、堕落である。根本義を棚へ上げて置いて、末節にばかり齷齪《あくせく》する自分の態度に気がついたら黒人自身もしか認めなければなるまい。

素人は固より部分的の研究なり観察なりに欠けている。其代り大きな輪廓に対しての第一印象は、此輪廓のなかで金魚のようにあぶあぶ浮いている黒人よりは鮮かに把捉出来る。黒人のように細かい鋭どさは得られないかも知れないが、ある芸術全体を一眼《ひとめ》に握る力に於て、糜爛《びらん》した黒人の眸よりも慥に溌剌としている。

富士山の全体は富士を離れた時にのみ判然《はっきり》と眺められるのである。

ある芸術の門を潜《くぐ》る刹那に、此危険は既に芸術家の頭に落ちかかっている。虚心に門を潜ってさえそうである。与えられた輪廓を是認して、是は破れないものだと観念した以上、彼の仕事の自由は到底毫釐《ごうり》の間をうろついているに過ぎない。だから在来の型や法則を土台にして成立している保守的の芸術になると、個人の自由は殆ど殺されている。其覚悟でなければ這入る訳に行かない。能でも踊でも守旧派の絵画でもみんなそうである。斯《こ》ういう芸術になると、当初から輪廓は神聖にして犯すべからずという約束の下に成立するのだから、其中に活動する芸術家は、たとい輪廓を忘れないでも、忘れたと同じ結果に陥って、ただ五十歩百歩の間で己れの自由を見せようと苦心する丈である。素人の眼は、此の方面に於ても、一目の下に芸術の全景を受け入れるという意味から見て、黒人に優っている。

斯うなると俗にいう黒人と素人の位置が自然顚倒しなければならない。素人が偉くって黒人が詰らない。一寸聞くと不可解なパラドックスではあるが、そういう見地から一般の歴史を眺めて見ると、是は寧ろ当然のようでもある。昔から大きな芸術家は守成者であるよりも多く創業者である。創業者である以上、其人は黒人でなくって素人でなければならない。人の立てた門を潜るのでなくって、自分が新しく門を立てる以上、純然たる素人でなければならないのである。

自分はまだ云うべき事が沢山残っているように思うけれども、急いで此稿を書き上げなければならない事情があるので、是丈にして筆を措《お》く事にする。茲《ここ》にいう黒人というのは無論只の黒人を指すので、素人というのは芸術的傾向を帯びた普通の人間をいうのである。偉い黒人になれば局部に明らかなと同時に輪廓も頭に入れている筈であるし、詰らない素人になれば局部も輪廓も滅茶々々で解らないのだから、そんな人々は自分の論ずる限ではないのである。それから俗にいう通人というのは黒人の馬鹿なのよりもずっと馬鹿なのだから、是も評論の限でない事を断って置きたい。

解題「素人と黒人」

夏目漱石（なつめそうせき、一八六七〜一九一六）は、近代小説の作者であるとともに英文学者である。その詳細の説明は不要であろう。「素人と黒人」はその最晩年、一九一四年に書かれた。漱石の近代大衆論としては、「吾輩ハ猫デアル」の中で、近代を生きる人間はみな互いに他者に対して疑心暗鬼となる探偵としてあるとするくだりがまず思い浮かぶが、この小文は大正文化論として読まれてしかるべきものだ。

「素人」とはアマチュア、「黒人」は「玄人」とも書く。「玄人」は本来、芸妓や娼妓などを指す隠語であるが、この小文では表現に於けるプロフェッショナルの意味で用いられている。

近世に於いて「趣味人」、広義の「アマチュア」の表現者はすでに成立していたが、明治以降、西洋画や写真、小説など近代的表現に於いてアマチュアたちが台頭してくる。そもそも近代文学自体が田山花袋「蒲団」のヒロインがそうであるように、「投稿」する女学生や文学青年らによって支えられていた。「明星」を含めて黎明期の文芸誌は投稿雑誌であった。明治末に近くなると西洋画の中でもスケッチ、あるいは写真などがアマチュアの表現として台頭、大正期を通じて「表現する大衆たち」は大正デモクラシーとも結びつきつつ、一つの市民像となっていく。武者小路実篤の「新しき村」の理想的な生活が八時間の共同労働と、余暇における演劇や絵画の創作であったように、アマチュアとは生活し、かつ表現し、発話する主体としての大衆であった。坪内逍遥が公共劇と呼んだアマチュア演劇を論じる中で「大衆文化」を大衆が「能動的に参加する娯楽」だとしたのも同じ文脈である。

大正期における最も早い大衆アマチュア論として、漱石のこの一文はある。漱石は、「玄人」の表現がただ細部へと入り込んでいくだけで表層的であり、「立体的」でないとする。つまり人間の内的な領域に深化していかないと手厳しい。表現する主体、即ち、個人の不在を批判しているのである。

アマチュアの活動領域は大正期を通して拡大し続け、西欧画や写真だけでなく、演劇や映画、まんが、アニメーションと拡大していき、写真に於ける芸術性の追求がアマチュアの特権とされ、プロキノ運動はパテーベビーという普及型の小型撮影機によって支えられた。谷崎潤一郎の脚本による映画「アマチュア倶楽部」は、避暑地でのアマチュア演劇をめぐる騒動が主題だが、アマチュアとは最終的には政治を普通選挙という形で開放しようとする大正デモクラシーを一つの到達点とする。こういった表現するアマチュアたちの組織化が例えば「前衛」の指導下で大衆に演劇等の創作と上演を行わせるというプロレタリア演劇運動などであり、表現する大衆たちの社会主義運動への動員が昭和初頭の大きな文脈となる。

こういった創作するアマチュアの台頭は、一方では入門書や創作サークル等による方法論の体系化、コンクールや投稿といった制度の整備といったインフラの発展をもたらす。まさに大衆化する。しかし、マルクス主義への弾圧とそれに伴う衰退の中で「創作するアマチュア」は、近衛新体制の中で国策に参加する「素人」として再編される。アマチュアと素人に必ずしも厳密な使い分けがあるわけではないが、大正デモクラシーの理念としてのアマチュアが自らの表現で自らを動員するプロパガンダを自作する「素人」へと変容していくのである。

〔大塚英志〕

【鏡としての大衆】

カットの文法　中井正一

初出「シナリオ」一九五〇年七月号
（所収『中井正一全集　第三巻　現代芸術の空間』一九八一年、美術出版社）

『詩経』は中国での万葉集ともいうべき、まことに可憐な詩句と自由な愛がうたわれている。しかし、この詩篇を注釈した中国の最古の最大の美学者は、「詩は志なり」「詩は刺なり」といい放っている。

「志」とは、文学と文化に関係をもつものたちが、政治に対して、消しても消しきれない断っても断ちきれない願いをもちつづけること、そしてそのために身の危険を冒しても、あえて挺してそれを貫かなければならないところのものである。

詩は、かかる五分の魂を風に吹かれてひろがる虫のように、人の口から口に伝わってひろがらしめるものである。詩が「諷」せられるというのも、風の中に「虫」の字がひそんでいるのもそのことをものがたっているのである。

「刺」とは、このひろがるところのものが、人民のうらみのことばであり、詩は剣のように、ひそかに政治の誤謬をさし貫き燎原の火のごとく人の手から人の手にうつりゆく武器となったのである。「諷」と「刺」は、かくして一つのものとなってくるのである。

鄭玄の注の中に見いだされる東洋の古い美学には、プラトン、アリストテレスにない苦しい伝統の出発がある。

この「志」と「刺」とは私たちの注目すべき、言葉である。

「古代のほほえみ」アルカイク・スマイルという言葉があるが、これと無関係ではないと思われる。ギリシャにも、エジプトにも、大同の石仏にも、中宮寺の観音にも一貫した「ほほえみ」があるのがそれである。

私は、三百日の留置場生活の中で、顔前をうつり変わった数百人の人々の中に、この種の「ほほえみ」とギクッとするほど似たものを数度見たことがあった。そして、「刺」の中にある、ある嘆きの深さ、ほほえみの深さにふれたように思った。

私は、詩句と詩句をつなぐものは、この「志」と「刺」であるという古い古い美学を、もう一度しっかり探求すべきであると思われる。

私は映画の美ほど、このことと離れていない芸術はないと思っている。

小説も絵画も、見ている視点が大体定まっている。したがって、方向と、範囲もきまってくる。ことに、小説では「……である」といった、と作者の肯定ないし否定の「コプラ」繋辞がついてくる。だから個人作者の観点が、一つ定まっていなければならない。

ところが映画では、カットとカットの連続の間には「繋辞」「である」「でない」というものがなしにつながって、大衆の中にそのままでホリ込まれるのである。

だから、監督がある予想でつないだカットも、現に館で観衆の拍手がきてみなければ安心はならないのである。

全然反対の結果となることもないとはいえないのである。もし万一、監督が大衆の願いの「志」と「刺」

から遊離してきたとなると、その監督のほうが映画界から消えてなくならなくてはならなくなる。……もっともファッショ時代はその反対であろうが。

ここに映画は、別の文法をもっていることを考えざるをえない。

トーキーあるいは字幕で通り一遍の「繋辞」「コプラ」をもってはいる。しかし、もう一つの大きなコプラは、大衆が「である」「でない」と胸三寸でつぶやくそのささやきの中にある。

もし歴史が神の手でつくられるのだったら、神様の独言のようなコプラがひかえている。

歴史のつぶやきがどのカットの継ぎ目にもさしはさまれ、刺し込まれている。どんなつまらないメロドラマの一カットにも、ガリレオが「でも地球はまわる」とつぶやいたような、この歴史のつぶやきと、嘆きの息がはきかけられずにはいない。

文学でハッピーエンドを甘いとし、映画でもハッピーエンドを低級映画のしるしのようにいう伝説が批評界にあるが、しかし、私は、この映画で要求されるハッピーエンドへの傾向は単にそれが利潤機構であるからというだけでなく、このカットが、大衆の願いの鋏《はさみ》でつながれていることに関係があるのではあるまいかと思っている。

継がんとする「志」、断たんとする「刺」うらみが、カットとカットをつぎはりする時、そのエンドは、個人の天才のペーソスでは盛りきれないほど、歴史の憤りが、それを波のように覆いつくすのではあるまいか。

映画は、何にもまして、その時代の人々の「願い」、「悲願」に最も近く構成されるべき、文法を、みずからの構成の中にもっている。

そこで、それは、芸術の始源の形態、すなわち「神話」化する傾きをもっている。

モーゼが、一万の大衆をひきいて、紅海の岸に立った時、あのひろいひろい海に向って、

「この水よ開け」

と、叫んだ、その時、水は徐々に彼の眼前にひらいたのである。そして、一万の大衆は乳が流れ蜜が流れるカナンの地に向って進んでいくのである。

あの「この水よ開け」というこころ、あのこころざし、これほど、今、この歴史の中で、大衆の三寸の胸に叫びつづけている言葉はない。

それは最もリアルな叫びなのである。

この叫びが、映画のカットをつなぐ、最も強力なアクセントなのである。

映画の文法は、この大衆の暗い叫びのリアルさをさぐり求めて進んでいくことに、これまでの芸術にない、巨大な武器と構成要素をもっている。作者も、その一員となって、世界と共にうたわなければならない創作構成をもっている。

　しかし、この文法の駆使は、まだ、真に文学から独立して、自分のものとして荒々しい力をもって立ちあがっているとはいえないのではあるまいか。

大衆の知恵　中井正一

初出「シナリオ」一九五一年九月号
（所収『中井正一全集　第三巻　現代芸術の空間』一九八一年、美術出版社）

私はこの雑誌の五号で「カットの文法」という文章を書いたが、あの中で私は次のように書いた。カットをつなぐのは、ほんとうは、観衆なのである。観衆が、あの場面と場面をどんなところで、つないで見るかを頭に置いて、シナリオ・ライターも、監督も、フィルムをつないでいくのである。

フィルムには「である」「でない」の言葉がカットとカットの間にないから、小説家が勝手に書くように簡単にいかないのである。

シナリオ・ライターの悩みはここにあるのである。

シナリオ・ライターは、だから直接、大衆のこころの中に割り込んで、一緒に、シナリオを書いていかなくてはならない。

大衆のこころのどまんなかに融け込んでいなくては、うまいシナリオとはなってこないのである。

もはや、映画が、独りよがりの、個人的天才の芸術のための芸術というようなものではありえなくなりつつあると共に、この種の芸術論をでんぐりかえして、新しい天地に、自分独特の世界を切り展《ひら》きつつある。

そこで、シナリオ・ライターが、大衆の知恵を、どう測定し、どの角度から、その懐《ふとこ》ろに飛び込んでいくかが、大きな問題となってくるのである。

ことに、一体、日本の大衆とは何なのか。

日本は、世界が、一度も実験したことのない、歴史的実験を試みている。

それが島国であったからできたことであるが三百年にわたって、国を外国から断ち切って鎖でとざしてしまうことができたという、とんでもないことをやってのけたのである。

国の文化を、冷蔵庫の中に閉じ込んで、じいっと、そのままに三百年も、凍らせてみるという大実験をしたのである。

そこには二つの大きい問題がある。

一つはプラスとも思えること、一つは何といってもマイナスにしかすぎないことである。プラスといえるものは、三百年もの間戦争をせずに人間が生きてきたことである。このことから、妙な、凝った、ひねたものまでが、その美を追求し、手の込むのを何とも思わない遊びにまで発達した。ここに外国にさがせないものが発生した。雛人形の凝りに凝った儀式と、その大衆的遊びかた、あるいは、春は花見、夏は七夕、川開きの花火、明月にあとの月、菊に雪見にいたるまで、その衣裳まで、凝りに凝るという、上等なメロンにウィスキーを入れて四、五日冷凍したような、手の込んだ冷凍文化がここに三百年つづいていることは、何でもないことのようであるが、大変なことなのである。

しかも、その冷凍が、この蒸しあつい一九〇〇年代に、一度に開放されて、野ざらしになっていることである。冷凍の常ながら冷たいいますぐ腐っていく可能性がじゅうぶんあるのである。それはそのまま、マイナスに転化する。

この三百年のマイナスは、いうまでもなく、呂宋助左衛門頃（一六〇〇年）世界のどこにも、オランダにもイギリスにも負けない態勢にあった国が、ピタリとその発展を三百年の弾圧につぐ弾圧で、冷凍して、封建の大ピラミッドをエジプトの巨大さよりも、はるかに大きく高くきずいていったのである。

一言にしていえば、この明治以後の百年ではどうしようもない封建性の残滓《ざんし》が、近代知識と同時に共存して、世界に類例のない滑稽な姿で、世界のスポットライトの前にさらされている。

マッカーサー元帥が、日本を十二歳ぐらいの子どもだといったのは、このペコペコするチョンマゲ残滓が、あまりにも奇妙にうつったからなのであろう。

三百年の冷凍文化が、三百年の過去を一度に、古めかしい博物館を白昼の街頭に土用干ししたように、一度に並べたてているのが明治、大正、昭和につながっている私たちの文化であり、大衆の立っている地盤なのである。

そこで、「知識人」といっても、じゅうぶん眉につばをつけなければ、いただけないものをもっているのである。「抜け駆けの功名」、やあやあ我こそはという「見てくれ根性」等々、その尻には、変なものをいっぱい引きずっているのである。

自然のパニック、人為的パニックの連続でこの三百年、否三千年を、滝壺の水のように、繰り返し、繰り返し、たたきつけられている農民は、この百年にできてきた「知識人」を、妙な目でいまだに見まもっている。

この農民たちは、いまだ、思想といえるほどのものをもっていない。しかし、強い願いを、この二千年ももちつづけて、一度も自分たちの思いを表現したことがないのである。

農民にあるのは、善良と残忍、信頼と懐疑、エゴイズムと濫費等々、個性というよりも、「矛盾的性格」である。三百年の二重の重圧は、彼らに世界に類例のない不可解な性格を出現している。

あのフィリッピンあたりの戦犯の死刑宣告の日本兵たちも、村に帰れば、善良きわみない父であり子であるであろう。これはアメリカ人にはわからないであろう。

しかも、肥料のことでも、自然の秩序の動きでも立派に理解し察知できる彼らであり「知恵」というにふさわしい必死の知識を蓄えている彼らである。

しかし、長いパニックの連続は、彼らを、二千年のアプレゲール、「矛盾的性格」に追い込んでいる。いまだ、彼らは、「知識人」を見まもっている。彼らの表現せんとしてきた、果していない自分の顔をいかに表現してくれるかと、その口もとを見まもっている。

「股旅もの」が流行し、「剣もの」が「ピストルもの」にかわっていても、彼らが求めているのは、もっとほんとうの奥のもの、しみじみと語ってくれるものなのではないだろうか。もっと、ほんとうの涙、ほんとうの声を見聴きしたいのではないだろうか。

大衆の「知恵」に見まもられているシナリオ・ライターの位置は、この三百年の冷凍文化崩壊後の現代において、まことに切実な位置であるといえるであろう。

ほんとうにカットをつないで見るのは、この日本の大衆なのである以上、シナリオ・ライターは、この大衆の「知恵」のどまんなかに融け込んでいかなければならないのである。

容易ならざるものがまっている。

解題「カットの文法」「大衆の知恵」

中井正一（なかいまさかず、一九〇〇〜一九五二）は美学者であり、一九四八年に設立された国立国会図書館の初代副館長を務め、在職中に胃がんで死去した。本書所収の二つの文章は早すぎた最晩年に書かれており、短いながらも彼の集大成として位置づけられる。

美学者としての彼の代表作『美学入門』（一九五一）は同年七月に刊行されており、二つの論文は同書を挟む形で発表されている。多忙を極める公職に就きながら、一九五〇年から翌年にかけてのこの二年間に公刊された著作は多く、言論活動のピークを迎えていた。

中井の執筆活動は、一九三〇年に仲間とともに創刊した雑誌「美・批評」に始まる。同年に書かれた「集団美」（一九三〇）では、「公衆」という言葉が「混沌としての多数」の意味を伴うのに対し、「集団」には「秩序としての多数」の意味をともなう、と述べている。無秩序でバラバラな人々、ではなく、自制的な秩序を保つ多数性に希望を見出している。そして、この希望を、「個体が常に重々無尽に全体に浸み透っている」集団が出来つつある時代の芸術＝映画に託している。

この希望は、京都家庭消費組合での経験、さらには、彼の母校・京都大学において法学部教授の滝川幸《たきかわゆき》辰《とき》がその自由思想ゆえに当時の文部大臣によって免職処分をうける滝川事件（一九三三）をめぐる政治運動など、いわば「行動する美学者」としての活動を経て、「委員会の論理」（一九三六）につながる。

二一世紀における日本映画の多くは「製作委員会」方式によって作られる。すると、「集団」の時代の芸術としての映画を論じた中井が「委員会」をキーワードに打ち出しても、何ら違和感はないように思われるだろう。たしかに、中井における「委員会」の芸術としての映画は、プロデューサーをはじめとする製作者集団によってつくられる点に由来する。

しかし、「カットの文法」（一九五〇）に出てくる「コプラ」、つまり、製作者による表象と表象をつなぐ判断は、映画では形の上では示されてはいるものの、観客＝大衆は、それを踏み越える（「コプラの欠如」論）。この点において、映画における「委員会」の範囲は、製作者側のみならず、受け手をも含んでいる。実際、「カットをつなぐのは、ほんとうは、観衆なのである」と「大衆の知恵」（一九五一）の冒頭で、中井自身がまとめている。現代のオーディエンス研究に通じる視点である。

大衆は、江戸期三百年の、いわゆる「鎖国」のあいだに培われた「冷凍文化」を、明治、大正、昭和の百年弱で解凍しつつある。同年（一九五一）に発表した「歴史の流れの中の図書館」で「集団は「委員会」でものを考えている」、と中井は書く。大衆＝集団は、この点で文化的主体であり、そして、この二つの文章の掲載誌「シナリオ」の読者として想定されるシナリオライターは、逆に、群としての作者である。

とはいえ、中井の議論が楽観に染め尽くされていたと考えるのは早計にすぎる。同年の秋から読売新聞の始めた連載タイトルから流行語になりつつあった「逆コース」への危機を中井は嗅ぎ取っていたにちがいない。「委員会の論理」発表の翌年（一九三七）に治安維持法違反で検挙され、その三年後に懲役二年執行猶予二年の有罪判決、さらには、戦後の公職での奮闘といった経歴に鑑みると、希望（だけ）に彩られていたわけではないだろう。それでもあえて大衆という集団のつくる「委員会」に賭けようとしたのではないか。

大衆は時代を映す、危険な鏡で（も）あると教えてくれる。

〔鈴木洋仁〕

【ラジオという音声メディアと文学の関係】

文学の黙読性とラヂオ文学　大熊信行

初出「放送」一九三六年一〇月五日号（所収『文芸の日本的形態』一九三七年、三省堂）

A　新芸術の不幸について

ラヂオを通しての芸術とラヂオによる芸術の表現とは、まったくちがった二つのことである。舞台劇の中継放送などはもともとラヂオと無関係な演劇の音響的な部分だけをつたえるものであるから、聴取者全体をめくらにした芝居にすぎないわけで、そういうものはラヂオを通しての芸術の発表とさえまだいいがたい。むしろ劇場内の実況放送となづけるのが至当であろう。ラヂオを通しての芸術の発表というからには、とにかく出演者が、歌い手にしろ、朗読者にしろ、マイクのまえで放送のために活動するのでなければならない。おなじ活動は直接大衆をまえにしてもやれるのであるが、ラヂオを通してそれをやるという場合、これも発表の形式がラヂオによるという以外のことではない。

しかるに、そうした芸術発表の形式をラヂオにかりるというのでなく、芸術そのものの表現の機構をラヂオにもとめるという段になると、それはラヂオ芸術ともいうべき新らしい芸術領域をひらくことになるわけで、この芸術はラヂオをはなれては存在しないという性質のものでなければならないであろう。映画芸術の成立は撮影機と映写機の発明なしに考えられないように、ラヂオ芸術の成立はラヂオの発明なしには考えられないというようなものでなければならないのであろう。ただ、テレヴィジョンの完成が、そうとおくない将来にまちもうけられている状態では、ラヂオ芸術の独自性がどのぐらいの高さにまで達するかは疑問であろうということも一言してみる必要がある。映画ではサイレント時代がながくつづき、トーキーの発明によってサイレント映画の芸術的独自性は一旦ぶちこわされたかたちとなり、しかしそれから芸術としてのトーキーの完成をめざしつつあるとみられるのであるが、この映画における発明発展の前後関係をさかさにしたのがラヂオとテレヴィジョンの関係だといえるのである。トーキーの発明はそれまでの映画の芸術性または芸術原理を根本からぶちこわすようなことはしないですんだのであるが、テレヴィジョンの普及は必然的にラヂオ芸術の根本をくつがえさねばやまないだろうと想像される。つんぼの耳があいた場合と、めくらの目があいた場合とのちがいであるが、この前後関係の転倒は性質上決しておなじことではない。

　そういうわけで、かりにラヂオ芸術というものが、作家および理論家の協力にまつ放送当局の努力と創意によって、相当の独自性を発揮するまでになっていったとしても、前途にはそのような創造の成果を一蹴するようなものが、芸術そのものの必然的発展として、まちかまえてあることを承知しなければならないであろう。一般にいかなる芸術でもその生成した歴史的時代の技術（ひろい意味での生産技術）に依存しないものはないわけであるが、ここでラヂオという高度の技術に密接に依存しようとする新芸術の不幸は、技術そのものが安定しないで、もう一つの飛躍的発展を予期しているということである。こういう状態では作家も理論家も本腰をいれて問題ととっくむ気力をそがれざるをえない。しかしテレヴィジョンというものがラヂオにとって代る範囲はいろんな意味で限定されており、現在のままのラヂオの装置はむしろ国民的普及の途上にあることをおもえば、あんまり気をまわして先の先を考えるにもあたらないことであり、だからいまのままラジオ技術のうえにそれと結合する芸術の一分野を建設することは、現代の芸術家にとって野心的で創造的な課題であるといっていいであろう。

B　ラジオドラマの世界

ラジオ芸術といえばすぐにラジオドラマをおもう。が、しかし日本だけでも、べつにラジオ風景・ラジオ小説・ニュース演芸などという名前もできており、名前のあるところ、そこになんらかのものが産みだされつつあるんだとみていいのであるから、ラジオ芸術といえばそれらのものの総称とみなし、さらにくわわるべきものをも予想し、一般的な概念規定としてはラジオとの技術的結合によってはじめて芸術的表現に達する諸形式とすれば大体まちがいあるまい。しかし歴史的事実としてはラジオによる芸術表現としてひとびとの頭にまずうかんだものは演劇であり、それは丁度映画発達史の初期に、旧世界たるヨーロッパでも、日本でも、まず舞台劇をそのままスクリーンに移そうとした事実と照応するのである。やがて、スペクタクルの要素を欠いたものは演劇にあらずという見解が、したがって演劇から分離独立した純粋にラジオ的な芸術の一形式が成立しなければならないという見解が、登場したのは自然的順序であって、そうなるとむしろ演劇の既成形式に附属していた一切の要素を粉微塵にたたきつぶし、すべてを忘却して白紙の状態にたちかえり、あたえられた新しい条件と誓約とのもとで、いかなる新芸術が可能であるかという問題に直面しなければならないことになる。この意味でパリの週刊紙『文芸新聞《ヌウヴェルリテレイル》』が一両年まえ幾人かの劇作家からこの問題についての意見を徴した結果は大いに興味のあるもので、その問答のなかには、新しい発明は必ず新しい手法を呼びおこすものである以上、放送やレコードがいつまでも別な方法のために書かれた作品の不完全な再生をやっているのは大きな損失だというジャン・コクトオの言葉をはじめとして、それとは逆に既成芸術家にとってこのような未踏の新領域が正当な関心をよびおこしていないことをおのずと露呈するものや、また、この現状を遺憾とする言葉が多くみいだされたのである。

　そういう状態のもとで、ラヂオドラマの制約としての技術的機構を根本的に考え、その制約を高度に逆用したところの純粋の一形式を創造しようとして、すでに創作をこころみながら、それを『非常に愉しい』と述懐しているわが劇作家真船豊氏のごときは、まさに時代の必要によって呼びだされた最初の一人というべきであろう。この人がわれわれの期待を愉しくするのは作家としての一義的な創作態度のみではない。ラヂオが耳ひとつにうったえる制約を高度に逆用して聴取者の想像力に最大の効果をあたえようとしている純粋ラヂオドラマチストとしての態度である。すべてが耳ひとつから入ってくるというのは、一面的にはいかにも不自由なことであると同時に、――みのがすべからざる盾の反面は聴手の想像力に自由な活動をあたえるということである。聴かせて見せないというのは想像をゆるし、想像を刺戟し、ときには想像を爆発させるということである。それは聴取者の側に属しているところの想像力という一つの大きな人間的能力に依頼し、その能力の喚起と活動とを聴取者に期待する形式である。

　このような方法は本来演劇に通じるものでなくて、むしろ文学の方法にやや近似しているといえるかもしれない。音響および音声のすべてが芸術的な感覚内容として聴取者にあたえられるところに演劇性の半面があるとして、さてその箇々の感覚内容から抽きだされる意味をいくつも重ねていって、推理と想像とで全体の前後の意味を聴取者が創造しなければならないというなら、そこにほとんど文学性の半面があるといえるのである。そもそも文学という芸術の方法は言葉を唯一の手段とし、言葉そのものの感覚内容を別とすれば、人間のいかなる実際感覚をも直接刺戟しない形式であり、いかなる感覚内容でも読者の想像力によって読者の内部に再現せしめようというのである。文学における手段としての個々の言葉はそれみずから感覚性のものではあるが、それは個々の言葉が指示する意味とは一応独立のものだ。『かみなり』という一つの言葉が感覚性のものであるということと、その意味する雷鳴が一つの感覚性のものであることとは、まったく別な二つのことであり、文学は雷鳴そのものを読者の聴覚につたえようとはしないで、いわば雷鳴をきく人間の感覚や心理そのものを直接読者の内部に再現しようとする。それは言葉の組みあわせから生ずる意味の関連・衝突・結合によって生成せしめられる連想または想像的経験として再現されるわけである。文学は感覚の刺戟から入ることなしに一定の内的経験を享受者にあたえるという点で、他のいかなる芸術よりも内面的効果を主とするものであり、だから享受者自身の想像的な感受能力に依存することの大きいものである。

（中略）

D　近代文学と黙読性

さて、しかし文学といっても幾多の形式があることである。われわれはまず近代文学の代表形式としての小説をあげることにするが、近代小説とはそもそも何であろう？

それは言葉の膨大なる集積から成り、活字に組まれて印刷され、通例箇々の読者によって別々に単独に黙読されるのである。くりかえしていうが、ただ言葉を、言葉のみを、唯一の手段とし、しかもその言葉たるや、音声となって聴覚から入るところの本来の自然的のそれではなくて、印刷された記号でもって表象されているにすぎないところの、だからして固有の感性的性質をすら半ば失ってしまったところの、ひじょうに軽い抵抗を通って読者の頭脳に印象する或物なのである。いま、この心理過程が心理学者からどう分析されているかを問ういとまはないが、だれにでも二三の経験があろうとおもわれるのは、いましも熱読中の小説を他人からとりあげられ、代って音読してあげましょうといわれるぐらいの迷惑はないということである。近代文学は一般に音読に適しないというだけではまだたりない。近代文学は音読してはならぬものだという断定の方が、はるかに事物の本質に肉迫しているのである。音読者が第三者であるということが問題の要点なのではない。作者であろうと読者自身であろうと、声にだして読みあげるということそれ自体が近代文学の本質的享受と矛盾するのである。

近代文学における散文形式はもとより人間の言葉のつづりの集積以外のものではないが、しかしその言葉というのは現実の生活における自然的な感性的な個人的な言葉ではなく、人間の言葉とはいいながら、しかも特定の個人の言葉ではないのである。ここではそれが文語体であるか口語体であるかという意味での文体などは問題じゃない。それが小説的な構造の文章形式であるということが問題の要点なのである。その形式はだれかがだれかに語るという個人的な形式を超越しており、時としてほんの表面上そのような仕組が冒頭に設けてある場合でも、やがて読者をしてそのことを忘れしめるところの例の近代的描写が展開されないというためしはないのである。なるほど二十歳時代のゲエテやドストイエフスキーの出世作は双方偶然にも書簡体を中心としているから番外といえば番外である。しかしユーゴーの『レ・ミゼラブル』は一市民の個人的な物語の形式ではじまりながら、読者はいつとなく一市民を忘れざるをえなくなるし、ドストイエフスキーのあの『カラマーゾフの兄弟』すら、すべての読者の注意をまぬがれているが、実はスコトプリゴニエフスクという小都市の名のらざる一市民による十三年昔の物語なのである。近代文学の代表的作品はたとい冒頭でどういうかりそめの形式をとろうと、やがて『作者』によって支配されざるをえないのであり、小説を形成する言葉の総数は一つとして人間的な用語でないものはないが、しかしその駆使者はどうも一個の人間としての語り手ではなく、神ではないにしても万能者のような存在であり、そしてこの『作者』なるものは小説のかげによこたわったきり、読者にはおもてを見せないのである。近代小説は人間の言葉だけからできあがってはいるが、それはもはや普通の意味での一定の人間の言葉から変質したものであり、一つの芸術形式の手段として純粋化されたものなのである。それは黙読されるためにかかれた特殊な文章であり、だから敢て音読すれば何かが逃げうせてゆく。――詩歌と対立する近代散文芸術の本領はこの黙読性にあったといってもさしつかえないのであり、アランの『散文論』は、黙読性という用語こそもちいていないが、ここに述べたわれわれの見解を、なによりも有力に支持するもののようにおもわれてならない。

だが、問題はアラン的な散文論にとどまりうるわけではない。すでに述べたような近代文学の非人間的・超個人的な文章機構（随筆文学にはあるまじきもの）が問題なのである。それを人間のこえで音読するということが問題なのである。わたしは別の場所で近代文学の不思議について述べた。――『近代小説の作者は、作品の裏にひッこんで、スフィンクスのように愛想なく黙りこんでいるのをつねとするけれど、日本の読者はその顔が見たい、せめてその声がききたい。そもそも近代小説を構成している言葉というものは、言葉にして言葉にあらず、それは画家の絵の具、彫刻家の石材にも該当する愛想のない物質に化しているのである。読者は、いかに数百ページの言葉のうえをなでてみたところで、それは刻まれた石材の面を渡るにひとしく、微塵も作者そのものの個人的な言葉に接触することはできない。このことが、だれにも気づかれていないにしろ、近代文学の読者にとって一つの不可解な圧迫であるということは、一行にも二行にもせよ、たまたま作者が作中で読者へ直接に顔をむけた瞬間の、あの読者の何ともいいがたいほッとした感じによって証明される』と。で、作者が個人的な顔を読者にみせながら書かれた文学というのは、要するに文字どおりの物語形式に帰するわけであるが、最近の日本文壇にいうところの説話体・饒舌体等々のたぐいは、あれはまだ決してこの形式に徹したものではない。散文文学でありながら音読と矛盾しないものをもとめて物語形式におもいあたるのは当然であるとしても、ここではまだ何が音読に適するかを考察しているのではない。なにが音読に適しないかを考察しているのである。音読に適しないものはラヂオ文学の考察圏内から第一に排除されなければならない。

E　ラヂオ文学の存在形式

すでに述べたことからわれわれの到達する二三の帰結はこうである。——ラヂオ文学が文学の一種であろうとするかぎり、言葉をもって唯一の手段とすることは、あらゆる既成の文学とすこしも異るところがあるべきではない。言葉に言葉以外の諸要素をくわえようとするいかなる試みも文学の技術的自己封鎖性にたいする否定でないものはない。言葉はしかし二つの存在形式をもつ。一つは自然的な音声を通しての、きわめて感性的な言葉。もう一つはただ目にうつるだけの記号としての、はるかに非感性的な言葉。文学の手段はもとより二つはないのであるが、手段の存在形式が以上のように二つにわかれることからして文学そのものの存在形式もまた二つに分岐せざるをえない。目で読む文学と、耳で聴く文学の二種である。そしてラヂオ文学と名づくべき読自の芸術領域が可能であるならば、右にいう二つの存在形式のうち後者に属するものでなければならないというのはもう自明のことである。注意すべきは前者の形式に属するものはただその形式のために生成したものであり、そのまま後者の形式にうつすべからざるものであるという点であるが、このことはラヂオ文学の成立にたいする困難を意味するのではない。逆に、ラヂオ文学の成立の可能をおもわしめる根本的な事由である。もし近代文学の諸作品が朗読の方法でそのまま放送され、あるいは新作品がラヂオを通して発表され、それでもってわれわれがそれらを十分正当に享受することができるというなら、ここにあらたなラヂオ文学の成立する余地はないわけであり、余地ありとしても、他の形式のためにかかれた作品の朗読時間から蒙るところの（プログラム編成上の）圧迫を永久にまぬかれないであろう。しからば内外の印刷文学の諸作品を、新旧いずれにせよ、原作のままで朗読放送しようとするあらゆる企ては、それらの文学そのもののためのみならず、ラヂオ文学建設のために排除されるべきものだと主張されなければならない。ラヂオ文学は、近代文学でうしなわれた言葉の感性的性質を、その本来的な自然な状態によびもどし、近代文学とはまったく対立的な文学領域を創造するものでなければならず、しかし一面では文学の原始形態の復興たる相を呈するものと期待されなければならない。未踏の領域はわれわれの想像をこえて広いのである。

　そうならばラヂオ文学に可能なる諸様式の第一にくるものこそは詩歌であろうということになるが、では近代の詩歌はそのまま朗詠・朗読に適しているかというと決してそうではない。近代文学は印刷技術の発達と結合しながら『目にうつる文学』の方向へ純粋化の過程をたどったのであるが、そのばあいに、そのそばづえをくったというよりも、むしろ輪をかけてその方向へ突進したものは新らしい詩歌の運動であった。近年の日本における詩歌運動の一部がいかに活字面の視覚的印象を重視し、いわゆる『印刷あそび』に堕しているかをみるがいい。詩歌もその多くは本来の性質をうしない、唱うべからざるものとなり、さらに音読すべからざるものとさえなりさがって、実にいまでは和歌すらも後段で述べるごとく目で読まれる文学と化し、印刷物としての存在形式がもたらす必然の結果として、いわゆる散文化の過程に入っているのである。ここで和歌の散文化というのは例の定型放棄だの詩への転化だのという現象をさすのでなく、定型をも歌語をも形骸として維持しながら、しかし朗詠性を脱却しようとしてくるしんでいるところの一部の歌人たちの矛盾した努力をさす。といって、われわれは従来の和歌の朗詠をもって、たといそれがどんな名調子であろうとも、そのままラヂオ文学の一領域であると唱える勇気をもたない。

ラヂオ文学の創成のためのわれわれの考察はもっと根本的な、いわば白紙の状態からの出発が必要であり、文学の既成の諸形式に附随していた一切の要素を粉微塵にたたきつぶし、すべてを忘却して、あたえられた新らしい条件と制約とのもとで、いかなる文学が可能であるかという問題に直面しなければならないことは、ラヂオドラマの創造における場合とすこしも異なるところはない。ラヂオそのものの社会性と報道性を利用するところの即興文学の建設、さらに一般的に文学における時事性の高揚等々、内容的な方面に未踏の世界が秘められたままであることはだれしも気のつくことであるが、ここではむしろ諸様式の創造が問題なのである。われわれは文学一般の概念を規定し、わけてもラヂオ文学の概念をするどく規定することによって、放送における文学と非文学との混合主義の方法から文学そのものを防護し、一見してラヂオ文学の前途を狭塞するような仕方で、真実にはその可能なる領域を最も大胆にながめわたそうとするのである。現に到達した範囲でのわれわれの強調点は、むしろ消極的であり限定的であって、一部の読者には問題の展望が悲観的にさえ感じられないものでもない。が、もしそうだとすれば、そのような印象は決して正当な理解から生れたものではない。このことはやがてラヂオ文学の諸様式に関するわれわれの積極的な野心的な着想や落想の展開によって、――それは他の機会を約束しなければならないのであるが、証明されるであろう。ここではまずそれらの積極的な考察が拠ってもって立つべき地盤は、これまで述べられた基礎考察のほかにはないのだということを主張しなければならない。理論家においてのみならず、ラヂオ文学の創作家において、このような地盤は共通していなければならない。――ラヂオ文学建設の意義は、特に国字、国語問題になやむ日本にとって緊迫した重大性をもつ。国内的な文化問題としても識者の関心を要求しなければやまないのである。

（三六・一〇・五）

文学の手段としての言葉の問題については拙著『文学のための経済学』（昭八）第五十六節参照。

〔抄録〕

解題「文学の黙読性とラヂオ文学」

大熊信行（おおくまのぶゆき、一八九三～一九七七）は、経済学者、歌人であり、何より、文学における読者の位置づけを論じた先駆性において評価される文学者である。しかし、経済学の著作『生産力配分の原理』（一九二二）などが国家総動員体制の理論的支柱とされたうえ、戦後には自らの戦争責任をさまざまな形（「告白」雑誌『理論』一九四七～一九四八）で自己批判していることから、戦争翼賛者とのレッテル貼りがあるのか、前田愛や坪内秀人らを例外として、十全に論じられているとは言いがたい。

大熊の先見性は、ここに収録した論考にあるように、「ラヂオ」という新しいメディアの可能性を検討することによって、黙読性という近代文学の大きな特徴を再検討したところにある。媒体への自覚という点では、日本放送協会（ＮＨＫ）機関誌『放送』に掲載されたこの論文において、「放送における文学」から「文学一般の概念を規定し」ようと試みたところにある。

カルチュラル・スタディーズをはじめ、文学や芸術、メディアの「受け手」に焦点を当てた研究は、現在でこそしばしば見られるものの、昭和初期の文学においては未踏かつ先進的な議論だった。

たとえば、高見順「描写のうしろに寝ていられない」（『新潮』一九三六年五月号）が、大熊のこの論考の五か月前に発表されたことから、当時の文学をめぐる議論を思い起こせるだろう。客観的描写を旨とする「十九世紀的小説形式そのものへの懐疑」（原文ママ）に対置するかたちで、話すように書く説話体を採用する作家

＝石川淳、太宰治、そして高見自身＝の優位を高見は説いた。彼よりも先を大熊は見ていた。

その先とは、（一）「ラヂオ」というメディアによってその文学の中身が規定されうるという観点であり、（二）「文学における時事性の高揚」であった。この二つとも、「群としての作者　文化的主体としての〈大衆〉」という本書の枠組みに合致する。
（一）については、「メディアはメッセージである」というマーシャル・マクルーハンの有名なテーゼに通じるとはいえ、安易な技術決定論にとどまってはいない。声に出して読む点で、旧来の和歌とラヂオは共通するに見えるものの、大熊はそうした外側の類似性をもって同一であるとの断定には与しない。そうではなく、近代文学が印刷技術の発達とあいまって内容を変化させたように、「ラヂオ文学」もまた、台本を書き、それを音声に乗せ、放送する、という複数の作者＝群としての作者性を持っている点に着目している。
また、（二）「文学における時事性の高揚」は、文化的主体としての〈大衆〉と裏表の関係にある。文学的な知識や教養を持たなくても、「ラヂオ文学」は日々のニュースのように身近な素材を扱っていれば、より多くの人＝〈大衆〉に理解される。裏を返せば、〈大衆〉が主導権＝文化的主体性を持てば持つほど、文学は、前提となる知見を除外する方向に流れる。

ただしこの二つともに、国民を技術によって管理し、「やさしい」文学によって扇動する道具へと、やすやすと転用（悪用）されかねないし、実際、大熊の思想を禁忌扱いするには十分だろう。

他方で、大熊は戦後、『国家悪』（一九五七）において国家機構が内在的に抱える矛盾を論じ、丸山眞男「忠誠と反逆」（一九六〇）において評価される。また、先に触れた自己批判において、自らの「戦争協力」ともとれる言動は無自覚ではなく、逆に、社会主義への接近を企てたからだと述べている。

新しいメディアの可能性が（いつも）論じられるなかで、大熊の議論の可能性と限界（危うさ）に立ち返ることは、文学のみならず、大衆文化を論じる上で大切なクールダウンの機会を与える。

〔鈴木洋仁〕

【消費社会の「読者」】

文学の読者の問題　片上伸

初出『文学評論　主として文学と社会との交渉についての考察』一九二六年、新潮社

文学が一つの社会的現象であると言ったら、人は今さらのことだと言うであろう。全く、われわれの考えたり書いたりすることの中には、遺憾ながら「今さらのこと」が少なくないように見える。しかしながら、その「今さら」らしく見えることに就いて、新らしく考えたり書いたりする必要が、存外少なくはないということをも、序《つい》でに世間の聡明な人たち（批評家と称する人々をも含めて）に考えて見て貰いたいのである。

文学が一つの社会的現象であるということに就いては、これまでに書かれたものも可なり多いようである。芸術上の情緒が、結局一つの社会的情緒であって、芸術家はそれによって、われわれ自身のと近接類似の生活をわれわれに経験せしめるということ、音響の律とか色彩の調和とかいうような快い感覚から与えられる直接の満足のほかに、芸術家がわれわれの想像のうちに呼びあつめて来るいろいろの存在の間に心を置き、それに同感する心持ちの起こるに伴って一種の満足が生ずるということ、――要するに、この芸術的情緒は本質に於いて社会的であって、その結果として自のずから個人の生活を拡大し、一層広い共通普遍の生活との融合に導くということ、芸術の窮極の目的はこの社会的情緒の創造に在るということ、――これ等も既に

説かれているところである。また、芸術家の創造の心理の方面から観察して、芸術家の根本的な特質を「共に苦しむ」力に在りとする説もある。この「共に苦しむ」力によって、芸術家は自己の「我」の範囲を越えて他と融合することが出来るようになる。この「共に苦しむ」力の助けによって、芸術家の心は、無数の他の人類の感情を反映し、またそれに反響する。その力によって芸術家の意識の音響が満たされる。それは時と隔たりとを短縮して、芸術家の前に過去と未来とを呼びさます。それによって芸術家の心は極めて敏感な楽器となり、遠い遠い殆ど聞こえないほどの響きにも共鳴して振動する。それは芸術家の想像力に翼を与え、それによって焰の如くに燃え立つ。芸術創造の能力と重大な関係を持つところの想像力は、この「共に苦しむ」力と密接に結合している。芸術家が社会のもしくはひろく人間生活の興味に対して呼応共鳴する力の鮮活であればあるほど、その芸術の力はそれだけ強くなる。ひろく人間生活の興味に対して呼応共鳴する力の鮮活な芸術のみが、真によく多くの人々の心を動かし、広い人生の視野をひらく。――この説もまた新らしいものではない。

　更に、芸術上の事実の進化発達するあとを見ると、その様式によっておのずから集まってそれぞれの群を成し、それぞれの流派を形づくっている。これは時処を同じくすることもあれば、また必ずしもそうでないこともある。とにかく何れにしてもその様式の持っている集団的性質は見のがすことが出来ない。またあらゆる芸術は一定の公衆を予想し、一定の文化の環境を条件とする。芸術上の作品の価値は、時代と環境とに従って常に移動する。一定の公衆を予想することなしに、芸術上の作品の価値を考えることは出来ない。芸術上の価値は自のずから一つの社会的の現象である。――こういう考えも既に説いた人がある。

　これ等の説明は、いずれも文学芸術の社会性を明らかにするための試みとして、或いは今日では、既にありふれた考えのようにさえもなっているであろう。文学芸術が一つの社会的現象であることは、今日では常識だと言ってよい。もっとも時々気まぐれな考えかたの人が出て来て、そしてそれは大抵「芸」とか「技巧」とかをそれだけで独立した特別のもののように考えがちな人たちだが、文学の社会性を否定するような一種の激語を放ったりすることもある。しかし、それ等とても、その真意に於いては、ほんの一時の何かに興奮したあまりの言い分と見るべきものであって、もはやこの一義については、根本の点では論はないものと見てよい。しかしこの一義は、いわば文芸論の肝要な一つの出立点であって、この一義の徹底と不徹底との差が、重大な文芸論上の争いを生むのである。この一義は決して軽く見るわけには行かない。要するに文学（ここでは文学だけに就いて論ずるつもりであるが）の社会性は、文学を享受する方面の事実から見て決定せられる。文学創作の方面の事実から見ると、作者自身は、或いは「純粋な芸術」のための使徒として自分を考え、文学の社会性というようなことは、てんで意識していないかも知れない。しかし、作品が出来上るとともに、それは作者の意識の如何に頓着なく、客観的な値価の対象となるのである。即ち作品が出来上るとともに、それは一つの社会的現象となるのであって、この事実は何としても否定することも無視することも出来ない。

文学が一つの社会的現象であることは、実際の場合としては作者自からもこれを認めていることが少なくないのである。ある思想とか理想とかを、ひろく読者の間に普及浸潤せしめるために、意識して作者が文学を作った場合は、必ずしもその点で有名になっているロシヤ文学ばかりでなく、他の国の文学に於いても、いくらもその例を見出だすことが出来る。功利的な傾向を明らかに追うところの文学、いろいろの意味での宣伝文学教訓文学は、世界の文学史に少なくない。しかしながら、文学が社会性を持ち、一つの社会的現象であるというのは、必ずしもそれが宣伝的、教訓的、功利的な傾向を追うからではない。そういう傾向の有る無しに拘らず、文学は一般に人間の生活感情を統一組織する力を持っているのである。文学が、一定の理想や観念を識者の間に普及浸潤せしめようなどという考えから全くかけ離れて、全く「芸術のための芸術」の主義にかなうものの如く判断せられる場合に於いても、やはりそれは人間の生活感情を統一組織する一つの力であって、即ち社会性を持ち、一つの社会的現象として十分成り立っているのである。

今までの文学研究や批評の上では、専ら作者のことばかり問題になっている。作者が問題になるのに不思議はないのだが、作者ばかりが問題になって、当然それとともに考えられなければならない読者の問題が閑却せられて来たことは、いわば一つの不思議であった。文学が社会的現象であることを認めるかぎり、作者の問題と併せて、読者の問題が考えられなければならないのは言うまでもないことである。これも言うまでもないことだが、文学は一つの生活である。文学という一つの生活が成りたつためには、作者と読者との双方がなくてはならない。読者というものの中には普通の意味での一般の読者は勿論、批評家、研究者などのすべてを包括しているものと考えなくてはならない。文学を社会的現象として考える限り、この意味での読者の問題を閑却することは許されない。

文学の社会的交渉などは、文学以外の問題であるという風に考え、それを一口に「読者」の問題であるとして閑却したような批評も、随分場合によっては行われていたのである。しかしながら、読者がなければ作者がなく、作者がなければ文学そのものも成り立たないという考えは、ある時代の象徴派の文学などに就いても説かれたことがある。即ち象徴を創造するところの主体と、その創造せられた象徴を享受するところの主体と、この二つのものをあわせて一つの全きものとして、それに対する関係から考えられるのでなくては、象徴主義文学の本質は到底論究することは出来ないとせられたのである。言い換えると、象徴主義の文学は、創作者と鑑賞者との両者に対する文学上の作品の二重関係の中に成り立つのであるから、つまり鑑賞者がその作品を如何に享受するかということが、その作品を象徴的なものとするか否かを決定する条件になるのである。即ち読者がなくては、その作品は象徴主義の作品とはならなくなり、象徴主義の詩人というものも成り立たなくなる。何故かというに、象徴主義は単なる創作行動ばかりでなく、創作的連帯行動だからである。更にまた、象徴主義は、創作するところの主体が、単に芸術的客観化を行うことではなく、芸術的客体を、創作的に主観化することにほかならないからである。——象徴主義文学に就いてのこの考えかたは、単に象徴主義文学にのみ限らず、これをひろく一般の文学に推しひろめて言うことが出来るであろう（一体文学そのものが、正しい意味での、デカダン的幻象的な意味を抜きにしての象徴だと言えるのだから、この場合に於ける象徴主義文学の解説が、一般の文学にひろく当てはめて考えられるということは、少しも不思議はないのである）。即ち創作するところの主体が芸術的客観化を行うこと（作者の創造）と芸術的客体を創造的に主観化すること（読者の享受）と、この二つの方面の事実が、文学の批評と研究との上に必ずあわせて考察せられなければならないのである。作者の問題のほかに、読者の問題の考察がなくては社会的現象としての文学の考察は十分とは言えない。

　しかしながら、読者の問題の考察は決して容易でない。殊にこれまでの文学批評や研究が、この方面を閑却していたために、尚更この問題についての手がかりが少ないように思われる。またそれ等の事情の如何に拘らず、この題目そのものが面倒であって、正確な説明をこれに与えることは容易の仕事ではあるまい。それかと言って、この問題がつまらないということにならないのは勿論である。

　作者を中心として考えると、その作者が一定の読者を持つということは、その作者と識者との間に、何等か近親類似の生活内容が存在しているということを意味する。一人の読者なり、ある範囲の多数の読者なり、またはひろく一国の一時代の読者公衆が、ある作者に牽きつけられるということは、その作者なりその作品なりが、それ等の読者の生活興味を表現する役目を勤めていることを意味する。読者の作者に対する態度のうちには、読者の生活の本質と組織的な関係を持っているところの好尚趣味が、知らず識らず現われているのであって、読者の心理は、そこから推定することが出来るのである。文学がある時代のある国民の生活の表現であると言われるのは、それがその時代の国民の中から生れたからというばかりでなく、寧ろその文学が、その時代の国民から受け入れられ、承認せられて、それによってその国民が一種の満足とよろこびとを感じたからであると言えるのである。こういう解釈に対しては、その作者（もしくは作品）に対する時代の社会的環境の影響を、軽く見てはいけないという批評が加えられる。それに実際の研究となっても、ある作者の人気の程度というようなものは、その作品の印刷部数とか売れ行きとか、原稿料とかいうようなものから推定することはなかなか困難でもあり、危険でもある上に、それ等の知識材料を得るだけのことさえ実は容易ではあるまい。或いはまた、その時代の読者公衆の思想傾向とか趣味好尚とか、文学もしくは文学者というものに対する態度というようなことから、読者の心理を知ろうとする説もある。文学上の作品の成功とか影響とかいう方面から見て、この二つが必ずしも一致せず、影響といわれるものの中にも、文学以内でのものと、社会に及ぼすものとの二つがあるとして、その社会に及ぼした影響——作品が播布普及せられて行く間に、どういう階級に対して専らその力を及ぼして行ったかという点を重大視する見かたもある。

　更にまた、様式の歴史と趣味の歴史との二つの方面からこの問題を考察しようとするのもある。創作する主体の立ち場から見て、時代の精神と作品との交渉に重きを置く場合には様式の歴史が成り立ち、享受する公衆の側から見て、文学の発達の上に生産と消費との相互関係を認める場合には趣味好尚の歴史が成り立つ。その時代の読者の特に好んで読んだものは何であったか、如何なる趣味がその時代を支配していたか、如何なる内容と形式とが殊に好まれたか、一定の批評上の規準ともいうべきものは如何にして成り立ったか、その批評上の規準は真に正当な作品の評価に役立ったか、或いはその評価はある作品を実価以下に見、ある作品を実価以上に見たようなことはなかったか、文学上の識者もしくはその傾向の追随者は如何なる社会上の位置身分を有していたか、およそこれ等の諸点を検討することによって、作者の読者公衆に対する影響と、読者公衆の趣味好尚とを知ろうとするのが、この方法の結局の目的である。

一体文学史というものは作者の歴史であるとともに読者の歴史でもなければならない。読者公衆のない文学上の生産は考えられない。それだけのことは分り切っているのだが、実際そういう原則から文学の発達を研究したものはあまり無いのである。第一に読者の声というものを考えて見なくては、ある時代の多くの作品の中から何を選んで来て研究するかという判断さえ立たないことになる。読者の意識が如何に作品を選択したりその価値を生かし顕わすために重要欠くべからざるものであるかという考えが、もっと実際の研究の上にあらわれて来なければならない。而してその読者という中には、同じく作者であるところのものをも含んでいることを忘れてはならない。即ちこの種類の読者は専ら文学上の影響を受ける読者である。

読者の問題は、読者が文学に影響を与える場合と、文学が読者に影響を与える場合との二つに分けて見ることが出来るが、しかしこの二つのものを厳密に区別することは困難である。読者が文学に対して消費者としての要求註文を持ち出すと見える場合にも、その読者の要求註文の性質や方向を決定するものは、いろいろの複雑な社会生活上の原因である。文学が読者に影響を与えると見える場合にも、その影響を受ける読者の方の心理状態によってその結果が動いて来る。而してその読者の心理状態というものはやはりいろいろの複雑な社会生活上の原因によって決定せられるのである。読者の要求註文に応じて作者が書くという風に考えられている場合でも、実際は、作者がその時代のある社会の心理状態もしくは生活状態を鮮やかに表出することによって、その心理乃至《ないし》生活状態を統一してこれにある新らしい生命が附与せられ、その力が読者の間に一層鮮やかな形で拡がって行くのに過ぎない。言いかえれば、作者は読者の要求註文に応じているようで、実はその読者公衆の社会が自分自身の姿や心理を一層鮮やかに見せつけられている形だとも言える。このことは、文学が読者に影響を与えると考えられている場合に於いても同じようである。文学が読者の生活にいろいろの点から影響感化を与えるということは、昔からどこの国でも度々言われることであって、心中や厭世自殺も文学の感化影響だと言われたりするのであるが、そういう場合に於いても、文学は別に自分独りで考え出した事を書いたわけではなく、実はその読者公衆の社会が、自分自身の姿や心理をその文学によって一層鮮やかに見せつけられている形に過ぎないと言えるのである。

文学の影響は、必ずしも一国の同時代の間には限らず、時代を異にし処を異にしても生ずる。時代を異にし処を異にして尚且つ読者が在るからである。文学の永遠性として考えられ名づけられているものも、つまりはこの意味の読者の存在を認めることにほかならない。文学が生き延びて行くというのは、文学が時や処を異にして読者を持つことである。たとえば一国の文学が他の国の文学に影響を与えるという場合には、即ち一国の文学が他の国で読者を見出だし、その読者を強く牽きつけるという場合には、この二つの国に於ける社会的関係の間に、何等かの類似が存在していなければならない。この類似の程度と、文学の影響の程度とは正比例する。この類似が全く見出だされない場合には、文学の影響という結果に到達するほどの意味での読者はあり得ない。

（中略）

社会的関係の類似が、外国文学の影響を可能ならしめるということは、読者の住む社会の社会的関係と、作品の生れる社会の社会的関係とが、類似近接している場合に於いて、読者と作品との交渉が成り立つということを意味するものである。随って、一国の社会的関係に急激な変動を生じた場合には、今までその社会で成り立っていた文学は、その急激な社会的関係の変動に適応随伴するために苦悶する。もしくはそうすることを拒絶して、社会的関係の変動の方向に反《そむ》こうとする。今までその社会で成り立っていた文学は、その心理上思想上の脚場がぐらつき、それの不安定からいろいろの形で動揺する。ロシヤ革命に伴う新旧文学の混乱分裂が最も鮮やかなその最近の一例である。ロシヤの国外移住文学者は、社会的関係の急激な変動に対して、殆ど全く反対の方向に向おうとするか、少なくとも、もとのままの立ち場に踏み止まろうとするものである。いわゆる「革命の道づれ」は、その変動の方向に随伴して行こうとするものである。何れにしても、文学と読者との関係が、社会的関係の急激な変動につれて激変する場合の現象にほかならない。

　而してこういう場合に於いては、文学と社会との関係がいろいろの点から新らしく考え直され、それにつれて、新文化の建設の問題と関連して、新らしい文学と前時代の文学とのつながりの問題が起こって来る。即ち文学上の遺産継承の問題である。一方では、前時代の文学とは何から何まで絶縁して全く新らしいものを作り出ださなければならないというような急激な主張が行われる。それに対して、新らしい文学が、過去の文学から多くのものを批評的な態度で活用すべきだと説かれる。社会的関係の急激な変動に伴っては、文学の上にこういう論争が生じがちである。

　社会的関係の急激な変動は、要するに全く新らしい社会生活を創造しようという意気込みで行われるのであるから、ひろい社会生活の建設創造ということが、あらゆる場合の第一の関心事になって来る。即ち文学の方面では、実際の社会生活を文学よりも高く重く見る考えが勿論強い。人生のための文学だという心持ちが強く支配する。文学はその新社会生活建設のために役立つ一つの手段として見られる。文学は新社会生活の建設が成就するとともに用のなくなるものだという風にさえ考えられる。ロシヤの未来派のうちでもコム・フートゥィといわれている共産主義的未来派の考えかたなどがそれである。一種の文学自殺説であると言っていい。こういうパラドキシカルな考えかたは、文学が極端に社会奉仕のためのものとして考えられるような場合によく出て来る。批評の方面でも、批評力がすべての読者に行きわたって来ると、批評というものは自然消滅すべきものだというように考えられたりするのである。つまり生活そのものが芸術となるとともに、芸術は自然に消滅するというのであって、この点から見るとワイルドの考えなども一つの芸術自殺説の方向をとっていると言える。而して一種の極端な芸術利用説だとも見える。この考えかたは、要するに芸術が未来の理想世界——社会主義の隈なく実現せられた世界でどういう意義を持つかという問題に帰着する。

　文学批評家が、最も賢い読者でなければならないことは、これまでも度々言われて来た。文学の価値の問題が、読者の意識によって決定せられる以上、読者の問題はなかなか重大であるのだが、しかし読者の意識というものは、前からも言うように、これを明確にすることは非常な困難である。そこで批評家は、読者の代表者として、また代弁者として、自然にその任務を果たさなければならない立ち場にある。読者としての批評家が文学研究の重要な題目となるのは、この意味から考えられなければならない。あらゆる意味での批評のない文学の存在ということは考えられないし、また殆ど批評のない文学というものは、実に寂しい感じのするものであらねばならぬ。

　文学の読者の問題は、文学を社会及びその発達と結びつけて考えるところに、起こらなければならないものである。文学を専ら内在的に批評研究する間は、この問題は起こらない。文学を社会及びその発達と、原因結果の関係に於いて考案するところから、この問題は現われて来るのである。この一篇は、この問題の考察のための下書きである。

〔抄録〕

解題「文学の読者の問題」

片上伸（かたかみのぶる、一八八四〜一九二八）は、ロシア文学者。早稲田大学で坪内逍遥らの教えを受け、浪漫主義、自然主義と立場を移す。一九一五年からのロシア留学で革命に遭遇し、プロレタリア文学の先導者となり、五年後に同大学に露文科を作り主任教授に就いた。

ここに収めた論考では、「文学は一つの生活である」というテーゼがプロレタリア文学者の面目躍如といったところではあるものの、マルクス主義的な関心（階級闘争や革命）よりも、「文学芸術が一つの社会的現象であることは、今日では常識」として、『文芸教育論』（一九二二）の問題意識を拡張させている。

前節に収めた大熊信行は、「文学における読者の問題　文学の一邪説」（一九三五）において、当時の文学をめぐる状況を「友喰いの文学」と批判した。片上もまた、文壇ではなく読者の機能を重視して、文学をより広い空間に位置づけようと試みる。

この「文学の読者の問題」の発表された一九二六年における文学を考える上では、青野季吉を中心とする雑誌「文芸戦線」を欠かせない。その年の同誌には葉山嘉樹や林房雄といったプロレタリア文学の代表者たちが次々と作品を発表し、青野は理論的な論考によって階級的文学の必要性を説く。正宗白鳥をはじめ旧来の文壇は、傑出した個人による文学に重きを置く。それに対するアンチテーゼとして、青野らのマルクス主義的芸術論は支持を集める。既存の文壇中心の、つまりは、書き手による優れた作品があればよしとする文学観と、階級闘争に向けて読者を覚醒させようとする文学観、その二つの対立の先鋭化が、この一九二六年にみられた。

片上の論考は、しかし、読者を、階級闘争における啓蒙・教化の対象とはとらえていない。心理ばかりかその趣味や生活といった行動様式全体をも視野に入れた読者像を、片上は持っている。こうした文学観を裏打ちするのは、同年末に始まった全六三巻におよぶ『現代日本文学全集』（改造社）の刊行だろう。円本と呼ばれる一冊一円で売られる廉価な全集本のはじまりであり、予約数は数十万部にのぼったといわれる。単純な物価比較は難しいものの、大卒初任給は五〇円程度だったことから、現在では四〇〇〇円ほどだろうか。同社社長・山本実彦《さねひこ》による「特権階級の専有物であったわが芸術を百万大衆に解放する」との宣言は、「文化的主体としての〈大衆〉」の勃興を示している。

出版不況への打開策としてこのようなデフレ対応がとられたのは、同じ不況下でも書籍価格がゆるやかに上昇しつつある二一世紀からみると意外に思われるかもしれない。が、片上の「時代の読者の特に好んで読んだものは何であったか、如何なる趣味がその時代を支配していたか」を重視する姿勢を見ると、出版界での、価格を下げてでも、より多くの読者を引きつけようとする機運の高まりがうかがえる。

この点においても片上は、教条主義的な文学観とは異なる。読者の何を好むのか、その生活はいかなるものか、といった、他の文学者たちには見えなかった（見ようとしなかった）要素に着目していたのであり、大正末期から昭和初期までの消費社会を体現していた。

井伏鱒二への同性愛からくるセクハラを犯したとされる片上にとっての「読者」は、身近で実在する他者ではなく、もっと抽象的で茫漠とした概念だったのではないかと考えられる。するとこの「文学の読者の問題」は、モデル小説やプライバシー、さらには、ファンと作者といった現代の大衆文化研究に直結する、いくつもの問題を提起している。

〔鈴木洋仁〕

Ⅳ　同時代の日本大衆文化論

【日本文化モンタージュ説】

紙芝居の確立　加太こうじ

初出『紙芝居昭和史』一九七一年、立風書房

昭和九年の初夏、私は創立されて間もない愛国社という製作所へ仕事をもらいにいった。街路で見かけた説明者が愛国社という社名入りの絵を持っていたからいったのだが、社といっても三河島（現荒川区荒川）の常磐線の線路ぞいのしもた家だった。その頃は常磐線が高架になっていなかった。社主大塚辰次郎の妻のお市さんが初対面の私にお茶をだしてくれたとき、湯呑みに半分しかつがなかったので、私は奇妙なつぎ方をすると思った。ところが、裏の線路上を列車が通ると家は家鳴震動をしてゆれた。湯呑みのなかのお茶は波打ったがうまい具合いにこぼれなかった。お市さんは列車通過を予測して半分しかつがなかったのである。こんな家に住む経営者だから資金もとぼしいだろうと私は推測した。しかし、仕事が少なかったので、たのまれるままに時代劇を台本つきで引きうけた。

社主の大塚は新潟県出身のいがぐり頭の大男で当時は三十五、六歳の男ざかりだった。妻のお市さんは色白の美人でいつも丸まげをゆっていた。この人だけが、さんづけなのは他の人物と釣合いがとれないが、そういったほうがいかにもやさしげなこの人を思いださせるので、さんづけをご諒恕ねがう。

大塚は情熱的な努力家だった。商人あがりで数年前に松島会で説明者になり、自分好みの絵を作りたい一

心で二、三の仲間を集めて製作所をはじめたのだが、私がいくまではこれという画家にたのむことができずにいた。私とて、へただから各製作所を順番にクビになって愛国社へきたのだが、他の画家よりもずっと若いということが大塚の情熱をかき立てたらしい。大塚は私にあれやこれやと注文をつけるが、それは誠心誠意だった。私のへたな絵を見て次に私が絵を持っていくまで考えぬいて、それから、こう直せ、こうしろというのだが、それがどれも当を得ていた。

列車が通るとゆれる家から夏の盛りに話の日本社に近い三河島正庭に引越した大塚は、これを機に絵の大きさを倍にするといった。それまでは紙芝居の絵はどこも画用紙十六裁―週刊誌一頁大ぐらいの大きさだった。たった一軒、富士会だけが画用紙九裁の大塚が倍にするといった寸法の絵を作っていた。大塚がそういいだした頃には二、三の製作所が富士会にならって九裁にしだしたらしいが、私はその大きさではまだ描いたことがなかった。

物にはそれぞれ適当な大きさがある。さまざまなかたちや大きさで作られていた物も、しばらく使われているうちに規格判といえる大きさがきまる。新聞紙や葉書、週刊誌、ライター、電車の切符、その他なんでも大小についての多少の経緯をたどっているうちに、その物なりの完成度と相応して規格がきまる。紙芝居の大きさも草創期をすぎた時期に至って九裁になったが、これが規格判になった。のちに大判その他の特殊な紙芝居ができるが、すべて規格外として考えられている。

画面を倍にしたので大塚は画稿料を一巻二円五十銭に引きあげてくれた。私は他社の仕事を併せると一日平均三円五十銭ぐらいの収入になった。休む日もあるから月収は九十円ぐらいになるが生活は急に楽になった。それで、家賃八円の家から、その話がきまるとすぐに家賃十六円の家に引越した。その頃は至るところに空家があったから引越すのは簡単だった。家賃十六円の家は一戸建てで二階に四畳半と三畳の二部屋があり、下も六畳と八畳の二部屋でガス水道付きだったので、私は大いに気に入った。少年でも私は家らしい家の主人になったのである。

大塚は画面を倍にすると絵の製作について前よりも熱心になった。自分で染料を買ってきてアラビア糊とねり合わせてみたり、ニスをぬったとき、どの画用紙が効果的かという実験をした。そして私にその結果を知らせたり、染料中で私が知らなかった色を買ってきて使わせたりした。

画面の構成についても山川惣治の『少年タイガー』や松井光義作のいくつかを、仲間を使って借りだしてきて毎日のように私に見せた。チャンバラの場面などは自分で斬られた人物の型をくふうして私にスケッチさせた。私は大塚の熱情にうたれた。大塚の妻のお市さんは、大塚がはげしい語気で私に注文をつけるたびに、〈お前さん、そんなことといって、こうちゃんに気の毒ですよ〉などととりなして、私に菓子をすすめたりお茶をついだりした。少年の私は大人扱いをされるのがうれしかった。

私は大塚がこれなら十分だという作品を作ってみせようと決心した。時代劇では当時、そうじ映画社でだしている『黄金狸』というのが評判だった。講談の八百八狸の作りかえだが、徳川の政治の腐敗と庶民の味方の狸一族の対立を軸にして物語を展開したところが新しかった。作と絵を担当している渡辺一光という画家は台本の構成もうまいし、絵も独特のすご味があって魅力的だった。私はそれ以上のものを作って大塚をうならせてやろうと思った。それが昭和九年秋から約一年間つづけて私の紙芝居での評価を決定した『天《てん》誅《ちゅう》蜘蛛《ぐも》』という時代劇になった。『天誅蜘蛛』という題は語呂がいいからつけたのだがそれと同時に蜘蛛の精の魔人の名前である。時代は徳川時代初期、天草の乱後の由井正雪の叛乱計画が物語全体の背景になっている。

西国の小藩に蜘蛛の精が城主一族を守っているという伝説があった。城主の先祖が蜘蛛は益虫だから殺してはいけないという布告をして以来、その藩では蜘蛛がのんびりと生きられるようになったので恩返しに守っているのである。ところが、島原の乱が終って間もない頃、お家騒動が起こり領主はひそかに殺されて、領主の養子と称する悪人が城主になった。それ以来、悪政がはじまる。

殺された領主の遺児鶴千代は成長して少年武士になり父の仇討ちをして、復讐しようとする。忠臣や悪政に反撥する農民は鶴千代を助ける。鶴千代は悪人たちに復讐の剣をふるって父を殺した者を次々と倒していく。鶴千代が危ないと蜘蛛の精が出現して大活やくをする。農民の子の太郎は、のん気でユーモラスで、しかも合理を尊ぶ少年だが、これが副主人公になって狂言まわしの役をする。

悪人の領主が参勤交代で江戸へいくことから話は江戸へ移る。その途中から由井正雪や天草の残党が登場して徳川の天下をくつがえす計画に鶴千代を引込もうとする。鶴千代は正雪たちに同情的だが行動を共にしない。鶴千代の復讐と正雪たちの陰謀が並行してチャンバラ劇を織りなし、その間に天誅蜘蛛と農民の子ガッチリ太郎が活やくする。

鶴千代を助ける忠臣秋月隼人は嵐寛寿郎の似顔、正雪は阪東妻三郎、丸橋忠弥は大河内伝次郎という当時の剣劇映画のスターの似顔で主要人物が登場する。

おしまいは鶴千代の復権が成り、新領主鶴千代の善政のもとで農民たちもしあわせになるし、正雪一味は志成らず破滅するというありきたりのハッピーエンドになるが、この話は昭和九年秋から、十年末まで一年と数カ月つづきで二百六十巻ほどが封切られた。一カ月におよそ二十日分が封切られたから一年余で二百六十巻ほどなのである。

一巻の枚数は紙芝居がハガキ大だった頃は二十枚から二十五枚ぐらいあったが、昭和八年には主巻物といわれた時代物、活劇などの場面転換の早いものが一巻十四枚、副巻あるいは新派といわれる現代物が十三枚、マンガは十一枚ぐらいでその三巻の組合わせを一回分として持っていく説明者が多かった。『天誅蜘蛛』は主巻だから一日分が十四枚、二百六十巻では三千六百枚の絵を要したことになる。

当時、長くつづいた紙芝居はたくさんあったが、どれもシリーズになっていたから長くつづいたので同じ話の発端から結末までということになると『天誅蜘蛛』が一番長い。似顔紙芝居というのは話の日本社で鳥居馬城が昭和六年頃からやっていたが、嵐寛寿郎の似顔の『鞍馬天狗』だけだった。映画各社の大スターの組合わせというのは『天誅蜘蛛』が最初だった。

そういうことと併せてユーモラスな農民の子ガッチリ太郎の活やくが子どもたちに大いによろこばれた。ガッチリ太郎は食いしん坊で武士同士の斬合いをにぎり飯を食べながら冷やかし半分に見ている。そのうち、とばっちりがくると武士の股をくぐって逃げる。逃げるときにもにぎり飯をはなさない。そんな場面では、紙芝居を見ている子どもたちは、飴をしゃぶりながら紙芝居のチャンバラを見ている自分と劇中のガッチリ太郎がよく似ているように思われるらしくて、飴をもう一本買うことがしばしばあったという。それで、食いながらチャンバラするところを、まただしてくださいよと、私は説明者から注文された。

『天誅蜘蛛』の人気はそういう個々の設定よりも、その頃から映画理論を読みだした私が、おもしろ半分にモンタージュ論を紙芝居に適用しだしたことのほうが大きかったらしい。友人の若い教師山本竹生の影響で、私はクレショフのモンタージュ論を読んだ。これはプドフキンを経て、エイゼンシュタインに至る唯物弁証法を根底に置いたモンタージュ論の初期のものだったが、画面の構成と転換について紙芝居作りに大いに役立った。クローズアップの使い方は似顔紙芝居の効果をいっそう高めたし、紙芝居のチャンバラは、それまで、フラッシュバック的な効果やクローズアップはなかったが、私はクレショフの理論からそういうやり方を紙芝居に開拓した。のちに、私はプドフキンとエイゼンシュタインの理論を知り、やがて紙芝居モンタージュの方法を矛盾、対立、相剋、葛藤、止揚というかたちで作る。

昭和九年秋に封切って約半年ほどたつと『天誅蜘蛛』の人気は紙芝居人気番組中のトップになった。大塚の愛国社へは『天誅蜘蛛』封切当初は毎日十人ぐらいの説明者が絵を借りにきていたが、半年後には毎日六十人ぐらいがきた。やや広い通りに面した店の前は夕刻から自転車でうずまった。そのために自転車修理専門の店が近くに一軒開店したほどだった。

大塚は一巻二円五十銭だった台本付きの画稿料を昭和十年春には三円に、夏には三円五十銭に、秋には四円に値上げした。私はなんの要求もしなかったが、大塚は気前よく値上げして、私の画稿料を紙芝居最高の画稿料をとっていた山川惣治、辰巳恵洋とほぼ同額にしたのであった。私は十七歳の昭和十年秋には月収百二十円ほどになる。それは東京市内の小学校の校長の月給の平均額よりもやや多かった。

昭和九年から十年に至る『天誅蜘蛛』を描きながら、私がおぼえたことはモンタージュの理論ではない。それは、ほんの初歩のクレショフにとどまっていたが、もっとほかに、紙芝居における第一条件といえるものを自覚したのである。だれからも教えられずにそれは生活体験として知ったのだから、自覚したとでもいうより適当な言葉がない。

どういうことかというと、紙芝居における第一条件は的確な場面転換による台本作りであって、それがなくては、どんなにうまい絵があっても、上手な説明が付けられても効果をあげ得ないということだった。そんなことは、ちょっと考えればすぐにわかりそうなものだが、紙芝居には専門の台本作家は非常に少なくて、大方は画家や説明者が兼業していたから、自分の本業を中心に考える傾向が強かった。画家は絵を第一に考えるし、説明者は説明を第一にする。そのことについては、山川惣治、永松武雄などと、のちに何回か議論をするが、のちになっても山川も永松も、紙芝居画家は絵として立派なもの、うまいといわれるもの、子どもが感心するものを描いていればいいのだといい張ってゆずらなかった。そのことについては、昭和十三、四年頃の話でまたのべる。

生活体験として紙芝居における台本作りの重要性を私が自覚したというのは、次のような理由からである。私は『天誅蜘蛛』のヒットで大塚から山川惣治、辰巳恵洋と同額の画稿料をもらった。昭和十年における紙芝居画家としての私の人気は同業者中のトップだった。しかし、私の絵は山川や辰巳のようにうまくない。これは私自身がその頃でもよく知っていた。

紙芝居には独学の者が多くて、わざわざ乞うて欠点を指摘してもらう訓練をしながら絵を習った者はほとんどいなかった。それゆえ、だれもが、自分はうまいと思っていた。いわば夜郎自大の画家が多かったのである。もっとも、そのくらいの気概がなければ画家などという不安定な職業はつづけていけないから、それはそれでよかったのだが、とにかく、批評を拒否する傾向は独学でまなんだ者に多い。

私は先にも書いたように昭和八年秋から太平洋美術学校というアカデミックな絵の学校へいった。石膏デッサンを四日がかりで仕上げて、五日目の金曜に先生に見てもらうのが太平洋美術学校での仕来たりだった。おとなしい先生だと、よくできているが、ここを直したらもっとよくなるくらいの批評ですんだが、鶴田吾郎などの気性のはげしい先生がくると、〈こんな黒っぽい石膏はない、もっとよく対象物を見ろ〉といって、いきなりハンカチで仕上がっているデッサンをたたいて消してしまう。あるいは、〈向こうのビーナスは風呂からでた感じだが、君のはドブ泥からはいでたビーナスだ、絵を描くということは第一に見ることだ〉とずけずけいう。こちらは高い月謝を払って悪態をいわれにきているようなことになるが、そこを耐えて描き直さないと絵画の基礎がつかめないと思うから耐える。

そんな訓練をさせられたから、私は他の紙芝居画家よりは、はるかに、自分の画技についての自覚があった。いつも、これではいけないという自覚がつきまとっていた。実はそれが何歳になってもぬけないので、しまいに何をどう描いたら自分で満足できるのかわからなくなって、中年以後は展覧会のための絵は描かなくなるのである。

とにかく、自分は山川や辰巳よりへただと思っているのに同額の報酬をもらえるのは、すなわち市場価値が山川や辰巳と同じだということになる。そうなると、山川の台本や辰巳の台本を書く伊藤の作品と比肩し得る台本を私は作っていることになる。絵ではマイナス点をとっているとすれば、台本でのプラスがそれをおぎなっているとも考えられる。そこから私の人気が生じていると思えたがゆえに、私は紙芝居における第一条件は的確な場面転換をともなう台本作りにあると自覚したのであった。

台本といっても当時は文字に書いたものではなかった。私は物語を作ると絵にした。その絵を持っていったとき、製作所主である大塚に説明してやる。それが台本だった。テキヤの符牒で口上をいうのをタク、あるいはタクヅケというが、そのタクヅケを一回だけ模範的にやってみせるのである。大塚も、大塚があとで私のタクヅケをきくように指名したトップ会員も、ただの一回だけきいて、ほぼ正確に文句をおぼえた。

私はタクヅケのために説明の文句をよどみなくいえるように考えておいて、〈白刃一閃闇におどり血煙はあがった。「ウハハハハ、思い知ったか」と、鶴千代が刀身の血のりをぬぐって立去ろうとするとき、「あいや、しばらく待たれよ」といって、常夜燈のかげからあらわれた白衣総髪の人物は、これぞ張孔堂由井民部《かきべの》輔《すけ》橘の正雪でありました〉などと声色入りで実演した。わからないところがあると大塚の場合は〈こうちゃん、もう一度〉ときき直すが、トップ会員だとおそるおそる〈先生、すみません、もう一回おねがいします〉と先生扱いできいた。

そのタクヅケを昭和七年に紙芝居へはいってから、検閲制度ができて台本を文字で書くようになる昭和十二年まで五年間、毎日のようにしたので、絵よりも文章よりも、しゃべることが君には適していると評されるようになったのだと思える。また、小学生時代からクラスではしゃべりの選手で、学芸会での独演会をたびたびしているから、ちいさいときからその才能があったので、紙芝居のタクヅケをためらわずにやれたのかもしれない。〔抄録〕

解題『紙芝居昭和史』

加太こうじ（かたこうじ、一九一八〜一九九八）は、落語や流行歌、犯罪なども文化論として論じた評論家として知られるが、戦前は紙芝居作家であった。戦前の紙芝居の人気作であった「黄金バット」の紙芝居制作を初代作者の永松武雄から戦後に引き継いだことで、同作が映画化、アニメ化される中で「監修」、あるいはまんが版で「原作」と表記されることになる。

加太は一九三〇年代初頭、一四歳で生活のために紙芝居業界に身を投じる。明治期に大衆芸能として成立した「立絵紙芝居」は、竹串にキャラクターの絵をとり付け、小型の舞台で動かすもので、昭和初頭、これが風紀を乱すとの理由で取り締まりの対象となり、一九二九年には立絵形式そのものが禁じられる。それに対して新たに考案されたのが「平絵紙芝居」、つまり小型の舞台を額に替え絵をめくり見せていく現在の手法であった。加太が紙芝居に身を投じたのは、この平絵紙芝居が急速に拡大していく時期であった。

加太の証言で興味深いのは、この平絵紙芝居にモンタージュ理論を応用したと証言している点である。高等小学校を卒業後、紙芝居業界で働き出した加太にそのような教養はあり得ないと考えるのは錯誤であり、モンタージュ論は昭和初頭に流入以降、戦前はエイゼンシュテインの映画が一本しか公開されなかったのに対し、その理論は過剰に受容され大衆化もした。当時、同人誌に近いものも含めれば映画雑誌は三〇〇を越えて刊行されていたとされ、映画を語る言説は映画ファンの中で大衆化していた。そういう「教養」が加太や敗戦間際に映画論の用語を使いこなしていた手塚治虫にはあった。

一方ではモンタージュ論の流行は、単なる知の大衆化に留まらず、エイゼンシュテインが「漢字」を例に歌舞伎や短歌までもモンタージュと語ったことで、映画以外の表現へのモンタージュの援用と日本文化のモンタージュ的解釈が流行する。後者の日本文化のモンタージュ論的解釈がなされた一例が、戦後絵巻物研究のオーソリティとなる奥平英雄の『絵巻の構成』（一九四〇）である。いわゆる「鳥獣戯画起源」とは別に「信貴山縁起絵巻」など絵巻をアニメーションやまんがの基調とする俗説は戦後、その誤読によって成立する。

一方、「表現のモンタージュ化」は既に映画を模した詩として成立していたシネポエムや写真を見開きで切り張りする板垣鷹穂らのグラフモンタージュに実験的に採用され、同時に、まんがであれば大城のぼる「汽車旅行」（一九四一）で試みられ、『桃太郎　海の神兵』に於いてアニメーションに大胆に援用されることになる。加太の証言はこういった表現の意図的なモンタージュ化という、メディア表現に於ける変容の中で捉えられるべき問題である。

加太は一九四〇年、大政翼賛会文化部の国民文化会議にも参加、紙芝居は隣組の常会や外地など戦時体制の最末端に入り込む平易なプロパガンダのツールとして庇護され発展した。その歴史も忘れるべきではない。

〔大塚英志〕

【まんが記号説とエイゼンシュテイン】

・interview手塚治虫

珈琲と紅茶で深夜まで…　手塚治虫

初出『ぱふ』一九七九年一〇月号

たとえばね、僕の描く女が無機質だとか、色気がないとか、マネキンみたいだとかいろいろ言われるんだけれど、僕ね、最近ふと思いついたんだけれど、どうも僕自身あまり画を描こうとしてるんじゃないと思うの。僕は大体、もともと画が本職じゃないしね、デッサンなんかもやったことないし、まったく自己流の画でしょ。だから、それは表現の手段としてね、たまたまお話をつくる道具として画らしきものは描いていますけど、僕にとってあれは画じゃないんじゃないかと、本当に最近思いだしたんです。

じゃあ何かっていうとね、象形文字みたいなものじゃないかと思う。僕の画っていうのは、驚くと目がまるくなるし、怒ると必ずヒゲオヤジみたいに目のところにシワが寄るし、顔がとびだすし。(笑)

そう、パターンがあるのね。つまり、ひとつの記号なんだと思う。で、このパターンとこのパターンとこのパターンを組み合わせると、ひとつのまとまった画らしきものができる。その組み合わせのパターンていうの、僕の頭のなかに何百通りってあるわけです。だけどそれは純粋の絵画じゃなくてね、非常に省略しきったひとつの記号なのだと思う。

それでずーっと解釈していくとね、僕が人からいろいろ非難されたりね、攻撃されたりね、言われ続けてきたことがみんな解決するんですね。今言った、女性に色気がないということもそうだしね。それから、手塚の線には抑揚がないとか、そういう問題がすべて解決しちゃうんですね。つまり、僕にとってのまんがというのは表現手段の符帳にしかすぎなくて、実際には僕は画を描いているんじゃなくて、ある特殊な文字で話を書いているんじゃないかという気がする。

だから、僕のまんがっていうのはセンチメンタリズムはあるけど感性ってものがない。こみあげてくるものがないでしょ、さめてるでしょ。いわゆる生身の感性がない。

たとえば、エスペラント語という、これはまったく理想化された国際言語形態があるでしょ。これにはなんら、もとになる意味づけがないわけです。でも言語っていうのはもともと、英語にせよフランス語にせよラテン語にせよ、発生から意味はあったと思うんです。

僕の描いているものも、もともとは画なんだと思うんだけどね、僕自身画を勉強したことがなくて描けないもんだから、どうしても画らしきものを象形文字みたいに描いちゃう。一回、誰だったか、僕の画はデビューの時から全然進歩がない、画柄は同じだし、パターンは同じだし、表現から何から全部変わらないって言った人がいてね。考えてみれば僕はデビューの時にそういうパターンをいくつかつくっちゃって、30年間その組み合わせをやってきたにすぎないんじゃないかと思う。

キャラクターにしてもそうだと思うんですよ。僕の作品には色んなキャラがでてくるようだけど、あれはみんなパターン化しちゃってるんですよ。悪いキャラとか、細長いキャラとか、目の大きいキャラとか。美人とか美男子なんてみんな同じ顔になってしまう。ただ髪だけが違ってね。その髪形もよく見れば別のキャラからとってきたものだったり。だから、キャラクターっていうのは僕にとって単語なんですね。

僕はね、職人ですよ。徹底してアルチザンだな。僕の尊敬してるのはデュヴィヴィエなんだ。彼の映画は本当に子供の時から見ててね、あんなに手をひろげているくせにひとつひとつが全部まとまっていて、しかもあのひとの個性あふれたね、商品にしあがっているなと思って。それで、是非デュヴィヴィエの生きかたを踏襲しようと決めたんですよ。つまり、あのひとは本当に「ドン・カミロ」なんていうオプティミズムの映画から、ペシミスティックな映画まで幅が広いてしょ。そこら辺の開きをどういう風に料理するのかっていうと、やはりあのひとはものすごく自分を大事にする職人なのね。

　僕もそういうものをつくりたいなって思ったのは、まんがっていうのは本当にファッションだと思ったのね。その時代の感性に一番ぴったりしたものを描いていけば、まんがとしては一番納得いくんじゃないかと思う。それにはね、どの時代にもわりとていよく使えるキャラクターをつくっておくと一番得だな、と思ったんです。だから、ヒゲオヤジにしても、いろんな役するでしょ。要するに、自分てものがないんですよ。ヒゲオヤジの思想はどうかというと、何もないんですね。ランプだってそうだよ。ランプは何のために悪ぶってるのかわからんわけでしょ。

（中略）

　ランプっていうのはね、さめてるでしょ、いつでも。あれは俺じゃないかな、という気がするのね。というのは、僕は自分でストーリーつくっててもなんか話のなかにのめりこめないのね、どうしても客観的にストーリーを見ちゃうんですよ。だから、何でも主人公本位じゃないでしょ。主人公をどんどん殺しちゃったりね。どちらかというと、お話の方に重要性があるのね、僕の場合。だからどんな主人公がでてきても、ロックでもケン一でも、本当に愛せないと思うんだ。思うんだ、なんておかしいけれど、本当に愛せないんですよ。このキャラクターが本当に好きでね、彼こそ造型化された自分の心情だ、なんて思うことできないのね。結局、ちょっとそのキャラクターをつらいめにあわせたりしちゃってね。（笑）

〔抄録〕

解題「interview 手塚治虫 珈琲と紅茶で深夜まで…」

手塚治虫（てづかおさむ、一九二八〜一九八九）は戦後まんがの開拓者であり、その方法論的な基礎を作った。収録したのは晩年のインタビューの一節であり、そこで手塚は突如、自らのまんがは「画」（絵）ではなく「象形文字」の「組み合わせ」からなる「記号」に過ぎないと発言する。まんがに於ける絵とは、それらしく見える目や鼻や口といったパーツ（「象形文字」）やあるいは描線そのものを任意に「組み合わせ」て人物の顔をつくるもので、リアリズム的な「絵」でなくただの「記号」を描いているに過ぎないという主張である。この手塚の主張を夏目房之助らが精緻化したのが、現在の「マンガ学」の主張である「マンガ記号説」である。

しかし問題は、その「記号」概念の出自である。これが語られた当時の一九八〇年代の日本では、記号論が知的流行であったことでその影響と理解されたが、実際に手塚が準拠したのはエイゼンシュテインのモンタージュ論の説明である。エイゼンシュテインはモンタージュの説明に漢字を用いた。「泪」という文字を例に、偏と旁《つくり》それぞれが「水の流れ」と「目」の形をなぞることで派生した「象形文字」であり、その「組み合わせ」で「泪」という新しい意味を持つ「記号」が弁証法的に発生した、とした。手塚はその際の用語とロジックを「まんがの絵」に内在する理論の説明として用いたのである。

手塚はいわゆる「まんが評論家」に対し、しばしば冷淡な態度を示したが、それは創作者と批評のありふれた乖離と見えた。しかし実際には、手塚の背後に戦時下の映画理論の教養があったことに注意しなくてはならない。手塚はエイゼンシュテインを援用してもそれに気づかない「まんが評論家」を冷笑していたのである。

昭和初頭に日本に流入したモンタージュ論が、手塚が戦後、発展させた「映画的」手法にいかに影響を与えたかは加太こうじの章の解題に譲るが、この「映画的」という語さえも、戦時下の映画論でモンタージュ的と同義で語られた映画用語である。手塚はまんがに「大きな物語」を持ち込んだ「ストーリーまんが」の提唱者でもあるが、映画をストーリー様式と非ストーリー様式に区別し、後者である記録映画などで発達した美学にいかにふさわしい新たな「ストーリー映画」があるかという、戦時下の映画論に於ける主張を踏まえて「ストーリー」の語は用いられている。手塚の「映画的」手法に決定的な影響を与えたアニメーション『桃太郎　海の神兵』（一九四五）を手塚はリアルタイムで見て、その「芸術」性を「文化映画」的な「記録」映画性にあることを見抜き日記に書き留めていることを含めて、手塚の用いたまんが論の用語（それはそのままマンガ学の学術用語化している）や論理は、確実に戦時下の映画理論にある。マンガ学がそのことに無自覚であったのは、「学」であることを急ぐあまり学術用語や理論を歴史的検証や他領域との関係を抜きに閉じた形でやや恣意的につくり上げてしまったからである。そのことが「マンガ学」を海外では逆に「神秘化」していることにも注意が必要である。

〔大塚英志〕

【『太平記』は大衆文化に何をもたらしたか】

太平記——意志的人間

山崎正和、司馬遼太郎、陳舜臣

初出『古典と現代』一九七四年、中央公論社

司馬　それが[1]『太平記』というのは、成立のときには非常におもしろかったかもしれませんけれども、むしろ『太平記』の大いなる歴史的位置というのは、後世に与えた影響でしょうね。つまり革命の書になっちゃったことですね、たとえば幕末においてそうでしたね。ですから、楠木正成がちょうど、別に革命の書を書かなくてレーニンの位置になったわけでしょう、幕末の志士にすれば。——ところが、『太平記』によって、水戸学の楠木正成信仰というものが出来上がるわけですけれども、それで水戸史観が出来上がって、なんと太平洋戦争の終了までつづく。終戦で時代に合わなくなると楠木正成もポイと捨てられてしまうという、つまりイデオロギーが去れば正成も去ってゆくという意味で、非常に不思議な人物だし、『太平記』もそうですね。

山崎　たしかにイデオロギー的人物は出るのですが、しかし『太平記』そのものの立場は、のちに曲解されたり、利用されたりはしたものの、本来は極度に非イデオロギー的な作品のような気がするのですがね。

陳　そうですね。

司馬　それはさっき陳さんがおっしゃった、南朝サイドで書かれているのか、北朝サイドで書かれているの

か、ちょっとわからんところがあるのですね。

山崎　そこがまた作者不明だということにもなる理由かもしれませんが、むしろ、それを決めないところにい、みそがあるんですね。

陳　やっぱり「太平記読み」なんかで全国巡業するでしょう。そうすると、聞く人に媚びるというのではないですけれども、商売ですから、より多くのお客を獲得するために、アレンジするのではないですか。こういったほうが喜ばれるというようなところがありますね。

司馬　それはあるでしょう。

山崎　今川家の『難太平記』という代表的なものがあって『太平記』に自分の個人的な立場で文句をつけていますね。あれは文章になって残っていますけれども、おそらく法師を前にして、講談師を前にして、そこを直せとか、おれの先祖をよく言えとかということも、やったに違いないと思うのです。

司馬　ですけれども、今川了俊《りょうしゅん》なんかは、どう言いますか、今川家がいい家格で、少なくとも当時の公認されたる武士でしょう。『太平記』で非常にダイナミックな形で躍り出てくる人物たち、楠木正成とか児嶋高徳とか、なにがしは、氏素姓定かならざる当時の社会概念でいえば、悪党でしょう。要するに非公認の武士ですね。それが南朝方にみなついて、わりあい生き生きと、この文章で活写されていますね、ああいうあたりはおもしろいですね。

山崎　さきほども山伏の話が出ましたけれども、[2] ひょっとすると、児嶋高徳なんかは、何人かの山伏を形象化した一人の人物だというふうには考えられないですかね。

陳　やっぱりフィクションにしたほうが書きやすいですからね。歴史のポイント以外のところでは、スーパーマンが登場できます。筋のつなぎにも便利ですよ。児嶋高徳なんて……。

司馬　あれがいちばんいい役しているでしょう。

山崎　どうやら日本の常識とでもいうべきものがあるようですね。おそらく平安朝時代に出来たひとつの美観であり、正統感覚であり、さらにそういう王朝に対する憧憬の感覚ですね。他方、底辺にはドロドロとした山伏やら、あるいは山岳宗教などがあって、そこへ上のほうから中国の宋学という、これまた非常に非日本的なものがあらわれまして、両方結びついて、なにやらけったいなものが、正統の外にあふれ出てきたというところなんでしょうね。

司馬　そうでしょうね。だから枠に入れたり、分類したり、いろいろ系統立てたりすることは、ここでは無理ですね。

山崎　だから時代も乱世ですけれども、ものの見方も乱世で乱れてしまったので、一人一人のパーソナリティというのは、非常に複雑に、大きく浮かび上がってくる時代になるのかもしれませんね。

司馬　そうかもしれませんね。それになんというんですか、私はこれは菅楯彦《すがたてひこ》さんという、いま生きていらっしゃると百歳近くなられる、大阪の絵描きさんに聞いたんですけれども、明治の初年に、つまり菅さんの少年時代、町々に『通俗三国志』か『太平記』がやはりずっと家一軒あけて、長屋を一軒あけて、読まれてたらしいのですよ。あまり長いものですから、途中でお客が来なくなるのです。そうしたら「今日より正成出づ」と張紙を出す。すると、客がどっと来るんです。だから正成のくだりがやっぱりおもしろいらしいですね。

そういった話は、私は江戸時代の末期くらいの話だろうと思うのですけれども、ある暇な儒者が、正成が偉いか諸葛孔明が偉いかと議論した。一人の儒者が孔明のほうが偉いと。なぜかといえば、三顧の礼でやっと立ち上がったんであると、正成は肩叩かれただけですぐ出てきた。だから正成は非常に軽率な男だというわけです。ところが中国の三顧の礼というのは、これは一つのお作法ですからね。ともかく正成と孔明とが非常に合ってるという印象はおもしろいですね。

陳　やっぱりイメージが重なっていますね。でも正成は主に山岳戦ですね。野戦はだめでは……。

司馬　野戦はだめ。正成はゲリラ戦ですね。それで諸葛孔明は平野決戦ができるわけで、要するにオーソドックスな戦争ができるわけです。ところが正成のゲリラ戦というのは、ずいぶん日本の、明治以後の軍隊を毒しておりますね、陸軍大学校なんか正成好きでしょう。だから小部隊戦闘ばかりを研究して、これを巧みにやることの積み重ねで、大戦闘をもやっていこうという思想です。正成好きの気分が、日本陸軍の近代化をずいぶん阻んでいたようにさえ思えます。

山崎　たしかに正成といえば広いファンがあるわけですけれども、見ていますと、おもしろい人間というのはやっぱり足利尊氏、これはかなりうまく描かれているのではないですか、非常におもしろいパーソナリティとしてね。たとえば最後まで意志が決まらない。とにかく朝廷の軍隊が箱根の山まで来ているのに、弟たちが戦争をしているのに、まだ御大将である尊氏は意志を決定できない。最後にみんなに迫られて、私は坊主になるというので髪を切りますね。現在伝わっている尊氏像が髪をざんばらにしているのは、そのときもとどりを切ったからだそうですけれども、つまり、そうして意志を決めかねている人間が、最後のところで、ようやくみんながそういうからというので、立ち上がるというんですね。ところが、それまでに、部下たちのあいだでは意志決定がすでに行なわれていて、いっきょに力を入れて攻め返すわけです。こういうエピソードが記録されたというのは、作者自身、たいへんこういう人間に興味を持っていたのではないですかね。

司馬　好きだったのではないですか。私は好きだったと思いますよ。作者は、正成を好きだと同時に尊氏も好きだったのではないですか。つまり世の中のことを託するに足る人は、こういう大きな人物なんだという気持は、多少あったでしょうね。

山崎　中国でもああいうことになるのか知りませんが、たびたび軍議の場面が出ますでしょう。あれはなにも尊氏だけではなくて、義貞もやっていますし、それから非常に小さいのでいいますと、伯耆《ほうき》の名和長年、あれが立ち上がるときにも、やはり一族集めて相談をします。それでああ言わせ、こう言わせと、みんなに意見を言わせながら事を決めていきますね。あれが日本人のやり方なんでしょうか。

陳　やはり中国でもそうではないのですか。やはりいろいろなことを言わせて、そして大将というのはみんなの様子を見て、最後の決をとる。だから大きな人物というのは、最後まで計算しないように見えるのですね。尊氏的に見えるのではないでしょうか。だからはじめからまっすぐに行けと言ったら、どうしても脱落者が出たりしますわね。議をつくすと、脱落する人でも、いろいろなことを聞いて、なるほどということで納得し、それについて行く。だからあの尊氏、自分で計算したのかどうかわからないですけれども、結果的には……。

司馬　結果的には同じになっているのだな、天分とその計算能力が。

山崎　しかし後醍醐天皇は、あまり軍議を開かないですね。

陳　だから楚漢《そかん》の故事は、よく引いておりますけれども、劉邦と項羽とね。項羽というのは全部自分一人でやってしまうんです。劉邦が結局天下をとったわけですね。わりあいに優柔不断なところがあったり、いろいろなことをしたんですけれども。

山崎　そうするとこれは司馬さん、東洋というものですか。

司馬　そうかもしれませんね。たとえば、まったく『太平記』と関係ないですけれども、織田信長みたいな独裁者タイプの人でも、軍議を開き、言うべきことは全部言わせますよ、みんなに。決して頭ごなしに自分の案を押しつけない。評定の最後に、ちょっとぐらい、さくらを入れてるかもわかりませんが、たれかが信長の気に入ることを言うと、それならお前の意見でおれは立ち上がろうというところがありますね。尊氏のやり方は、ずっと前の時代からひきついでいるのだと思います。そういうやり方でなければ大勢の人や世の中は動かせないのだとか、あるいは小さなグループでさえ動かせないとかいうことはあったのでしょう。しかし、この場合は尊氏の人となりもそうだったのだろうと思います。だからつねにぐずぐずしているのではないですか。

陳　やっぱり弟の、突貫的な直義ですか、あれとのコンビがよかったのではないですか。

山崎　そうですね。あとでは、高師直のようなのが出てきますしね。そうすると、参謀みたいというか、副官みたいなのに、非常に頭のきれる、勇ましいのがいて、その大将というのは、そいつを演出しながら、自分で乗せられていくようなパーソナリティということになりますかね。

司馬　やっぱり結局、乗せられたというときに、世の中が動くというところがあるのではないですか。もっとも尊氏の場合は、そのことにアクションがくっつく。彼が意識的に大衆を動かす手を用いたのではなさそうなところは、決定を嫌ってどこかへ逃げ込んだり、髪の毛切ったり、あるいは後醍醐天皇のためにお寺を建てたり、同盟者や家臣たちをやきもきさせている。このあたりに彼の人物のおもしろさが匂っていますね。

陳　私は『太平記』というのは語りだから、民衆教育をやってるでしょう。教育的なにおいが濃厚ではないですか。これさえ読めば、あるいは聞けば、世の中のことは全部わかるんだというような感じの、昔の庶民教育の教科書みたいな感じがしますね。ですからあとからいろいろなものが入って、それで雑然としたような感じになったのではないかと思います。それから、本の名前のつけ方にしても、戦乱を書きながら、どうして『太平記』だというようなことをよく言われますけれども、ああいうエンサイクロペディアのように集めるのは、中国で『太平広記』というのがありますね。なんでも集めてくるわけですね。それは宋の時代にできていますが、網羅を心がけたものです。それさえ読めばたいていの世の中のことはわかるというので、あるいは『太平記』というのをつけたのではないかという気もするのですがね。

山崎　なるほど、おもしろいですね。

陳　『太平広記』とか『太平御覧』なんか、「太平」とついたのは、どうもエンサイクロペディアというニュアンスがあります。

山崎　たしか、あれは清盛が輸入していますね。

司馬　そうかもしれんな。

山崎　なるほど、それは非常に新しい説です。

陳　いや、これは勝手に考えたことですけれどもね。

山崎　そういえば、仏教上の思想の百態、さっきは歴史観が五つぐらいあると言いましたけれども、[3]歴史観のいろいろなタイプ、それから中国および日本の古典、これがほとんど全部集められておりますね。

陳　本朝および異国のことを談ずるという、秦の始皇帝から元が宋をやぶるところまで、主なところ全部出してきていますね。

山崎　そうすると、一つの思想では貫かれていないけれども、雑然としながら、その時代の人間のお作法書であり、人生のお作法書であり、教科書でありというような要素があるんでしょうね。

陳　だから、あとの影響がたいへん大きいと思うのですよ。

山崎　それでこのあいだ、司馬さんといっしょにお話しする機会があったんですけれども、[4]それを思い合わせますと、『徒然草』というのもそうですね。つまり、非常にいろいろなことが書いてありまして、それで一貫した結論のようなものはなにもないと。

陳　それに似ていますね。

山崎　いろいろなことに、たとえば職人の姿から、お作法とか、ファッションとか、文学とか、いろいろなことに目を向けてますね。それぞれに一家言があって、断片的に述べますけれども、べつに全体としての結論はない。その点、『方丈記』の場合ですと、これは全体として結論がありますでしょう。世は無常であるというような。

司馬　ですからさっき桜井さんもおっしゃっていたような、[5]つまり土地問題を中心にした価値観が全部あいまいになってしまって、はっきりいえば、子供が五人あるとしたら、だれが相続するのかもわからなくて、ああいう争うというような時代が、この時代でしょう。ですから、何もかもわけがわからんから、尊げな価値をいっぱいここにもってきて、いっぺん考えてみようと、書きながら、喋りながら考えてみようというぐあいで、できていくんでしょうか、この『太平記』という書物は。

山崎　どうもそんな感じが非常に強くしますね。

司馬　本人が納得したり、どうもこれちょっと違うかなというような、作者自身が迷ったり、そうだと言って断定したりするような、そういう書斎のにおいがありますね。

山崎　そうですね。

（中略）

陳　雑然としたものを、頼山陽がうまくまとめたわけですね。[6]頼山陽の影響も大きいですね。

司馬　頼山陽の抄訳が、またいちばん大きい影響があるかもしれませんね。『太平記』を抄訳しちゃったでしょう。おまけに、あれだけうまくまとめたらわかりやすいから、『太平記』を読まなくても、あれだけ読んで、読んだ気持というのはできるでしょう。

山崎　どうもそのおかげと、水戸学とのつながりで、『太平記』というのは、かなり誤解されてしまっている面もあるわけですね。

司馬　それともうひとつ、『太平記』の効用は、あの和漢混淆《こんこう》文というのは非常に表現力がありますから、日本人のもの書きの、あとの時代に文章を書く一つのモデルになったろうと思います。だから非常に日本語文章、文章日本語があのおかげで成立しやすくなったという感じはしますが。

山崎　そうお考えですか。その点については、私はべつに自分の意見というのはないのですけれども、『平家物語』の文章のままでいったらどうなっただろうかと、ちょっと思うのですけれども……。

司馬　ちょっととらえにくいのではないでしょうか。いろいろな、てきぱきした人間をとらえるとか、それからがらりと変わった運命をとらえるとかいうことができにくいのではないか。

陳　経験する範囲が狭いですよね。

山崎　ただ和漢混淆の文章が、見ると非常に雑然とした、文体的にいうとあまり美しい文章だとはいえないところがありますからね。

司馬　疎剛で、形が悪いが、ときどき金のように光ったものがありますな。

山崎　それから、つまらないエピソードで、非常に私は感心するのがあるのです。そういうところもちゃんと見ているんだなと思いましてね。弓の名人がいるんですが、それもたいへんな名人というわけではなくて、やはり自分では不安な名人なんですね。それが敵の見てる前で、遠くまで矢を飛ばさなければならない。大将の名誉をかけて非常に悩み、死を覚悟して、逡巡しながら弓を引くわけです。そうすると、だれか馬鹿なやつが、横合いからピョンと別の矢を射るんですね。そうすると、敵、味方大笑いになって、彼は結局弓を引かないですむんです。そこで助かるわけですが、なんかそういう馬鹿なやつのおかげでひょいと救われてしまった——そういう変なおかしさと悲しみがうまく描かれています。

司馬　そういう機微というのはうまく表現されていますね。
山崎　ですから、必ずしも論理や理屈で、大事なことと大事でないことを見分けるのでなくて、ちょっと独特の見方みたいなものがありますね。
陳　それが聞く人の喝采を得たんでしょうね。喝采を得たものが残されたのではないですか。
山崎　ああいう場面というのは、『平家物語』にはないですね。
司馬　ないですね。まだそれを人間関係のおもしろさとして感じない時代だったのでしょうね。
陳　そうでしょうね。
山崎　いわゆる、ほんとうに美しいか、はればれしたものがなければ、だめだったんですね。
司馬　『平家物語』は一とおりの色調だったのですからね。
山崎　『太平記』というのは、現代になって読み直してみると、やっといろいろなことがわかるというような側面がある、おもしろい古典で、ある意味でいえば、途中で歪曲された結果、忘れられたのが残念なという感じがいたします。
司馬　そういう感じがしますね。
山崎　これを機会に少し読まれるようになるといいという気がします。どうも今日はありがとうございました。

〔抄録〕

【解題者註】

［1］作者は南朝寄りの姿勢で執筆し、人物も南朝方のほうが面白く描けているが、作品としては後醍醐の覇道ではなく北朝方の王道によって太平の世になったことを寿ぐコンセプトになっていること。

〔2〕南朝を支持した勢力に山伏がおり、彼らの考え方や信仰が歴史の大きな変わり目に時代を捉えていく方法の一つとして出てきたのではないかという意見や楠木正成の活動に関わっているということが話題となっていた。

〔3〕先行する議論の中で、山崎は「皇国史観」「名分論のような歴史観」「決定史観」「中国の歴史交代のセオリーみたいなもの」などを挙げる。

〔4〕司馬遼太郎・山崎正和「徒然草とその時代」『國文學　解釈と教材の研究』一七―九、一九七二年。

〔5〕従来の土地の権利が非常にはっきりとくずれていったのがこの時代だという桜井好朗の発言を受ける。

〔6〕中略部分で、『太平記』には末法思想に抵抗する現実肯定の思想が見られるということを話題にしている。それを受けての発言。

解題「太平記――意志的人間」

これは南北朝期の戦乱を描いた中世の歴史物語『太平記』をめぐる座談会の一部を抄録したものである。出席者は文芸評論家山崎正和（やまざきまさかず、一九三四～二〇二〇）・中世史研究者桜井好朗（さくらいよしろう、一九三一～二〇一四）・作家司馬遼太郎（しばりょうたろう、一九二三～一九九六）・作家陳舜臣（ちんしゅんしん、一九二四～二〇一五）の四名である（ただし引用文中に桜井好朗は登場しない）。一九七二年四月にＮＨＫテレビの教養特集として放映された「古典と現代」という番組のために行われたものである。その後、一九七四年に中央公論社から刊行された同一タイトルの書に収録された。『太平記』のほかに、別の面子による『南総里見八犬伝』『歎異抄』『平家物語』『御伽草子』『新古今和歌集』をめぐる座談会の記録が収められている。〈古典と現代〉というテーマでこれらを取り上げた動機は「日本人の優れた文化遺産として継承され、かつ愛読されてきた代表的古典」だからとのことである（帯文）。

さて、この座談会では、「意志的人間」というサブタイトルからもうかがわれるように、もっぱら『太平記』に描かれた人物像を問題にしている。山崎正和は『太平記』の現代語訳作成の体験を通して、本物語に現れる人物はすべてその背後に『平家物語』や中国の古典や歴史書中の人物を背負っていて、それと重ね写しにされていると考えた。それは学生紛争に苦悩する教員たちが、『平家物語』に基づく演劇を観ながら、登場人物に自分や同僚を仮託して意味づけていく受容の在り方に通じるという。こうした古典と現代との接点を話題にしながら『太平記』中のさまざまな人物や文体、歴史観、思想性、時代性などに話題を展開していく。そして『太平記』というタイトルの意味、作品のコンセプトについて話し合った後、本書に抄録した「後世に与えた影響」に司馬遼太郎が話題を移す。

まず司馬は『太平記』の後世への影響の大きさとして、水戸学の楠木正成信仰と水戸史観の形成、そして近代には国家イデオロギーとして広がり、それが第二次大戦の終戦まで続くことを指摘する。ただそうした受容は『太平記』を曲解したものであり、利用するものの都合によるものであって、本来は非イデオロギー的な作品であると山崎は考える。南朝側か北朝側か不明確な執筆態度をとっていることが、むしろ歴史的には意味があるだろうという山崎の意見を踏まえ、陳舜臣は、〈太平記読み〉は北朝方であれ南朝方であれ、エピソードや人物像を客が喜ぶようにアレンジしていったのではないかという。『太平記』を歴史書や思想書として読む流れが作られる一方で、文字を読めない層であっても楽しむことのできる芸能のコンテンツという側面が成長していくことになる。

そうした点から注目すべきが司馬の持ち出したエピソードである。すなわち画家菅楯彦（すがたてひこ、一八七八〜一九六三）の少年時代の回想談として、明治初年の大阪の下町の長屋では『通俗三国志』や『太平記』が読まれていたということを紹介している（菅が鳥取から大阪に移住したのは一八八一〈明治一四〉年）。どちらの作品も長編であるから、途中で客が来なくなるが、しかし「今日より正成出づ」と張り紙を出しておくと、再び大勢の客が来たのだという。これは楠木正成がいかに大衆的人気を得ていたかを示す好例だろう。太平記読み、そして講釈・講談、さらには芝居や浮世絵などを通して浸透していったであろう『太平記』の世界の受容の広がりを見て取ることができる。

『太平記』は知識層にとっては歴史や思想の書として重視されたが、大衆文化の中では『太平記』そのものではなく、楠木正成や新田義貞といった人物、赤坂城籠城戦や大森彦七と鬼女といったエピソードが個々に受け入れられ、また独立した創作物を生み出していく。この座談会はそうした二つの方向性に言及している。

（伊藤慎吾）

【大衆と古典文化】

〝歌笑〟文化　坂口安吾

初出「中央公論」第六五年第八号　一九五〇年八月号（所収『坂口安吾全集09』一九九八年、筑摩書房）

歌笑のような男、落語の伝統の型を破った人物は、私の短い半生でも、さきに金語楼、また同じころ、小三治（今、別の名であるが忘れた）などというのがいた。金語楼は兵隊落語、小三治は源平盛衰記など新しくよんだのである。私がはじめて彼らをきいたのは中学生のころで、彼らは私とほぼ同年配、いくらか年長の程度ではないかと思うが、今の歌笑にくらべると、これほどの時代的な関心はよばなかったようだ。彼らの話術を比較してみても、金語楼よりは、歌笑の方に、あくどさがいくらか少いし、時代への関心もいくらか深い。金語楼は若い時からハゲ頭の自嘲を売り、歌笑は醜男を売る。金語楼のハゲ頭はウワッ面なものだが、醜男は歌笑の落語の骨格をなしており、それがないと、歌笑の落語が生れなかったぐらい本質的なところにつながっていたようだ。

金語楼と歌笑をくらべると、私は躊躇なく歌笑の方に軍扇をあげるが、歌笑は金語楼程度に未来があったかどうかは疑わしい。歌笑は映画に転向して成功することが、ちょッと考えられないからであるし、二人ながら、落語の世界では新型であっても、それほどの時代感覚があるわけでもなく、芸自体として、一流品では決してない。二流品でもない。もっと、下だ。

金語楼が落語界の新型であったころ、芸界では、もっとケタ違いに花々しい流行児があり、それが無声映画であり、活弁であった。今の徳川夢声と生駒雷遊が人気の両横綱で、群をぬいており、西洋物で夢声、日本物で雷遊、中学生の私は夢声の出演する小屋を追っかけまわしたものであるが、当時の民心にくいこみ、時代の流行芸術としては、落語の金語楼などの比ではない。芸の格もちがう。夢声はトーキー以来漫談から芝居、映画に転じ、現在ではラジオの第一人者でもあり、文章においても、出色の存在だ。あらゆる点で日本の芸人の第一流の存在であるが、これにくらべると、金語楼や歌笑はケタ違いに小さな三級品程度にすぎないのである。

又、漫才界では新風を劃したエンタツ、アチャコがあり、このうち、エンタツは夢声に比すべき第一級の存在で、喜劇俳優としては、一流中の第一流の天才だと思うのだが、そのすばらしい演技にもかかわらず、その風采や、又、喜劇というものの日本における位置などから、芸に相応して甚だしく低い待遇をうけているのは気の毒である。エンタツの天才や、時代感覚にくらべれば、歌笑などは、金魚とミミズぐらいの差があって、戦後にえた人気は、身に余るものであったろう。

しかし、落語家が、歌笑をさして漫談屋だとか、邪道だというのは滑稽千万で、落語の邪道なんてものがあるものか。落語そのものが邪道なのだ。

落語が、その発生の当初においては、今日の歌笑や、ストリップや、ジャズと同じような時代的なもので、一向に通でも粋でもなく、恐らく当時の粋や通の老人連からイヤがられた存在であったろうと思う。つまり、最も世俗的なものであり、風流人の顔をしかめさせた湯女《ゆな》的な、今日のパンパン的現実の線で大衆にアッピールしていたものであったに相違ない。

それが次第に単に型として伝承するうちに、時代的な関心や感覚を全部的に失って、その失ったことによって、時代的でない人間から通だとか粋だとかアベコベにいわれるようになった畸型児なのである。

明治、それから、大正、昭和という途方もなく飛躍的な時代を経過して、昔の型から一歩もでることができずに、大衆の中に生き残ろうなどとムリのムリで、粋とか通とかいわれることが、すでに大衆の中に生きていないことのハッキリした刻印なのだ。大衆の中に生きている芸術は、常に時代的で、世俗的で、俗悪であり、粋や通という時代から取り残された半可通からはイヤがられる存在にきまったものだ。

落語というものが、昔のまま、庶民芸術の様相だけもちながら、全然庶民性や、時代性を失っているから、いつの時代にも、金語楼や歌笑に類するもの、つまり、時代感覚をとり入れようとする反逆児が、今後も常に生れてくるにきまっている。

しかし、金語楼にしろ、歌笑にしろ、その時代感覚というものは幼稚千万なものだ。落語という窓の中から外を眺めて採りいれたにすぎないもので、決して時代を創造するような一級的なものではなかった。だから、今後の落語界に、歌笑以上の新人が現れるだろうことは想像にかたくない。

しかし、歌笑に一つの独自性があったとすれば、彼の芸の背景にしっかりと骨格をなしていた醜男の悲哀であったろう。それは菊池寛の骨格をなしていたそれよりも、もっとめざましく生ま生ましいものであったし、彼はそれを、ともかく生ま生ましくない笑いに転置することに成功していたのである。

それが歌笑の強味であったが、彼の未来にとっては、これが又、決定的な悲観的因子をなしていたろうと思う。金語楼のハゲ頭は、愛くるしくて、映画の笑いにも適し、三流のアチャラカ・ボーイとして通用するであろうが、歌笑の顔は映画には適さない。笑いを誘うと同時に妖怪味をただよわしているのだ。これを映画に生かすには一流の天才がいるが、歌笑には、そのような天才はめぐまれていないのだ。この顔を映画で生かす天分があれば、それはもう、一流中の一流の芸術家なのだから。それを歌笑にのぞむことはできない。

彼は惜しまれて死ぬに適した時に死んだといえる。

だいたい庶民性をまったく離れて、骸骨だけの畸形児となった落語のようなものから、けっして一流の芸術家は現れない。

一流たるべき人間は、はじめから、時代の中へとびこむにきまっており、ジャズや、ストリップや、そういう最も世俗的な、俗悪なものの中から育ってくるにきまったものだ。法隆寺や東照宮がそういう時代的な俗悪な産物であったように、落語とても、もとは、そのようにして生れたものだが、落語が一流でありえたとすれば、それが時代と共に育っていた時だけの話だ。

現代の代表的な建築は、法隆寺や東照宮を摸し、幽玄や、風流や、粋をさぐったものからは生れてこないにきまっている。もっと時代的な俗悪なもの、実用的なものが、後日において、法隆寺と同じ位置に到達するものなのだ。

だから、夢声のような一流の芸人が、映画説明という俗悪ではあるが、最も切実に時代的であった不粋なものから生れて育ってきたのは理にかなっているが、落語のように、すでに時代とかけ離れたものから、一流のものが現れてくる見込みはない。歌笑以上の新人は現れるかも知れないが、せいぜい二流どまりで、それ以上ではありえないだろう。それ以上でありうる素質の持主は、かならず、もっと俗悪な、時代的なものへ飛びこんで生きようとするにきまっているから。

現代においては俗悪な、そして煽情的な実用品にすぎないジャズやブギウギが、やがて古典となって、モオツァルトやショパンのメニュエットやワルツと同じ位置を占めるようになるものなのだ。いかなる典雅な古典も、それが過去において真に生きていた時には、俗悪な実用品にすぎなかったのである。

落語の新人に一流の芸術をのぞむのはムリであるし、又、落語の古典的な伝承者に一流の芸術をのぞむのはなおさらムリだ。時代に生きていたことのない一流の芸術などはあるはずがないのだから。

人形や歌舞伎や能楽とても同断である。粋や通なるものから血の通わぬ名人芸は生れるかも知れないが、本当に民衆の血とともに育つ一流の芸術は生れない。われわれがそれを期待してよろしいのは、ジャズや、ストリップのような、時代的に最も俗悪なもののなかからだ。最も多くの志望者と切実な生活の中から現れてくるのだから。それが生きている時は俗悪な実用品にすぎないものが、古典となる時に、芸術の名で生き残る。生きながら、反時代的な粋や通に愛され、名人の名をうけるものは、生きている幽霊にすぎないのである。

解題「〝歌笑〟文化」

坂口安吾（さかぐちあんご、一九〇六～一九五五）は、無頼派と呼ばれた作家で、「堕落論」（一九四六）により広く知られている。その二か月後、太平洋戦争末期の東京を描いた小説「白痴」（一九四六）を発表しており、いかにも戦後の虚無感を具現化したかのように捉えられる。しかし、「空虚なものは、その真実のものによって人を打つことは決してなく、詮ずるところ、有っても無くても構わない代物である」として、「法隆寺も平等院も焼けてしまって一向に困らぬ」と言い切る「日本文化私観」（一九四二）は戦時下の作品である。柄谷行人の指摘するように、安吾の無頼さを、戦争や戦後と安易に結びつけてはならない。

本書に収めた「〝歌笑〟文化」は、落語家の三代目三遊亭歌笑（さんゆうていかしょう、一九一七～一九五〇）への追悼文として書かれた。短いながらも、落語や漫才をめぐる大衆文化論としてのみならず、安吾の芸術観をあらわす重要な文章である。

歌笑は、生まれつきの斜視と弱視、そして「醜男」であった。安吾が言及している柳家金語楼への弟子入りを希望したものの、三代目三遊亭金馬を師匠とし、その前名「歌笑」を襲名、一九四五年には新作落語「歌笑純情詩集」により人気を博す。その名は、漫才のエンタツ・アチャコや、そして歌手の笠置シヅ子（「東京ブギウギ」〈一九四七〉）に匹敵するほどだったものの、彼の芸風を「邪道」だとする落語家仲間からの風当たりは強かった。一九四七年に真打に昇進し、「幽霊タクシー」をはじめとする新作落語により絶頂とみられていた一九五〇年五月末の夜、東京・銀座松屋前の路上で米軍ジープにはねられ即死する。

死に方を含め、占領期に咲いた徒花《あだばな》という物語を、あまりにもきれいに描いているかに見える。

実際、歌笑の死からひと月後に朝鮮戦争が勃発し、朝鮮特需と呼ばれる好景気によって、日本での戦災からの復興に加速がつく。占領軍司令官ダグラス・マッカーサーから吉田茂首相に対して、徳田球一をはじめとする共産党幹部の公職追放、『アカハタ』の発行停止、といった指令が矢継ぎ早になされ、報道機関や公務員の「レッド・パージ」も行われる。七月には自衛隊の前身・警察予備隊が創設、一〇月には戦争協力による公職追放指定者の一部（約一万人）が追放解除とされ、翌月には安吾の長兄・献吉にもその処理が及ぶなど、戦後の空気は急速に変わりつつあった。

安吾は、しかし、そうした「時代的」なことがらには、一切言及していない。同年四月と五月にかけて翻訳刊行された『チャタレイ夫人の恋人』の最高検察庁による押収発禁、もしくは、七月の京都・鹿苑寺金閣への放火、といった、いかにも「世俗的」な事件には触れず、ただ、歌笑の芸を「俗悪な実用品」とみなし、将来には古典になると擁護する。

安吾の挙げる法隆寺にせよ日光東照宮にせよ、そして金閣もまた建てられたときには、あまりにきらびやかなゆえに、「粋や通なるもの」からは「俗悪」と罵られた。「批評家やジャーナリズムから独立して、直接に大衆の血のなかによび迎えられて行くもの」としての「百万人の文学」（一九五〇）のように、時代ごとの読者や受け手＝大衆の判断こそ、古典をつくる。

とすれば、その大衆は、どこにいるのか。安吾の慧眼は、すぐれて社会学的とも言えよう。

〔鈴木洋仁〕

【サブカルチャーとしての日本】

村上龍・芥川賞受賞のナンセンス
――サブ・カルチャーの反映には 文学的感銘はない

江藤淳

初出「サンデー毎日」一九七六年七月二五日号

社会学の述語に〝サブ・カルチャー〟という言葉がある。〝下位文化〟と訳されているようだ。国語としてあまり熟しているとは思われないが、村上龍氏の作品は、結局一つの〝サブ・カルチャー〟の反映にすぎず、その〝表現〟にはなっていない、というのが、私の感想である。

〝サブ・カルチャー〟というのは、地域・年齢、あるいは個々の移民集団、特定の社会的グループなどの性格を顕著にあらわしている部分的な文化現象のことで、ある社会のトータル・カルチャー（全体文化）に対して、そう呼ばれている。

つまり、あの作品は年齢的には若者、地域的には在日米軍基地周辺、人種的には黄黒白混合の、一つのサブ・カルチャーの反映だと、私は考えている。

ところで文学作品は、ある文化の単なる反映ではなくて、少なくともその表現になっていなければならない。サブ・カルチャーを素材にした小説があっても、いっこうにかまわないが、そこに描かれている部分的なカルチャーは、作者の意識の中で全体の文化とのかかわりあいの上に位置づけられていなければならない。そうでなければ、その作品は表現にはならない。つまり、サブ・カルチャーを素材にした文学作品が表現になるためには、作者の意識は一点で、そのサブ・カルチャーを超えていなければならない。その中に埋没していたのでは、ただの反映にしかならないのだ。

この、一点でその素材を超えようとする意識を、文学作品——この場合は小説だが——に内在している批評といってもいいし、作者の中にある他人の目といってもよい。私小説が身辺雑記的な素材を描きながら成功した作品の場合、読者の感銘を得ることができるのも、やはりその中に素材を超える視点——作者の〝私〟を超える契機が含まれているからだと考えられる。

だから仮に、基地周辺の人種的に多様な若者の性風俗を素材として描いた作品であっても、それが現代の日本の全体文化となんらかのかかわりあいのあるダイナミックな関係に置かれていれば、普遍性のある表現になりえたはずだと思う。くだいていえば、そのサブ・カルチャーに属していない他人にも、わかる小説になっていたはずである。

ところが『限りなく透明に近いブルー』の場合、作者の意識が終始素材の中に埋没しているので、とりとめがなくてわからない、という印象を与えられるのだ。

この作品の描写が、はたして描写であるかどうかという議論が、選考委員会の席上でも出たと伝えられている。この、とりとめのない小説を前にして、委員諸氏はかなり高度の文学論を強いられた形跡があるが、この描写が果たして本物の描写かどうかというのはいいポイントだと思う。描写が描写として生きはじめ、読者を納得させるためには、あの、作者のなかにある他人の目が必要なはずだからである。

あの作品を読んだある女性のジャーナリストが、エンドレス・テープを聴いているようだと評したが、面白い感想だと思う。麻薬患者の独白を、エンドレス・テープで聴いているようだ、といえば、もっと正確かもしれない。そういう他人のいない世界のおしゃべりの自動記録、という性格が『限りなく透明に近いブルー』

の文章の特徴だ。

したがって読者は、奇妙に受身な場所にいることを強制される。表現に接しているときには、こういう奇妙なもどかしさは感じないですむものだ。

受身な感じは映画をみているときの感覚によく似ている。小説を読むという体験は、もっと能動的なもので、その能動的な体験を味わえないからこそ、読者はもどかしさやとりとめのなさを感じるのだ。これは、この小説の新しさではなくて、この小説が、小説の基本的な要件を充たしていないことのあらわれである。つまり、この小説の根本的な欠陥である。

中村光夫氏が〝文学的感銘のないところが、新しい〟といわれたという新聞記事を読んだが、同じことを裏側からいえば、そういうことになるのだろう。ただし、新しい、古い、という基準と、文学的感銘があるかないかという基準とは、おのずから別個の評価基準である。必ずしも、新しければ感銘がなくてもよい、ということにはならない。そして、果たして村上氏の作品が本当に新しいかといえば、そこにもやはり問題があるように思われる。

それは、この小説が極度にナルシスチックな小説だからだ。さきほど私は『限りなく透明に近いブルー』が、反映であっても表現になっていない、といったが、反映とは文字どおりに考えれば、鏡に映した姿にほかならない。

作品を鏡に見立てて、作者がその鏡に自分を映すことに喜びを感じるという文学は、別段少しも新しいものではない。三島由紀夫の小説にも、そういう特徴が著しかった。

ただし、三島はナルシシズムを普遍化する努力をしたが、村上氏は努力せずに居直っている、という違いがある。

村上氏の作品は、石原慎太郎の『太陽の季節』とよく比較されているようだ。しかし、『太陽の季節』をいま読み直してみると、ほとんど古典的な青春小説で、一時代のトータル・カルチャーの表現だという印象が強い。あの作品に描かれている湘南海岸の太陽族の生態は、素材としては一つのサブ・カルチャーであったにしても、やはり大人の世界の障子に突き刺さるだけの普遍性を備えた表現になっていた。

だからこそ、昭和三十年代初頭の時代精神の表現にもなりえたし、社会的にひろがりのある論争をまき起こすこともできたのだと思う。

しかし『限りなく透明に近いブルー』は、不思議なくらいそういうひろがりを感じさせない。

作中のポルノグラフィックな場面、セックス・ショーのアクロバットのような場面は、ちょっとのぞいてやろうという好奇心に訴えるかもしれないが、ただそれだけなのはさびしいかぎりだと思う。

話を少し展開させれば、現代日本文学は、ひょっとしたらトータル・カルチャーの表現であることをやめて、サブ・カルチャーの反映に近づきつつあるのではないかという気がしないでもない。

ここでいう文学を、文芸雑誌が代表している文学、と定義すれば、書き手の顔ぶれは十年前、二十年前とくらべて一変している。

二十年前なら川端康成、舟橋聖一、三島由紀夫は健在だったし、正宗白鳥、志賀直哉、谷崎潤一郎、佐藤春夫、室生犀星というような老大家が、まだ文芸雑誌に書いていた。明治、大正、昭和、戦後を通じて日本文学を支えてきた、文学は一国の文運を占うものという自覚が、雑誌の誌面に脈々と生きていた。全体社会に対して、文学は概して批判的だが、批判的であるがゆえに全体とガッチリと噛み合っていた。つまり、それは、まぎれもなくトータル・カルチャーの表現となりえていた。

しかし、その後、高度成長時代を経て出版界が膨張すると、未熟な画家の絵が、まだ絵具の乾かぬうちに飛ぶように売れていった。あの絵画ブームと軌を一にした現象で、多少の才能を示した新人はたちまち芥川賞候補になり、候補になれば、たちまち出版が予約されるという、文学の水まし現象が起こった。そして、このような文芸ジャーナリズムの膨張と逆比例して、作家は小粒で自閉的になり、トータル・カルチャーからサブ・カルチャーに転落していったように思われてならない。

経済成長の裏側には大学紛争があった。大学紛争を契機として、戦後思想が分裂していったのも、文学のサブ・カルチャー化を促進したかもしれない。

日本の戦後文学の主流は、昭和初年のプロレタリア文学の流れを汲んでいる。戦後の左翼運動が、六〇年安保でひとつの壁にぶつかり、七〇年前後の大学紛争を契機にして、先細りに分裂していくにつれて、それとのかかわりあいで自己形成してきた人々の意識と発想が、加速度的に自閉的、排他的になってきた。内ゲバはもちろんその極端なあらわれだが、そういう思想的なふん囲気の周辺で文学にかかわっていた作家たちの意識と発想も同様に自閉的、排他的になり、そういう人々の影響下にあった若い作家の書いたものが、高度成長のために、未熟なまま文芸雑誌に吸い上げられるにつれて、いつの間にか文学は単にサブ・カルチャーにすぎないものに変質していった、というふうにも考えられる。

私は埴谷雄高氏の『死霊』が、サブ・カルチャー化した戦後文学の好例だと思っている。サブ・カルチャー化した戦後文学の代表埴谷雄高氏が、当世風のサブ・カルチャーを切りとったような作品を書いた村上龍氏にぞっこん惚《ほ》れこんだのは、年は違うが似た者同士、というわけで、大変筋道の合う話だと思う。

ところで『限りなく透明に近いブルー』の芥川賞受賞をどう考えたらいいのだろうか。

従来、芥川賞は、新しい作品を全体文化＝トータル・カルチャーの一部に繰り入れるという役割を果たしてきたと考えられる。ところが、今度の場合は、トータル・カルチャーとかかわりあいを持つことを、少なくとも文学的に拒否している作品に与えられた、というところに、なんともいえない奇妙さが感じられる。あからさまにいえば、トータル・カルチャーを代弁すべき選考委員会の自信喪失が感じられるのである。たとえていえば、大学紛争のとき、ヘルメットとゲバ棒に気押されて、心ならずも確認書を書かされてしまった大学の管理者に似た心理的動揺から、選考委員たちはこの作品を受賞作にしてしまったのではないか、という印象をあたえられないでもない。

単にサブ・カルチャーの反映にすぎない作品が、商業主義によって表に押し出されてきたとき、選考委員会はもちろん、これを拒否することもできる。そうできなかったのは、選考委員の間に、現在の文学がサブ・カルチャー化していることへの、ばく然たる薄気味の悪さがあったからではないかと思われる。二時間余りの激論の末に、四対三の一票差で受賞作が決まったと報じられているが、選評を早く読んでみたいと思っている。

村上氏はセックスの世界を描いているけれども、この世界はエロチシズムとは無縁である。元来セックスの世界はタブーの世界だが、村上氏のそれはタブーのないセックスの世界で、オートマチックな機械の運動に似ている。

『群像』新人賞の選考委員が、口をそろえて〝清潔〟と評しているのは不正確な批評である。〝清潔〟は〝不潔〟の反対語で、そこには倫理的な価値判断が含まれているが、タブーを認めない世界に、倫理的価値判断が存在するはずがない。したがって、それは単にナンセンスにすぎない。セックスに意味づけをするのがタブーであってみれば、タブーのないセックスは意味のないセックスである。

だからこれはナンセンスとしかいいようがない。

最後につけ加えておきたいのは、作者と作品との奇妙な関係についてである。

この作品は、元来『群像』新人賞に応募したものだ。応募したからには、当選したかったにちがいないが、他人を拒否した作品を当選させるためには、どこかに他人を納得させるところがなければならない。つまり、どこかにこの作品のリアリティーを保証するものがなければならない。

作者はその保証を、主人公を「リュウ」と名付けるところに求めた。

作者のペンネームは「龍」である。この「龍」と「リュウ」の二重映しが、『限りなく透明に近いブルー』のリアリティーの保証だ、というのだ。これは私小説の常套手段で、少しも新しくない。

つまり、私のやったことだから本当ですよ、という印象を与えようという手口である。

この手口が、文学的な手口というよりは処世的な手口と感じられるのが、なんとも奇妙でいじましいのである。

（談）

それにしても、こんな小説にどうしてこれほど大騒ぎするのか、週刊誌もよほど種がないのだろうかと、不思議でならない。

日本と私　江藤淳

初出「朝日ジャーナル」一九六七年一月一日〜三月一九日
（所収　福田和也編『江藤淳コレクション2　エセー』二〇〇一年、筑摩書房）

「家庭の幸福」があるわけではないが、そうかといって私に天下国家につながっているという手ごたえがあるわけでもない。ふしぎなことに「国家」は、日本に帰って来てからどんどん遠くに行ってしまうように思われるのだ。だがこの逃げて行く「国家」が、帰ってからたった一度だけ姿をあらわして私をつつみこんでしまったことがある。オリンピックの開会式のときだ。

　あの日は前の晩の雨がうそのような美しい秋晴れで、そういえばなにか奇蹟的なことがおこりそうな気がした。私は家内といっしょにテレビを見ながら、門の上で頭《かしら》のおかみさんが持ってきた日の丸の旗がはためいているのを、ときどき横目でたしかめていた。私が自分で出しに行って、旗竿がたおれないように、かしいだ門柱ではなくてそのそばの松の木にしばりつけて来た旗である。

　テレビに映っていたのは、九十四カ国を代表する運動選手たちが、自分の国の国旗をおし立てて国立競技場の貴賓席の前を行進する光景にすぎない。しかしその貴賓席には日本の君主がおられた。その人の前で、世界がそれぞれの旗を垂れて敬礼して行く。そんなことがおこり得るものかと、私はおどろいてわが眼をうたがっている。だが次の瞬間には、私は家内にみつからないように少し横をむいて涙を流している。

いま日本は世界だ。世界は日本をとりかこむ敵意にみちた「他人」ではなくて、いま日本のなかに存在し、その中心に敬礼している。渋谷のアパートにふりつもるほこりも、宿屋にわいたノミも、東京中を掘りかえした建設という名の破壊も、みんなこの瞬間のためだったのだろうか。

「平和の祭典」という表向きの看板のかげで、なにか日本人にとってだけ意味のある秘密の儀式が進行している。私はその儀式のなかに吸いこまれ、昂奮のためにほとんど性的な充足を感じている。この充足感は、以前髪の毛をいじられたときのものに似ているが、本当はそれとは正反対のものかも知れない。そこには努力と犠牲が、なにものかにうけいれられ、意味づけられて行くような手ごたえがあるからだ。

美しい走りかたをする青年が、たいまつをかかげて聖火台にかけのぼって行く。階段にけつまずいて転落するのではないかという予感がするが、椿事はおこらない。私はこの青年のうしろ姿を、息をつめるようにして見ていた。彼は原爆の日に広島の郊外で生れた学生だ。

彼のかかげているたいまつが「聖火」だという意味が、いまはじめて私にはわかるような気がする。それは、西洋からあびせかけられた火をうけて生れた青年が、その火を日本人の手に奪いかえそうとしているという意味なのだ。青年が空を背景に立ち、いま一度たいまつをかかげ、それを聖火台にうつした。日本人の怨みの火が秋空に燃えあがる。「国家」が「世界が平和でありますように」と呪っている。世界をいまその胎内に含みながら。……

しかし、開会式が終ってテレビを消したとたんに、この「国家」は水にもぐった鯨のように姿を隠して、そのままどこかに行ってしまったようだ。それは、それからわずか五日後に、中国が原爆の実験をおこなって夢をこわしてしまったからかも知れない、だがそれにしても、あのとき私を吸いこんで行ったものはなんだったのだろうか。それは行進というもののあたえる感動だけではない。なにかのきっかけで姿をあらわした日本人の願望の集合のようなものだ。世界を自分のなかに含み、「他人」に絶対に出逢うまいとする願望。まるであの「家庭の幸福」にたいするあこがれのような願望。台所のナメクジはその後少しも減らないが、そのうちにもっと悪いことがおこった。

オリンピックが終った翌日の朝、私たちが食事をしていると、門があいて数人の男女が「廃墟」にはいって来た。犬がはげしく吠えるが、すぐには離れのほうにやって来ないで、わがもの顔に敷地のなかを点検している。女は料理屋の女中か旅館の女将のような風采で、やけにピカピカした着物を着ている。洋服を着た男がふたりと、印ばんてんを着た職人風の男がひとり、女をとりかこんでなにかを相談している様子だ。家内も私も、だまってその動静をガラス戸ごしにながめているだけで、なぜかこちらから用件をたずねる気持になれない。いやな予感がするからである。

「ごめんくださいまし」

とようやく台所から声がかかった。家内が立って行くが、私はまたあのあわれっぽい遠吠えをはじめようとする犬をおさえるようなふりをして、わざとソッポをむいている。犬の瞳がうるんで、鼻がかわいているのはなぜだろう。まるで家内と連動装置がついているように、日ごとにおとろえていくような気がする。

「大変だわ。どうしたらいいでしょう」

と家内が戻って来ていった。その顔が蒼くひきつっている。

「この家を明日からとりこわすから出ろっていうのよ」

「そんなばかな。冗談じゃないよ」

それなら裁判は片づいてしまったのだろうか。持ち主は来年の五月までかかりそうだといっていたのに。

それともこうなることを知りながら、なにかの理由で私たちにはこの家がとりこわされることを知らせずにいたのだろうか。

「ご主人さまでいらっしゃいますか。実はこのたびわたくしどもでこの家をとりこわしますので、ひとつちょっと下見をさしていただきたいと思いまして」

「こわすったって、現にわれわれが住んでいるものをこわされたら困るじゃないですか」

「先方からはなにもお話がないので」

「なにも聞いていませんよ。裁判が片づいたんですか」

「はい、おかげさまですっかり片づきまして。八方円満にまいりまして」

この人たちは、伊豆の温泉旅館の女主人と番頭と弁護士で、印ばんてんの男は出入りの大工さんであった。この離れはいったんとりこわして伊豆に運び、そのまま旅館の離れにするのだという。

「とにかく明日こわすのはちょっと待って下さい。どこかにかわりの住居をさがさなければなりませんからね」

と私は不機嫌にいった。だがいったい誰に何を怒ったらいいのだろう。家賃を払っていない以上居住権を主張することはできない。裁判が早く片づいたのは別に持ち主のせいではない。恨むどころかわずか一カ月半のあいだでもこうして住居を提供してくれた好意には感謝しなければならない。しかしそれにしても、頭の上から重い雲のようなものがおおいかぶさって来て、いまやその圧迫感が脣《くちびる》から腕に、腰からひざのうらに、鉛をとかしたようにひろがって行くのも事実なのだ。

「どちらさまにも御事情はございましょうが、折角遠いところをまいりましたもんで、ひとつ下見だけさせていただきたいんでございますが」

番頭が先に立って台所からあがって来る。女主人のワニ革の草履のわきに、家内のサンダルがころがっている。それをヒョイと手でなおして、お辞儀をしながら大工さんがあがって来る。犬がよろこんで尻尾をふり出した。お客と間違えているのだ。さあどうしたらいいだろう。ジンマシンとしもやけのできた家内と元気のない犬をつれて、私はいったいどこへ行ったらいいのかわからない。私の脳裏に、一台の幌馬車のイメイジがうかんだ。どこかに空を飛ぶ幌馬車はないものだろうか。

〔抄録〕

解題「村上龍・芥川賞受賞のナンセンス」「日本と私」

江藤淳（えとうじゅん、一九三二〜一九九九）は戦後を代表する文芸評論家であるとともに後半生は保守論壇の中心的存在と目されてきた。しかしその批評は一貫して「文学」ではなく「近代」ないしは「戦後」の日本に徹底して向けられた。江藤は今回収録した週刊誌の談話原稿で村上龍を手厳しく批判する前後から、「サブカルチュア」という語を自らの批評用語として採用していた。江藤が言う「サブカルチュア」（談話原稿では「サブ・カルチャー」と表現されるが江藤自身は「サブカルチュア」と表記した）に近いのは、初期の代表的な批評『成熟と喪失』（一九六七年）に見られる「人工」であろう。戦後家族の中に侵入したアメリカ的な「人工」の生活空間の中で女性性が崩壊することを問題とした。江藤は「サブカルチュア」を当初は「全体」から切断された「部分」と形容し、すぐに「地勢図と歴史を失った空間」としての意味を強く持たせるようになる。戦後家族の生活様式もその点で「サブカルチュア」となる。つまりそれは「近代」そのものの比喩であるとともに「戦後」の比喩でもあった。江藤が村上を批判したのは米軍基地というアメリカにまさに「地勢図と歴史」を奪われた空間を描いたことではなく、そこに作者の固有名と同じ音からなる人物をあとがきめいた文章にも登場させることで、その仮想化された空間に安直にリアリティを担保させようとした点にある。ここに江藤の批評の複雑さがある。例えば江藤は軽井沢のような避暑地の如き捏造された人工空間を唾棄するのではなく、「近代」の日本が否応なく欧米と関わり、時にはへつらう必要さえあったその「歴史」が刻まれた場と考える。つまり「サブカルチュア」的な時空を歴史的かつ批評的に捉え得ているかが、その評価の軸になる。従って田中康夫『なんとなく、クリスタル』が八〇年代のバブル的都市空間で、記号と化したモノの秩序の中で刹那的に若者が生きる様を、そこに登場するブランド名にややシニカルな「註」を膨大に付す手法に対して江藤は「批評」性を見出した。もっとも「なんとなく」という語もまた田中の小説の新人賞受賞より少し前、江藤は文芸時評などで小説に描かれた世界が無根拠に「なんとなく」あることを手厳しく批評しており、田中はそれを踏まえてのタイトル付けだったと考えられる。

　このような戦後社会の「サブカルチュア」性への批評は、占領軍による検閲が象徴する作為的な言語空間に無自覚に準拠する言説への批判として限定的に語られることで、江藤を保守論壇の重鎮たらしめもした。しかし江藤が主張するのは、かつての「地勢図と歴史」が輝かしく存在したと戦前を美化し「日本」への回帰を説くことではない。もう一編収録したエッセイは江藤が北米留学から帰国後に書かれた「日本と私」の一節であり、北米で「日本」を発見した江藤は定住を拒み、ホテルや借家を転々とし、あたかも彼自身が「サブカルチュア」であるかの如くふるまう。その中で北米で実感し得たはずの「日本」が彼の中で消えていく。そして、一瞬「日本」が復興したと彼が錯誤し得たのが、東京オリンピックの開会式であり、あたかも「日本」そのものが「世界」と重なり合っている高揚に包まれる。それもまた一瞬であり再びそれを喪失する様をこの一文は書き留める。それは「サブカルチュア」化した「日本」に於いてナショナリズムがセカイ系でしかあり得ないことへのあまりに早く、正確な予見としてある。

〔大塚英志〕

V　都市空間と民俗文化

【近代化と妖怪】

変貌する都市のコスモロジー　小松和彦

初出『妖怪学新考　妖怪からみる日本人の心』一九九四年、小学館

「闇」の喪失

現代人は「光り」の世界に住むことを好んでいる。暗い「闇」のなかで四六時中生活するなどということはとても考えられないことであろう。「闇」は人々を恐怖させ、その自由な活動を奪い取る。人々は光りを求め、実際、光り輝く太陽のもとで働き、日が暮れて夜の闇が訪れると家のなかに籠った。これはずっと昔からつい最近まで少しも変わることのない事実だった。もっとも、一部の人々は夜が作り出す闇を利用して活動していた。たとえば、夜盗、逢引《あいびき》、夜逃げなどの活動を想起してもらうといいだろう。そうした人々にとっては、闇は人目をさける最良の「装置」であった。しかし、彼らもまた夜の闇を利用はするものの闇を恐れ、太陽がさんさんと輝く光るところで活動することを望んでいたのである。

私たちの先祖は、この世界がもっと明るくなるようにと思い続けてきた。闇が少しでもなくなれば、働く時間も遊ぶ時間も増えるだろう。そうなればこの世で生きることがもっと幸せに感じられるようになるだろうと信じてきた。しかし、そのころは、闇がほんとうになくなってしまうなどということは少しも考えては

いなかったのである。まして、闇があっての光りであり、闇を恐怖し忌避しつつも、闇が私たちの精神生活に必要だ、ということを考えてもみなかったのだ。

　私たちはひたすら闇を排除し光りの領域の拡大を積極的に進めてきた。そしていま、私たち現代人は膨大なエネルギーを用いることによって、広大な光りの領域を人工的に獲得し闇の領域の縮小を実現したのである。現代の最良の生活空間とみなされている大都市空間は、夜になっても昼間とそれほど変わることのない明るい光りが輝く空間になっている。それが可能になったときから、これまでみてきたような都市の闇や農村などの闇に棲みついていた妖怪たちは、存亡の危機に直面することになった。妖怪が棲みえないほどの明るい空間が現出することになったからである。

　一〇〇年ほど前の日本の住居の照明は、囲炉裏の火とロウソクの明かり程度のものであった。家のなかの至るところが暗い夜の闇に支配されていた。まして戸外の道路には祭礼のときなど以外には、なんの明かりの設備も存在していなかった。夜道を往来するための最高の明かりは月明かりであり、闇夜の晩は松明《たいまつ》か提灯《ちょうちん》の明かりが頼りであった。最近では停電もほとんどなくなったので自宅でロウソクを非常用に常備している家も少なくなったが、かつて日本人にとってロウソクは大切な日常用品だった。

　たとえば、能登の七浦では、葬式の香典をロウソク代と称している。それは葬式や仏壇用のロウソクを持参するということだけでなく、ロウソクが米と同じように貴重なものであったことを物語っている。しかし、昭和になり電気が利用できるようになると、ロウソクに代わってしだいに米や現金になってくる。電灯の登場は日本文化にとって革命的なできごとであった。

　しかし、電気が通っても、電灯が灯る部屋や場所は限られ、それを維持するに必要な現金の用意も容易でなかった時代もあった。停電もしばしば起こり、近代になっても長く夜の闇は人々の生活を支配していたのである。人々が大量のエネルギーと電気器具によって、家のなかの空間をすべて明るい空間に作り変えるようになったのは、高度成長期以後のことである。大都市の繁華街はネオンサインやショーウインドウの明かりで満ちあふれ、住宅地の街路も街灯が路上を照らしている。いまや夜の闇は制圧されてしまったのである。

たしかに、都市部では闇は消え失せてしまった。しかし、山深い山村では、電気こそあるものの、都会ではもはや死語になってしまっている「鼻をつままれてもわからない」という言葉を肌身をもって感じさせてくれる深い闇が生きている。こうしたところに出かけて学生たちと調査をするとき、かならずもっていくものの一つに懐中電灯を挙げる。夜に出歩くとき懐中電灯が必要であるという習慣をもたない現代のほとんどの学生たちには、非常用程度のことしか思い浮かばないのだが、調査地に入って夜を迎えて、初めて私のいった意味を理解することになる。集団で歩いていても、懐中電灯の明かりをすべて消してしまうと、隣にいる者さえまったく見ることのできない漆黒の闇に放り出されてしまうのを体験するからである。そのような闇に包まれた者は、おそらく一歩足を踏み出すことでさえたいへんなことを知るであろう。このとき、学生たちはほんとうの闇に恐怖する。

そうした闇を知る者にとって、たしかに、明るいことはいいことである。いつでも働ける。いつでも勉強できるし、遊ぶこともできる。移動も容易である。強盗や痴漢も減ることだろう。夜の闇から解放されることで私たちはじつにたくさんの自由を手にしたのだ。しかし、その一方で、私たちは毎日の生活の半分を占めていた夜の「闇」の空間を失い、それが生み出していた「闇」の文化を失ってしまったことも忘れるべきではない。それは好ましいことだったのか。私たちが制圧し排除してきた「闇」の文化のなかに私たちの生活に必要なことも含まれていたのではないか。そう問い直してみるのも、けっして無駄なことではないだろう。

（中略）

妖怪の近代

近代から現代に至る百数十年は、妖怪たちにとってまさに存亡の危機に直面した時代であった。危機は複合した形で襲ってきた。

まず、西洋から輸入された新しい知識や科学的合理主義の考え方にしたがって、怪異・妖怪現象の類の多くが合理的に説明され、そうした現象を霊的存在や神秘的力によって説明することが否定されることになった。たとえば、幽霊は幻覚・気の迷い、「タヌキ囃し」のような怪音は遠くの祭り囃しの音が風の関係などで近くから聞こえるように感じられたもの、キツネ憑きによる病気は精神病、等々というように次々に否定されていった。妖怪博士との異名をとった哲学者の井上円了《えんりょう》は、そうした妖怪撲滅運動の急先鋒であった。井上は驚くほど多くの妖怪談を書物や新聞・雑誌、さらには実地調査によって、採集・検討し、その正体を科学的見地から説明を加えている。

たとえば、彼は実際に「化け物屋敷」とされていた屋敷を調査した結果を、およそ次のように報告しているが、この一文に彼の妖怪研究の基本態度がおおむね示されている。

> 私は、昔、越後である田舎の妖怪屋敷を探検したことがある。その家は大きな茅《かや》葺きの家で、裏には深い林と墓場があるだけであった。越後は雪の多いところだが、その雪がようやく消えようとする季節に、毎夜、家の後ろの方で、拍子木《ひょうしぎ》を打つ音がするとの評判が立った。この家に集まった者が全員、この音を聞いて恐怖して帰り、タヌキの拍子木だとうわさしあった。これを聞いた私が探検に出かけ、その音を

聞いてみた。私にはタヌキの仕業とは思えなかったので、この家の後ろ側を調べてみたところ、雨だれが落ちるところに大きな竹の筒があり、屋根の雪がとけてこの筒に一滴一滴落ち込んで発する音であることがわかった。昼は世間の騒がしさに紛れて音が聞こえないが、静かな夜になると聞こえだすのである。これをタヌキの拍子木などというのは滑稽ではないか。[1]

井上は万事この調子で妖怪の正体を合理的に説明する。これはこれで大いに評価すべきである。もし私が彼の立場にあったとしても、同様の行動をしていたであろう。しかし、その一方で、私はこの竹筒に落ちる雨だれの音をタヌキによる怪音と判断する、この地方の人々のコスモロジーをも調べるであろう。怪音が聞こえてくる空間が夜の「背戸」の闇からであり、その闇の奥に妖怪タヌキが棲んでいる。この地方の人々はそう信じていたのである。そのようなコスモロジーを、井上は破壊していったのである。科学的思考とはそのような思考であった。そして多くの科学者のそうした絶え間ない努力によって、妖怪を信じる「迷信」から、私たちは解放されたといっていいだろう。それが近代であった。

ところで、妖怪にとってもっと深刻なことは、前節で述べたように、明るい電灯が大都市から地方都市、住宅の居間からその他の部屋へと普及していくことによって、かれらの棲息していた「闇」の空間・「奥」の空間が徐々に後退し消滅していったことである。ザシキワラシが出没した暗い座敷に明るい電灯がいつでも灯るようになれば、ザシキワラシも出没しにくくなるのは当然であろう。夜の深い闇も電灯によってしだいに克服され、都会の路上からも妖怪は追放されてゆくことになったのであった。

電灯が「闇」を克服するということは、その「闇」をめぐる、もっと正確にいえば「闇」と「光り」が織り上げる領域をめぐる想像力の源泉の一方が消滅してゆくことでもあった。つまり、「闇」から紡ぎ出されるうわさ話や物語が人々の周囲から消え失せていったわけである。「光り」の領域の増大に反比例して、妖怪の空間は縮小していったのである。すでに引用したように[2]、谷崎潤一郎はそこに日本美の危機を読み取っていたのだ。

さらに深刻な事態が妖怪たちを襲うことになった。「開発」である。前近代までは都市においてさえ、田園や森林が人々の周囲に存在し、そこが妖怪の棲みかとなっていた。実際、キツネやタヌキ、蛇がたくさん棲息し、徘徊していた。しかし、そのような場所がどんどん開発されて、工場や住宅地になり、妖怪空間は人間の住む空間、人間の支配する空間に変貌していった。神社や寺院の周囲の森や墓場さえも、経済合理主義の立場から開発されて、建物やアスファルトの道路に変えられて、人間の領域・「光り」の領域に組み込まれていった。その結果、妖怪のみならず多くの植物や動物たちも、その生活場所を奪われてしまったのである。かつて厳かな気分に浸ることのできた、うっそうとした森に包まれた「奥」を十分に感じさせてくれた神社が、開発のために森を失って、住宅や幼稚園や駐車場に囲まれた状態で存在しているのに遭遇し、嘆きの声をあげた人はきっと多いことであろう。

こうした開発によって作り出される空間は、合理性を追求した建造物によって占められた陰影を欠いた均質的な空間である。聖なる固定点がどこになるのかがはっきりしない空間、つまり「奥」や「後ろの山」がない空間なのである。もちろん、均質な空間といってもそこに個性的な建物がないというのではない。むしろ個々の建物は多様であって、伝統的な集落の家のほうがずっと画一的である。しかし、近代以降の建物は聖なる固定点を失ってしまっているために、まとまりのない建物の群立でしかない。均質空間はなんでも受け入れるが、それらは長く人々の心のなかに記憶されることが少ない。その空間のなかでは、次々に新しい建物が消費されていくだけなのである。人々はそこに一時的に住み、すぐ別のところに移っていく。そのような空間に妖怪が棲むことは容易なことではないのは明らかであろう。

近代の進行にともなって多くの前近代の妖怪たちは撲滅されていった。それでも、妖怪たちはさまざまな困難に直面しつつも、人々の、とくに子どもたちの心のなかに生きる「闇」・恐怖心を頼りに生き続けようとしてきた。

(中略)

妖怪の仲間で、もっとも粘り強く生き続けているのが幽霊である。幽霊は都市においてもしきりに出没していた。今日でもなおまことしやかに語られている、乗せた客が消えるというタクシーの幽霊の先行形ともいうべき話に、「幽霊を乗せた人力車」の話がある。これも『現代民話考』のなかから、青森で採集された話を紹介しよう。

> 明治の頃、某家は大繁栄していた。成金につきものが女。そのためにたくさんの女が犠牲になったと云う。ある人力車夫が、人力車を引いて八ツ役を通って青森へ向かっていたとき、妙見のガンドウ橋の所に、すっと女の人が立っていて、人力車にむかって手まねきした。女は無言のまま乗り、浜田、奥野、松原を通り某家の門前に来ると、女はスウッと人力車からおり、その家の門内に消えた。ハッとした車夫は、お金をもらおうと某家の玄関をたたくと、女中が出てきて、誰も家に来ませんよといった。車夫は、さてはここの主人にだまされた女の亡霊が来たんだなと、身体がゾクゾクして来たという。[3]

このように、日本人の物質的生活様式が大きく変わり、価値観も、西洋の科学文明の影響を受けて変容しつつあった近代にも、一部の妖怪は農村部はもちろん、都市部においても、時代の変化に対応しつつ、つまりタヌキが汽車に化けたり、幽霊の呼び止める乗り物が駕籠《かご》から人力車や自動車に変化しつつ、活躍していたのである。当時の人々のどの程度がこうした妖怪譚をほんとうのことだと信じていたのかはわからない。だが、それを信じる心性をもった人々には、「光り」の領域が拡張しつつあった世界にも、妖怪の棲息する場所やその姿がかいま見えていたようである。その場所は都市のなかの荒れ果てた空家やいわくのある部屋、天井裏、あるいは人力車や自動車、汽車、辻、橋など、さまざまなところであって、この場合も、やはり彼らの心が把握した「境界」ということになるだろう。しかし、そうした空間さえも明るい清潔な、人間の管理の行き届いた空間に変えられつつあったのも事実である。

ここで注目したいのは、科学的知識の普及と自然の開発にともなって、この時代になって、キツネやタヌキ、ネコなどの化ける動物妖怪の姿が都市部から急速に姿を消してゆき、妖怪話のほとんどが、幽霊系の怪談によって占められるようになることである。それは未知の部分をたくさんもっていた周囲の自然環境が開発されて、人間の管理下に移されていくことと関係している。つまり都市の時代、人間中心の時代の到来をよく物語っている現象であろう。

もっとも、近代以降、都市部ではこうした「闇」の喪失や妖怪撲滅運動、開発の進展も、高度成長期までは都市から離れた農山村地域の妖怪たちにはそれほど深刻な事態を引き起こすまでには至っていなかったといっていいだろう。都市化の波が押し寄せてきてはいたものの、それでも、そうした土地に住む人々は先祖が語り伝えてきた信仰や伝承をしっかりと守り伝えようとしていた。『遠野物語』の時代の遠野も、能登半島の七浦の古老たちの幼少年時代も、そして水木しげるの少年時代の境港の町も、そして多くの小さな町や農山村・漁村地域のほとんどがそうであった。人々は「もう一つの世界」を想定して生活していたのであった。

大都市のなかでさえ、わずかに残る「原っぱ」を手がかりに、その努力がなされていたといっていいだろう。

　しかし、高度成長期以降、つまり昭和三〇年代以降になると、こうした地域の妖怪たちの状況にも深刻な危機が訪れるようになる。都市化の大波つまり情報化社会の波が押し寄せてきたのである。ここでいう都市化とは、農山村が都市になるということではない。もちろん、大都市近郊の農村の場合は拡張を続ける都市のなかに呑まれていくということもあった。しかしながら、大都市から遠く離れた地域の都市化とは、都市の住民たちと同様の物質文化を享受することができるようになっていったということである。テレビ、洗濯機、冷蔵庫、自動車、ＬＰガス、近代的な住居への改築・新築、電動式の農機具などがどんどん農村に入って、「明るい農村」に変わっていったのだ。

　とくに教育の充実と大都市と同じ情報をテレビやラジオを通じて知ることができるようになったことの意味は大きかった。すなわち、東京などの新しい文化・風俗と自分たちの伝統的文化・民俗を比較する視点が生まれ、「強い文化」つまり便利で気楽な「豊かな」都市文化に、結局のところ同化していくことを選んだのであった。その結果、伝統的な地域文化は棄てられたり変容させられたりすることになった。もちろん、彼らの伝承してきた妖怪文化も、同様の運命にさらされることになったわけである。

　もっとも、都市の住民が近代的文化を享受しつつも、なお妖怪を信じる心性を抱いていたように、農山村の住民が都市化の波に呑まれて近代の均質的物質文化を享受するようになったとしても、妖怪を信じようとする心性を保持し続けているかぎり、なお夜の深い闇が周囲に広がっているので、都市の住民よりははるかに強固な妖怪文化をもち続けることができたはずであった。民俗学や人類学の調査結果は、そのことをはっきり物語っている。

　だが、多くの農山村地域では、妖怪文化、いやそれを含む伝統的文化に決定的ともいえる危機が生じていた。妖怪文化の担い手、伝統文化の担い手となるべき人々が、生まれ育った土地を離れて都会に移り住むという、いわゆる「過疎化」が生じてきたのだ。妖怪を信じる人が少なくなったというだけではなく、さらに事態は進行し、多くの農山村に人そのものがいなくなりつつあったのである。現金収入の道がきわめて限られている農山村では、子弟の多くは東京や大阪などに職を見つけて故郷に戻って来なくなっていた。戻りたくとも職がないのである。そのようなところでは、妖怪も同様に死滅しつつあるといっていいだろう。

　妖怪は人々の心が生み出す存在である。人々が心に「闇」を抱えもち、人々がさまざまなことに恐怖する心性をもっているかぎり、人々は妖怪を生み出し続けるはずである。では、いま、人々はどこにいるのだろうか。妖怪はどこにいるのだろうか。

　その答えははっきりしている。もちろん、それは都市である。日本の人口の大半が集中している大都市こそ、妖怪の発生しやすい空間なのである。だが、すでに見たように、大都市は、近代以降、激しい妖怪撲滅＝否定の運動・教育が推進されてきたところであり、妖怪の出没しやすい「闇」も消滅してしまっている。そのような大都会にも、妖怪は出現可能なのであろうか。

〔抄録〕

〔1〕原文注「井上円了『お化けの正体』（『新編妖怪叢書』6）、国書刊行会、一九八三年。」

〔2〕谷崎潤一郎『陰翳礼讃』（中公文庫、一九七五年）を引く。「私は、われ〱が既に失いつゝある陰翳の世界を、せめて文学の領域へでも呼び返してみたい。」と、陰翳の美を現実にかわって文学の領域で取り戻そうと考えている。

〔3〕原文注「松谷みよ子『偽汽車・船・自動車の笑いと怪談』（『現代民話考・第一期Ⅲ』）、立風書房、一九八五年。」

解題「変貌する都市のコスモロジー」

小松和彦（こまつかずひこ、一九四七〜）は文化人類学者であり、民俗学者でもある。そして、妖怪学者と呼ぶこともできる。一九八〇年代に新・妖怪学を提唱し、低迷するアカデミズムにおける妖怪研究を再起させ、その後の学際的な妖怪研究を主導して多くの後進を育て、今日に至る。

本稿は一九九四年に刊行された『妖怪学新考　妖怪からみる日本人の心』（小学館）の第一部「妖怪と日本人」の第五章に当たる。「「闇」の喪失」「妖怪の近代」の二節、約一万二〇〇〇字から成るものだが、そこから一部省略して本書に掲載した（急速に闇の領域が消失したのが大正から昭和にかけてであるという論述部分と狸の偽汽車の事例を省く）。

都市化が進む中で喪失していく「闇」の中には、かつてさまざまな妖怪が棲みついていた。近代初期の日本において、照明は囲炉裏の火とロウソクの明かり程度であった。ついで電灯が導入されることで生活文化が革新的に変化することになった。特に戦後の高度経済成長期以降は光によって夜の闇が制圧されることになった。これは妖怪たちにとっては存亡の危機を意味する。そこで本論の後半ではかつて「闇」に棲息する妖怪、「闇」から紡ぎ出される噂話や物語の消失について論じる。妖怪にとっては「闇」に加え、もう一つ、「開発」も深刻な問題となった。狸や狐といった動物妖怪が人間社会から駆逐される中で幽霊が幅を利かせるようになる。かつて人々が想定していた「もう一つの世界」がこの時期に消えていく。その大きな要因が教育の充実とマスメディアによる都鄙の情報の均一化ということだ。これが東京などの都市の文化に同化する流れを生み、旧来の妖怪文化が解体し、変容していった。そして今日、妖怪は都市に生きる人々の心の「闇」に生きている。では、「闇」の消滅した都市に、妖怪はいかに出現するのか。この点については収録書の次章「妖怪と現代人」で詳述されている。

　本稿はこのように妖怪の変容を、それを取り巻く生活文化の変化と関連づけて論じたものである。とくに「闇」に注目することで、動物妖怪から幽霊への勢力の推移、都市型の妖怪の出現可能性に言及していることは、近代の大衆文化における〈都市と地方〉を考える新しい視座を提供している。

　妖怪学は明治期に井上円了が提唱したものであったが、それには科学によって迷信を撲滅するという思想があった。近代的な科学精神は迷信を撲滅し、ついには妖怪も信じられなくなる時代が来ると素朴に考えられていた。ところがそれから一〇〇年経ってなお妖怪は健在である。科学／迷信という図式では対処できない心理が妖怪を存在せしめている。小松は人々が「不思議」を求めているからであり、現代人の心の中に不安や恐怖心、つまり「闇」が存在し続けているからだと考える。そうした心理が都市伝説を生み出し、一方でアニメや漫画、小説、映画などのフィクションの領域でも数多くの妖怪を登場させる要因となっている。妖怪文化が現代文化の一部をなしているわけである。だから民俗学や歴史学、文学、美術史、メディア論など多方面からアプローチする新しい妖怪学が求められることになった。

　小松の妖怪学は日本の大衆文化を読み解く上で意義のあるものであるが、同時に、それ以前からの妖怪研究のアマチュア性や創作との関わりに変化をもたらした。小松の妖怪学自体、大衆文化を論じる上で一つの論点となるものだ。

〔伊藤慎吾〕

【都市空間の中の妖怪】

ポルターガイストと「下女」　宮田登

初出『妖怪の民俗学　日本の見えない空間』一九八五年、岩波書店

一般に死霊はきちんと祀られていればいいが、祀られていないと怨霊となり、祟りをすると考えられている。その場合、化物屋敷として世間話に伝えられてくるなかで、とりわけ若い下女が何かかかわりを持っているという点は興味深い。下女といっている若い女が、一定の土地や、屋敷とつながりを持って、語られているのである。つまり土地とか家にこもっている霊を引き出す役割を下女が行っていることになる、たとえば江戸時代の末によく知られた「池袋の女」という話はその典型例であろう。

「池袋の女」は化物屋敷との関係を語る世間話である。一定の家に、一人の下女を媒介にして大騒動が生じる。その生じ方は、たとえば川柳などで「下女が部屋振動こいつ池袋」などというように、下女のいる空間で、ものすごい騒音が起こる。最初は、投石、家鳴り、震動するのである。そして下女は、池袋村出身の若い女であるという説明がついている。

江戸の世間話のあら筋は、旗本か、御家人の家があって、そこに一人の下女が雇われている。雇われた下女は池袋村出身だとされている。池袋は、いまでは東京の副都心の一つになっているが、江戸時代には江戸郊外の小さな農村であった。そこはちょうど市街地の外れにあたる境界領域であった。池袋、沼袋、池尻と

いった地名で示されるように沖積地なのであり、いわば水の出やすい、湿潤地帯であるといえる。

その村の百姓の娘が大都会である江戸の町のなかに出てきて勤めた。ところが娘は主人にあたる都会の若者に犯されてしまう。その直後に異常な騒動が起こる。どういうことかというと、一つは「石打ち」というものであり、石が雨霰と落ちてくる。家に穴があいたり、破れたりした状態になる。次に家のなかにある道具類が、空中を飛んだり跳ねたり、浮遊する。騒音とともにお皿とか鉢とかお膳とか茶碗とかが、家じゅうを飛び回る状態になる。

家の主人は修験者にご祈禱をしてもらうが鎮まらない。ご飯を炊いていると、釜の蓋がふわっと浮いてしまい、飯のなかに火が入ってしまう。味噌汁をつくっていると、天井から大きな土の塊が飛んできて、お鍋のなかに入り、汁が溢れて、食べられなくなってしまう。だいたい三日間ぐらいそういう状況が続く。しかし隣の家にはそれが起こっていないで、その家一軒だけの現象である。家じゅうでどうしてこうなったんだろうかと話し合った結果、古老の指摘で雇っている下女の出身地を尋ねると、「池袋の女」であることが分かる。下女は直ちに暇をつかわされる。すると不思議なことに、下女が一歩家の外に出ると家鳴り震動がぴたりと止まってしまった。そういえばその下女は家じゅうが騒いでいるとき、悠々と熟睡していたということが分かる。当時の人々はそれを狐つきだと考えた。下女に狐がついていて、そういう現象を起こしたに違いないというのである。また池袋村の氏神が、自分の氏子である娘が他所の若者に奪われてしまったことに対して、怒って祟りを示したのだという解釈もある。不思議なのは、「池袋の女」と限定されたことである。ところが池袋の住民は「池袋じゃない」、「あれは沼袋の話だ」という。池袋村の近くに沼袋村があった。また池袋と言いながら、『耳袋』には「池尻の女」だという説も記されている。貧しい農村出身の娘が大都会に行って生活しているうちに、自分の一生のうちで、衝撃的な事件が起こったときに、この不思議な力が出てくるのである。

（中略）

ところで日本の例では昭和五十一年六月、立川のあるアパートの二室だけがガタガタと鳴ったことがあった。そのことが「悪霊？　謎の地震？」という見出しで新聞にのせられている（『スポーツ・ニッポン』昭和五十一年七月）。これは立川市の木造アパートの特定の空間が、原因不明のまま、四回にわたってぐらぐらと揺れたというものである。第一回は六月一日午後八時。その日は朝からむっとするような、生暖かい風が吹いており、辺りは一面毒気をまいているようだったと体験者の二十七歳の女性が伝えている。彼女を恐怖の世界に引きずり込んだ怪異は梅雨入りを目前にした、六月一日だった。この日、空はどんよりと曇っていたが、それでも月はおぼろげながら出ており、雲さえ切れればいい月夜になりそうな気配だった。立川駅から北へ約一キロ、立川市高松町三丁目の木造モルタル造りの二階建てアパート「鶴間荘」の住人、一階二号室の主婦が、二人の子供を寝かそうと添い寝をしていると、突然簞笥がきしみ電灯が大きく縦に揺れ、窓ガラスがガタガタと激しい音を立てはじめた。地震だと直感した彼女は一メートル幅で隣接する家主の家に避難した。しかし家主の家は何事もなかったように、シーンと静まり返っている。悪い夢でも見たんでしょうと言われ、三十分ばかり話し込んで、自分の部屋に戻ったが、いぜん激しい揺れは続き、不気味な轟音が、部屋じゅうを包んでいる。急報により立川署から警察官が駆けつけた。揺れはおさまったかに思えたが、再びぐらぐらときて、警察官もびっくり。そこで立川署に連絡を入れると、その時間にはどこにも地震は起きていないという返事であった。念のため、気象庁地震課に問い合わせても、同じ返事が返ってきた。警察官も、断続的に襲ってくる怪異現象にびっくりしているという。

興味深いのは六世帯中、揺れるのは一階二号室と三号室にのみ集中していたことであった。しかも壁が崩れ窓ガラスは落ちそうに、ギシギシ音を立てるのだが、テーブルの上に置かれたコップの水は一滴たりとも畳の上にこぼれ落ちなかったという。「空間が振動していた。それも断続的に二時間近く」と現場検証に立ち合った警察官は地震説を否定していた。怪異な現象はその後も続いた。

二回目は六日に、それも最初の震動とほぼ同じ時刻だった。しかしこのときは二十分ぐらいでおさまった。三回目は八日の午後九時から一時間ほど、揺れは一番激しかったらしい。この夜、揺れている最中に一階三号室の畳をおこしてみたが、床下はなんら異常はなかったという。そして九日、すなわち四回目の異変は、日がすでに昇り、窓から日がさし込みはじめた、午前七時十二分ごろ、十分ばかり断続的に襲ってきたという。

このミステリーを解明しようと、六月十五日立川市公害課も応援に駆けつけ、深夜まで異変を待ち続けたが、震度測定機は微動だにしなかった。一番怪しいと思われたのは、台所の水を流し込むための下水管である。直径一メートル、長さ三メートルの管を縦に埋めたもので、このなかにガスがたまっていて、それが震動の原因なのかも知れないと推察された。しかし調べてみても床下の下水管にも全く異常がなかったのである。

謎は疑心を生み、霊魂説も出はじめた。「ポルターガイスト」ではなかろうかというので調べてみたがアパートおよび周辺では、死者の霊魂が宙に迷って成仏しないまま、犯行の行われた現場に舞い戻ってくるような殺人事件は、一度も起きていないという。ただアパートの地下に戦時中の防空壕があり、アパート建築の際にはそれを埋め、神主さんに厄除けのお祓いもしてもらったことがある。もし何かの祟りがあり、それが怪異現象となってあらわれているのなら、もう一度お祓いしてもらおうという意見も出てきた。しかし九日の朝を最後に怪異な揺れは一度も起こらず、アパートの住民はいつもの生活を取り戻したという。

世相の記事に注目すると、こうした記事はしばしば出てくる。つい最近『週刊文春』（昭和五十九年三月二十二日号）のなかにも、八王子で同じようにギシギシガタガタ一日じゅう音を立てているという話がのせられている。

「国鉄八王子駅の北側、東京都八王子市の旭町と三崎町一帯では、昨年十一月ごろから、一日中ガラス戸や窓が「カタカタ、カタカタ」と音をたててかすかに動き、約百世帯の周辺住民を不安がらせている。昼間は周囲の騒音で、さほど気にならないが、あたりが寝静った深夜には、ガラス戸ばかりか、フスマまで「カタカタ」と動き出す。三崎町一丁目に住む大竹ハルさん（63）ど、「ガラス戸にテープを貼ったけど、効果はさっぱり」とノイローゼ気味。

昨年十一月というと、八王子駅ビルがオープンした時期。近所の人たちは、「震源地は駅ビルではないか」と、駅ビルに疑いの目を向けているが、当の駅ビル会社では、「うちはコンクリートの剛構造で、ビル内の騒音や振動が外に洩れるはずはない」といい、いまだに原因は不明。住民の不安はつのる一方だという。」

怪音とか怪異現象は先の「池袋の女」の事例とよく似ているのである。こういう現象がくり返し起こり世間話となっている点で、何か共通要素が抽出できるのではなかろうか。

新潟県下弥彦山の近くに岩室村和納《わのう》がある。この土地に伝えられている話で、江戸時代中ごろのこと、そこにある一軒に怪異が起こったという。十月二十日過ぎ、雪が降った。寒気がつのってきたので、家の者はいろりの周りに集まって、夕暮から雑炊をこしらえて食べようとしていたところ、急に屋上が鳴動して、物音が激しくなった。まず杓子が空中に舞い、鍋とともに引き上げられてしまった。家の者は、恐れて家の外へ逃げ出した。家のなかに入ろうとすると、砂とか石がどこかから飛んできて、怪我をするしまつである。しまいには庭じゅうに砂や石が積もってしまった。雪が降っているのだから、瓦礫、石とかがあるはずはないのに、飛んでくるという。半時ばかりで屋上の鳴動は止んだ。若者が屋根にのぼって調べるけれども、何もない。この現象が約三日間続いたので、ついに家じゅうに誰もいなくなってしまったらば、やがて怪異は止まった。これは和納の怪事として『北国巡杖記』に記録されている。

やはり『北越奇談』にのせられた話であるが、寛政年間のころ、「越後国蒲原郡太田村、百姓某の少女十二三なるべし、燕の町祭礼見物に出て連におくれ、ひとり群衆のうちをたづねもとむるに、面の赤き僧一人来たり相伴ひて見物す、少女心に食をおもふ、異僧即是れを知り、茶店にいり其の好むところを食さしむ、又町に出て少女心に欲する所、櫛笄《こうがい》となく食物となく何にても皆是れにあたふ、更に銭をつぐのはざれども、売人またとがめず、終に家にかへる、其の日より少女心に求むる所ならずといふことなし、坐しながらはるかの物をとらんと欲すれば、即ち飛来りて前にあり、家人是れをあやしみ少女をせむれば、忽ち家鳴動し諸器物おのれと飛んで、人力をもつて制しがたし、或は食せんとする時、鍋釜なんど忽ち飛びて梁上にあがる、少女をいたはり詫ぶるときは、即ち飛下りて本のごとし、如レ此事数日、近村競ひきたりてこれを見る、もし誤つて怪をそしるときは、鍬、鎌、棒の類ひとり手に飛来りて、その人を打つ、甚だしきの怪なりしが、一月あまりにして、いつとなく此の事止みぬ」という怪異談がのせられている。十二、三歳の村の少女が町へ出て、不思議な異人と接触した。そして村へ戻った直後から次々と怪異が生じたというのである。

日本のポルターガイストの現象の場合に必ずその近くに若い女性がいた。前述の「池袋の女」はその典型的な例である。若い女性が引き起こす霊的な力は無視できないのである。またこうした現象が起る場合に、まず古い屋敷の一角から騒音が起こってくる。そしてその激しい音が耐えられないほど物凄い状態になる。その原因について、井上円了が調べていくと下女の仕業によって起こったという解釈をしているが、これは興味深い指摘なのである。前出資料にも十二、三歳の少女が主人公となっているからである。井上は下女が故意に石を投げたり、茶碗などを空中に放り上げたりすると結論づけている。こうした下女は田舎から出てきて町で生活している。とくにいろいろと欲求不満がたまる雇人の生活を送っているのである。そのリアクションとして悪戯をしたのではないか、と想像されている。

ところでこの問題は、すべてポルターガイストとして解釈してしまえば済む問題なのだろうか。霊の出現がわれわれの世界にいろいろな形でメッセージを与えている。霊的な力が、顕在化するときにわれわれの想像を越える物理的な力が働いている可能性がある。そのことを潜在的に意識しているが故にこういう言い伝えがくり返され伝えられていくのであろう。

この問題で、重要なのはこの現象が大都会にしばしば生じているということであり、そのことは柳田国男が都会に異常心理が働いていると指摘したことを示すものであろう。

もちろん都会ではなくてもこの現象はしばしば起こる。たとえば、山中の怪の一つで天狗の礫《つぶて》がある。ちょうど石打ちと同様に突如礫が空中を飛んでくる。それに当たると大怪我をしてしまう。山中を歩いているときに天狗の高笑いと呼ばれる、不思議な怪音がしたり、天狗礫が飛んでくるという民俗学上の資料はきわめて多いのである。石打ちという行為は、恐らく原始時代から現代にまで続いている民俗現象であった。これを、天狗の仕業と理解しているのは、山中という特異な状況下において、山にある特別な霊力が働いて、礫を空中に浮遊させる何かがあると信じられたからである。とくに山人が、山中に進出してきた里人に対して、警戒の念を植えつけるために行ったものではないかという考え方もあった。しかし同じ現象が都市空間のなかにも生じていたという点が注目される。そして都市のなかにおいては特定の空間の内部に限定されているのであった。

これをポルターガイストと解釈することもできるが、とくに山中の怪と違っているのは、大都市の屋敷における媒介者としての下女の存在であろう。下女が、悪戯をしてそういう状態を起こしていると考える事例は、井上円了によって提出されている。

たとえばその一つに投石の怪という例がある。ふつう深夜に石または瓦が家の内に落ちてくる現象である。その多くは台所の方に落ちてくるという。この場合は下女の仕業であるといわれる。下女は台所の近くに寝ているから、かねて昼間の間に石を拾い集めておいてそれを隠しておく。そして夜が更けたころ、人が寝込んでいるのを窺って、戸の隙間から台所の方にあるいは座敷の辺りに石を投げる。昼間に石が落ちてくることがあるのは家族の者の所業であることが多いという。石の落ちた場所によっておよその原因を判断することができると井上円了は断じている。この怪事がだんだん増長すると、ただ投石だけでなく、器物がその位置を変える。棚の下にある物が棚の上に移り、また座敷の物が台所に転ずることがある。物が紛失することが起こる。なかには簞笥や長持ちにある衣類が切断されていることがある。こうなったのは最初の投石を人がみな奇怪に思って狐狸や天狗の仕業であろうと驚いているのを見て、本人はますます興に乗じていろいろの所業を為すのであるという。家のなかで火気のないところで火の燃え上がることがある。そのために出火した例もあるが、いずれも家人のうちの誰かの精神の異常によって起こるに相違ない。よってこのような場合にはこれを狐や狸や天狗のせいにしないで、人が為した仕業と思ってよく調べるようにすれば直ちに原因を発覚することができるのだという。古い言葉に「妖は人によりて起こる」とはまことにその実を得たる格言であると井上はのべている。次に一例あげてみよう。

京都市上京区元六十六組北町織物職藪田喜七郎方にて、ある夜十一時ごろ俄に小石が降ってきた。毎夜同じ時刻に降ってくる。その所業者を尋ねても一向に見当たらない。さては天狗か狐か狸の仕業かと近所で話題となった。警官がわざわざ出張の上取り調べた。疑わしいのは同家の雇女お品で、彼女はその時刻に見えなくなったことがある。もしやと思ってそのあとをつけて行くと、果たしてその女はほど近い竹藪の内に入り小石を拾っては投げはじめた。直ちに引き捕らえて取り調べると、このお品は丹波国南桑田郡吉川村平民菊島市松の妹で、二年前より藪田方に雇われていた。そしてちょうど同家に寄留した荒木常太郎と通じた故、主人喜七郎にこのことを嗅ぎつけられてそれとなく小言を言われた。彼女が主人の小言を恨んでいたところ、ふたたび仕事の不出来によりきびしく叱られたのを根に持って、喜七郎が行水しているとき、藪蔭から小石を投げた。喜七郎はお品の所為と気づかず狐狸の悪戯と言っていたので、ついその気になり、それより毎夜そっと抜け出しては小石をバラバラと投げつけてひそかに鬱憤を晴らしていたと白状したという。

しかしこの調査結果だけで割切れるものではないことも確かであろう。その場合に霊魂説が一方にあることは確かである。不可解な霊的な力が働いている、限定された空間があるのではないか、という想定である。霊魂がそういう場所にのみ集中的にあらわれてくる。そのあらわれたときに生じる現象が、われわれをして怪異とか不思議と思わせる大きな理由になっているからである。

要するに問題となるのは、同じようなモチーフでなぜ怪異譚が語られているのかということである。西洋のポルターガイストの場合には比較的子供の霊が中心であり、子供が介在するという普遍的な現象といえるのに対し、日本の場合には、とりわけ若い女性の方によりそれが集中していることはきわめて興味深いことといえるだろう。〔抄録〕

解題「ポルターガイストと『下女』」

宮田登（みやたのぼる、一九三六～二〇〇〇）は民俗学者であり、特に民間信仰の研究を専ら行った。妖怪研究もまた、その方面からアプローチしていった。その意味で柳田国男の妖怪研究を継承したということができる。ただそれだけではなく、日本の民間伝承の研究そのものが、高度経済成長期以前の伝統的な村落社会をモデルとしていたため、都市社会へと大きく変容した地域社会をフィールドとし、信仰や農業を主とする生業や年中行事、人生儀礼、あるいは昔話や伝説といった口承文芸の調査が困難となっていった。少なくとも柳田国男やその弟子たちと同じ調査研究を踏襲し得ない状況になった。新しい民俗学の在り方を模索する時期が到来したわけだが、そこで宮田が注目したのは都市化の中でいかに民俗が変容したかということだった。その一つの対象として、都市の妖怪を研究することになったわけである。その成果は『妖怪の民俗学　日本の見えない空間』（岩波書店）として一九八五年に上梓された。本稿はその第二章「化物屋敷考」の第三節を成すもので、約一万字で書かれているが、本書では一部を省略して収めた（海外の事例など）。

　本稿では近世から知られる「池袋の女」の説話を取り上げ、さらに現代の事例として一九七六年に実際に立川市のアパートで起きたポルターガイスト現象を詳しく分析し、都市で発生する怪異現象の意味を考察したものである。宮田がそこで注目したのは若い女性が介在することだった（タイトルでいうところの「下女」）。下女の介在自体ははやくに井上円了が注意したところであるが、円了は「妖は人より出づ」という一般論に広げてしまった。これを宮田は女性の霊性として理解しようとしたのである（具体的なことは、第四節「『下女』の存在」で展開される）。

　要するに、怪異は建物ではなく、その土地に結びつくものである。土地霊（土地の精霊）の存在が、化物屋敷の言い伝えを広めていく重要なきっかけとなる。そこに若い女性が媒体として機能する。つまり非日常的な状況に陥った時に独特な潜在的な能力が生じ、それが霊力として発現していくというのである。このように女性の霊力に着目したのは、柳田国男のいう「妹《いも》の力」に起因するだろう。それに添って若い女性と幽霊や妖怪との関係を追求していったのだ。つまり都市の女性に怪異譚の語り手としての側面を見出しているのである。

宮田は確かに民俗学者であるが、柳田のように民俗調査の報告資料に拘泥することなく、近世期の随筆や絵画、近現代の新聞雑誌記事など広く資料を求め、それを論に取り入れていった。柳田は妖怪を神の零落した姿であると考え、宮田はそれには一理あるにしても、都市文化から生まれた妖怪のすべてを捉えることはできないとし、柳田の研究対象としなかった都市の住民たちが作り出した怪異・妖怪の話に注目し、その一環で本稿も書かれたのである。

小松和彦「変貌する都市のコスモロジー」の解題と共通することであるが、宮田や小松が都市の文化現象として妖怪を取り上げるようになる一九八〇年代前半は妖怪の学術的な研究は低迷していた。それ以前は、妖怪は「学問の対象」ではなかったわけだが、しかし一般の関心が希薄だったわけでもなかった。つまりアカデミズムに顧みられてこなかっただけで、実際はさまざまな妖怪本が生み出され、それ相応の受容層もあったことに注意しなくてはならない。これらは好事家の手慰み、また、児童向け娯楽書などと蔑まれることはあったが、しかし確実に蓄積されるものがあり、その結果として宮田や小松の妖怪研究が立ち現れたのである。妖怪をめぐる研究自体が大衆文化の一部を成しているとみることもできるだろう。

〔伊藤慎吾〕

あとがき

大塚英志

本書は題名の通り「日本大衆文化」に関する論考のアンソロジーである。その編集方針について簡単に記す。

第一に、目次を見ていただければ明らかなように「まんが」や「アニメ」「ラノベ」「Ｊ－ＰＯＰ」といった特定の領域そのものを対象とした論考は基本的には採用していない。一つの分野を題材としていても、そこから多様な領域に援用可能な枠組を提示する論考を選んだ。例えば吉本隆明の「語相論」は、少女まんがが「ことば」をレイヤーとして重ねていく手法について論じてあるが、レイヤー概念はトマス・ラマールのアニメ研究が示すように分析の装置として今後、汎用性が高い。小林秀雄の「漫画」は、義弟・田河水泡の作品について論じつつ大衆文化や文学に於ける「私」の書式と呼応している。脱領域などとわざわざ言わずとも優れた批評は普遍性を持つ。当然だが、それらは「日本」に限定される問題提起ではなく、普遍的な議論の枠組を提示している点で共通だ。

第二は、作者論、作品論にとどまる論考の採用はしていないということだ。それは、本書が「大衆文化」を「群れとしての作者」による創作と考えるからだ。「大衆文化」と言う時「大衆」は文化の大量消費の担い手と見なされがちだが、本書は、「大衆文化」とは集合知の中から反復的に再生成し続けるものと考える。それが通時的なら、口承文芸の伝承や、古典の様々な異本、多様な表現への援用となり、共時的ならいわゆる「メディアミックス」になる。それらは、同人誌の二次創作や、ＳＮＳでの人々の「投稿」に至るまで一致した枠組である。そこでの発信者、つまり作者は、固有名を持つ作者も無名のアマチュアも同様に「群れとしての作者」に包摂される。一方、プロパガンダなど「群れ」を動員する論理についても、注意を促す論考を採用した。

　第三には、「群れとしての作者」が文化を生成するための共通の枠組についての論考を注意して収録した。先に「集合知」と呼んだが、「データベース」「世界」「教養」といった呼ばれ方をする情報の坩堝から人々はなにがしかの破片をとり出して、趣向を凝らし、組み合わせて何かを語り／つくるのである。ムラ社会や都市空間など現実の「空間」も文化生成の共通の「世界」となる。それらの「共有される知」は「つくる」だけでなく互いに対話する前提であり、世界の分断と呼ばれる現象は「教養」そのものの分断だと考えるとその意味と対処法は見えてくるはずである。

　一つ一つの論考は、書き手が曲者や手練れであり必ずしも読み易いとは言えないかもしれないが、論じられて示されるのは応用可能な、普遍的な枠組である。大衆文化研究に限らず日本の文化研究・人文研究に欠けているのはそのような枠組の提示であることはしばしば指摘されるところだ。収録した論考の著者に柳田國男を含め「在野」の人々が少なからず含まれ、また、大衆文化の現場に当事者として立ち会った人々も含まれる。しかし手塚治虫がそうであるように「現場のことば」は思いの外、批評的で体系的でもある。そういう在野の知もまた、大衆文化が常に生み出したものである。

　本書は大衆文化史の通史的教科書として刊行された『日本大衆文化史』（ＫＡＤＯＫＡＷＡ）に対応する副読本として作成されたことを付記しておくが、単独でも充分に学べる内容になっている。

プロフィール

伊藤慎吾（いとう　しんご）

國學院大學栃木短期大学准教授。日本文学研究者。著書に『南方熊楠と日本文学』（勉誠出版、二〇二〇年）『お伽草子超入門』（編著、勉誠出版、二〇二〇年）『怪人熊楠、妖怪を語る』（共著、三弥井書店、二〇一九年）『〈生ける屍〉の表象文化史　死霊・骸骨・ゾンビ』（共著、青土社、二〇一九年）『中世物語資料と近世社会』（三弥井書店、二〇一七年）など。現代における物語文学の受容などをテーマに取り組んでいる。

内田力（うちだ　ちから）

東京大学東洋文化研究所・特任研究員。国際日本文化研究センター・共同研究員。著書に『輪切りで見える！パノラマ世界史』二巻（共著、大月書店、二〇一五年）。最近の発表論文は「日本中世史家網野善彦による歴史の視覚化―一九八〇年代の出版メディアと歴史研究者」『マス・コミュニケーション研究』九七号（二〇二〇年）。近現代日本の史学史、特に一九八〇年代の社会史研究ブームを中心に研究。近年はメディア史についても発表論文がある。

大塚英志（おおつか　えいじ）

国際日本文化研究センター教授。まんが原作者。著書に『手塚治虫と戦時下メディア理論　文化工作・記録映画・機械芸術』（星海社、二〇一八年）『大政翼賛会のメディアミックス　『翼賛一家』と参加するファシズム』（平凡社、二〇一八年）『ミュシャから少女まんがへ　幻の画家・一条成美と明治のアール・ヌーヴォー』（KADOKAWA、二〇一九年）など。現在の研究テーマは戦時下のメディア理論と文化工作。

神松一三（かんまつ　いちぞう）

讀賣テレビ放送株式会社。大阪府立大学大学院博士後期課程。著書に『「日本テレビ放送網構想」と正力松太郎』（三重大学出版会、二〇〇五年）。論文に「日本テレビ放送網のプロトタイプ―ムント、ホールステッドの構想―」（『放送芸術学』No．一八　二〇〇二年）「日本の民間放送テレビの源流」（『黄檗文華』第一二六号　二〇〇五年）。現在の研究テーマはメディア史、特に正力松太郎の事業の独自性の研究。

佐野明子（さの　あきこ）

同志社大学文化情報学部准教授。国際日本文化研究センター客員准教授。論文に「『桃太郎　海の神兵』論　国策アニメーションの映像実験」（『アニメーション研究』第二〇巻第一号、二〇一九年）「高畑勲と今村太平『漫画映画論』」（『ユリイカ　高畑勲の世界』二〇一八年七月臨時増刊号）、共著書に『日本大衆文化史』（日文研大衆文化研究プロジェクト編著、ＫＡＤＯＫＡＷＡ、二〇二〇年）など。現在の研究テーマは戦時下・戦後のファン文化論と映像テクスト分析。

鈴木洋仁（すずき　ひろひと）

東洋大学研究助手。歴史社会学。著書に『「平成」論』（青弓社、二〇一四年）『「元号」と戦後日本』（青土社、二〇一七年）『「ことば」の平成論　天皇・広告・ＩＴをめぐる私社会学』（光文社新書、二〇一九年）など。現在の研究テーマは、「三代目」という観点からの近代日本の歴史社会を描き直すことであり、まもなく青土社から単行本として刊行予定。

前川志織（まえかわ　しおり）

国際日本文化研究センター特任助教。専門は広告デザイン史、視覚文化論。編著に『博覧会絵はがきとその時代』（青弓社、二〇一六年）、論文に「チョコレートの喩えとしての「少女」――１９３０年代における雑誌『少女の友』森永チョコレート広告をてがかりに」（『デザイン理論』七〇号、二〇一七年）「雑誌『時事漫画　非美術画報』にみるカリカチュアと図案」（『近代京都の美術工芸』、思文閣出版、二〇一九年）など。現在の研究テーマは、戦間期日本の洋菓子広告における間メディア性。

装丁　本多マークアントニー
編集協力　古里学

各引用文の掲載に際しては、人名など一部を除き旧字旧かなを新字新かなに改めました。また難読用語にはルビを振りました。

一部明らかな誤字脱字の修正以外は、原文のまま掲載しています。

また、引用文の一部には、現在の人権意識の観点から不適切であると思われる語句や表現が見られますが、文章発表時の時代背景や作品の価値を考慮し、そのまま掲載しています。

本書の一部は、二〇一六年度から六年計画で発足した国際日本文化研究センター（日文研）・機関拠点型基幹研究プロジェクト「大衆文化の通時的・国際的研究による新しい日本像の創出」（大衆文化研究プロジェクト）の研究成果である。

日本大衆文化論アンソロジー

日文研大衆文化研究プロジェクト 編
編集委員 伊藤慎吾、内田力、佐野明子、大塚英志

2021年2月5日 初版発行
2021年4月20日 2刷発行

発行者 岡聡

発行所 株式会社太田出版
〒160-8571 東京都新宿区愛住町22 第3山田ビル4F
電話 03-3359-6262
ファックス 03-3359-0040
URL http://www.ohtabooks.com
振替口座 00120-6-162166

印刷・製本 株式会社シナノ

ISBN978-4-7783-1735-5